DOMINIQUE BONA

de l'Académie française

Colette et les siennes

GRASSET

ISBN : 978-2-253-09152-3 1re publication LGF

« Moi c'est mon corps qui pense. Il est plus intelligent que mon cerveau. Toute ma peau a une âme. »

COLETTE

à Colette C., in memoriam
à Pierre, son arrière-petit-fils

1

L'été 1914, il n'y a plus d'hommes à Paris. Ils sont partis à l'appel du drapeau, dès les tout premiers jours du mois d'août. Quand ils ont défilé avec une ardeur joyeuse, au chant de *La Marseillaise*, le soleil faisait briller le fer des baïonnettes. Les œillets rouges, fixés à la pointe des armes, avaient la même couleur éclatante que les pantalons de leurs uniformes. « La guerre est une affirmation de la virilité », écrit Élisabeth de Gramont, frappée par ce spectacle. Maintenant, les hommes sont au front, dans un paysage lointain, presque une terre inconnue, qu'on peine à se figurer.

Paris est une autre ville, radicalement changée. Les femmes y sont majoritaires. Les hommes qui restent, trop jeunes ou trop vieux pour la guerre, semblent désorientés, inutiles, réduits comme elles à attendre des nouvelles au jour le jour et à se poser des questions. Que faire ? Comment s'organiser ?

À qui demander conseil ? L'autorité s'en est allée… Les enfants, pour celles qui les ont gardés près d'elles, permettent de sauver les repères, les gestes quotidiens, le baiser du soir. Mais dans les maisons, dans les rues, l'absence masculine, aussi flagrante que la perte d'une boussole sur un bateau ivre, crée une atmosphère inédite. Il faut s'habituer à ne voir partout dans ce nouveau décor que des chapeaux à rubans, de longues jupes qui entravent la marche, des tailles serrées par des corsets. Les généraux, les politiques ont promis que la guerre serait courte, qu'elle ne durerait pas : propos rassurants, lénifiants et trompeurs. Élisabeth de Gramont se les répète sans vraiment y croire, par superstition, pour conjurer le malheur : « Ce sera une terrible boucherie, mais elle ne durera pas plus que six semaines. »

L'inquiétude hante les natures les plus optimistes. Le cauchemar de la guerre de 1870 est encore frais dans toutes les mémoires : ne risque-t-on pas de revivre le siège de Paris, les bombardements qui ont fait tant de victimes dans la population civile, et aussi la famine ? On a mangé des rats, des chiens, et même pensé à manger la girafe du Jardin des Plantes. Quel sera le destin des hommes loin d'elles, dans les batailles qui s'annoncent du côté de la Marne ? Leur part de chance ou leur malédiction ?

Aucun oracle, aucune pythonisse n'ont le pouvoir de les rassurer. La vie, la mort, qui peut alors prédire le cours de l'Histoire ? Ni même Élisabeth de Gramont, sorcière sur les bords, sujette à des pressentiments qu'éprouvent seuls les animaux et parfois les femmes aux heures de bouleversement, elle qui, quelques jours avant le 28 juin – dimanche de triste mémoire où furent assassinés à Sarajevo l'archiduc d'Autriche et son épouse –, ressentit une agitation, une nervosité extrême, signaux habituels chez elle, avant-coureurs d'une catastrophe.

Pour la plupart hostiles à la guerre, qui fait mourir ceux qu'elles aiment, les femmes de ce temps-là sont patriotes. Le devoir, elles en connaissent le prix et en assument les sacrifices. « Union sacrée, lyrisme, espoir, écrit Lucie Delarue-Mardrus, un grand souffle passait sur nous. Le pays tout entier se réveillait poète. » Aucune Bertha von Suttner, telle la pacifiste autrichienne, prix Nobel de la Paix au début du siècle, qui appelait à rendre les armes, ne fait entendre sa voix dans le concert de ferveur nationale. Rares sont celles qui osent poser un bémol sur ces lyriques promesses de vaincre en six semaines. Ainsi Élisabeth de Gramont, amie de Lucie et poète comme elle, confie-t-elle à son journal ses doutes, son scepticisme. Mais elle les note en secret, comme une pensée coupable : « En quoi nous regarde-t-elle, la guerre ? Nous ne sommes plus des héros. Nous ne saurons pas nous battre. » En adoptant le masculin, elle parle en homme qui admire le courage, la fureur belliqueuse : « Sommes-nous faits, nous modernes, nous races évoluées, pour cet événement d'un autre temps ? Que vient-elle faire, la guerre, parmi nos âpres luttes européennes pour la justice et l'égalité, parmi nos tangos et nos fêtes persanes ? »

L'heure est aux prises de décisions rapides. Devant la menace d'une avance allemande sur la capitale, beaucoup de femmes, en chefs de famille, préfèrent quitter Paris. On gagne au plus vite la province, dans des voitures pleines à craquer, des valises empilées, ficelées sur les toits. Il arrive que des femmes qui ne savaient pas conduire aient à prendre le volant. Élisabeth, qui a le privilège d'avoir à son service le vieux chauffeur de son père (le duc ne sort plus de chez lui), emmène ses deux filles à Bénerville. Après un trajet de douze heures, elle atteint enfin son refuge, la somptueuse villa normande où elle passe traditionnellement ses vacances et qui porte un nom on ne peut plus décalé, « Mon Rêve ».

Ces premiers jours de la guerre, les femmes qui choisissent de demeurer à Paris, ou y sont contraintes, en mesurent les risques. On entend l'écho soutenu des premières bombes, le front se rapproche par une sorte de fatalité inexorable. Que font les hommes ? L'angoisse s'installe. Été moite et poisseux de 1914 : des nuages bas, couleur de plomb, ferment l'horizon. Le ciel lui-même s'est mis de la partie pour rendre la respiration oppressante.

Il y a pourtant dans l'air autre chose que l'orage et la peur : un sentiment inconnu et troublant. Les femmes peinent à le définir. Toutes le ressentent, toutes s'en étonnent : il tient au départ massif des hommes. L'expérience, totalement inédite, n'a eu aucun précédent dans l'Histoire. Sans maris, sans compagnons, sans frères ni fils en âge d'homme, et, comme le fait remarquer Élisabeth de Gramont avec son culot de grande dame, sans serviteurs mâles, car eux aussi ont été enrôlés pour cause de mobilisation générale, Paris, livré aux femmes, ressemble à un gynécée. Le maître en est absent, les gardiens ont laissé la clef sur la porte. Aussi y a-t-il dans l'atmosphère si lourde de cet été-là, été de tous les dangers, été maudit, un parfum qu'elles n'attendaient pas. Elles le respirent pour la première fois, confuses et même un peu honteuses d'en éprouver du plaisir. Vif, léger, comme descendu des montagnes ou venu de la mer pour revigorer Paris désert, Paris menacé, Paris sans hommes, c'est une note incongrue dans le paysage, qu'elles finissent par identifier : le parfum tout neuf de leur liberté. Cette liberté, elles en ont si peu l'habitude qu'elles ne savent pas très bien quoi en faire, les premiers jours.

« Librement… être libre !…, écrit Colette. Je parle tout haut pour que ce beau mot décoloré reprenne sa vie, son vol, son vert reflet d'aile sauvage et de forêt[1]. »

Colette a entendu le tocsin sonner en Bretagne, où elle passait un séjour ensoleillé avec son mari, le baron Henry de Jouvenel, et leur fille, dans sa maison de Rozven. La guerre la surprend en plein bonheur, à quarante et un ans. À Saint-Malo, où elle a couru chercher des nouvelles, le tambour divulgue l'ordre de mobilisation générale. « Comment oublierais-je cette heure-là ? Quatre heures, un beau jour voilé d'été marin, les remparts dorés de la vieille ville debout devant une mer verte sur la plage, bleue à l'horizon[2]… » Son mari, appelé dès le 2 août, devant rejoindre le 29e régiment d'infanterie, à Verdun, elle a aussitôt envoyé sa fille, à peine âgée d'un an, avec sa nurse, au château de Castel Novel, en Corrèze – chez sa belle-mère. Et elle est rentrée à Paris. Journaliste au *Matin*, dont son mari est le rédacteur en chef, elle a plus que jamais besoin de son salaire pour vivre.

Rue Cortambert, au numéro 57, elle habite un vieux chalet en bois. Vermoulu, couvert de vigne vierge, avec une galerie en surplomb et des balcons ajourés, pareil à un chalet suisse, il a été la garçonnière d'Henry, son « guet-apens » selon la définition qu'elle en donne, sa souricière, avant qu'elle n'en devienne la maîtresse de maison en titre. Baronne de Jouvenel des Ursins – titre flambant neuf, aristocratie d'opérette – depuis décembre 1912, après une liaison qui aura duré un peu plus d'un an – un an et demi d'amour, de volupté, que le mariage prolonge au-delà de ses espérances –, elle est tombée à son tour dans le piège de ce séducteur patenté, fou amoureux d'elle, comme elle est folle de lui.

Alors que le canon gronde, que les zeppelins sillonnent le ciel, le chalet – son chalet – est le plus charmant des refuges. En plein XVIe arrondissement, parmi d'autres villas tout aussi pittoresques, au milieu d'arbres et de taillis touffus qui cachent les murs, elle a vécu là des heures parfaites, qu'elle juge irremplaçables. Ce chalet du bonheur, aujourd'hui disparu, a laissé place à un immeuble en pierre de taille, construit en 1929. Le jardin, 3 000 mètres carrés (c'est elle qui l'a noté), n'a pas davantage laissé de traces. Mais il lui donne alors l'illusion d'habiter la campagne – ce qu'elle préfère au monde : autour d'elle, dans ce quartier paisible, en marge de l'agitation de la grande ville, les églantiers, les noisetiers aveliniers, les acacias en grappe attirent les oiseaux et les chats. Son chat à elle, qui est une chatte, ne franchit presque jamais le seuil, la maison est pour elles deux un royaume. Une maison silencieuse, qui embaume le jasmin. Colette en a fait disparaître les trophées de chasse, gardé les sofas profonds, les coussins moelleux, accueillants aux jeux de l'amour. Elle peut faire de la gymnastique dans son salon, sur des tapis épais sans se meurtrir les côtes, ou s'endormir à même le sol à la manière élastique de ses chers félins. Elle n'a presque rien changé au décor, qui ne la rend pas jalouse d'un passé qu'elle croit mort. Elle a chassé les fantômes et assuré sa victoire, en reine incontestée. La nuit, quand tout plonge dans le noir, elle tire les rideaux. La lumière intérieure est mi-bleue, mi-verte, sous les abat-jour de soie.

Son seul caprice est d'avoir une salle de bains avec une baignoire, qu'Henry a bien voulu lui faire installer à l'étage. Elle était autrefois dehors, dans le hangar, et si vétuste qu'elle ne s'y aventurait pas. Elle aime se prélasser dans des bains au long cours, faisant dire à sa belle-sœur qu'elle finirait tuberculeuse. Culte de la propreté, du corps, de l'eau et du savon. Colette aime l'eau saine et vive comme elle aime sans réserve, depuis l'enfance, la nature, les animaux, le parfum du jasmin et aussi les livres. Elle leur sera fidèle avec une admirable constance tout au long de sa longue vie. Dans le chalet, elle a son coin à elle, qu'Henry lui a généreusement rétrocédé : une table avec ses papiers, ses stylos Waterman qui ont remplacé ses vieilles plumes Flament n° 2, son encre, enfin sa fidèle lampe bouillotte à cloche verte, qui la suit d'un déménagement à l'autre et lui assure une sorte de permanence, dans une existence survoltée. C'est ce qu'elle appelle « mon confort de scribe ». Elle ne peut pas plus s'en passer que de sa chatte ou de son bain, ou de la chaude présence d'Henry dont elle partage le lit, lovée sur son flanc gauche, ainsi qu'elle le raconte en passant, ravie.

Colette redoute la solitude. Mariée à vingt ans puis divorcée de son premier mari, après une longue séparation de corps, elle a déjà habité seule, sans compagnon ni maître, mais elle n'aime pas ça. Vivre en couple la rassure. Elle a besoin de se sentir protégée autant qu'aimée. Des épaules solides la font autant rêver que de belles moustaches : l'homme idéal doit être à la fois un amant et un protecteur.

La solitude effraie Colette bien plus que la misère, qui a au moins le mérite de pouvoir être partagée. Aussi l'amitié tient-elle une grande place dans la vie de cette amoureuse. Colette n'est vraiment seule que lorsqu'elle écrit. Et encore... Ses pages sont toujours joyeusement peuplées : d'hommes et de femmes, d'enfants, mais aussi d'animaux et même de plantes qui s'expriment comme des humains et sont tout aussi chers à son cœur, indispensables à sa survie, que ses amis ou, plus encore, ses amies.

Le départ d'Henry de Jouvenel pour la guerre la renvoie à ce vieux démon, qu'elle a toujours fui. À cette solitude honnie.

I

LA SOLITUDE SANS LES HOMMES

2

Il règne dans le petit chalet de Passy une atmosphère de pensionnat ou de maison close. Les filles y sont entre elles, du matin au soir. Aucun censeur ne régimente ce cocon, aucun perturbateur n'apporte sa virilité dans cet essaim entièrement féminin où bourdonnent des voix joyeuses. On s'active, on s'agite, on s'appelle d'un étage à l'autre, on se bouscule dans l'escalier, si étroit que les épaules doivent s'effacer pour se laisser passer. L'intimité est parfaite. Pas de discipline, pas d'horaires. Aucune obligation d'aucune sorte. La maîtresse de maison, loin d'être une mère supérieure ou d'exercer une quelconque tutelle, donne l'exemple en appliquant strictement sa devise : je fais ce qu'il me plaît, quand il me plaît. Et tant pis si le dîner n'est pas prêt à l'heure. Ou si l'on dîne en peignoir, à peine coiffée, pas maquillée – Henry ne rentre pas ce soir. Les filles sont libres, pour la première fois. Et s'il n'y avait la guerre, qui noue les cœurs, elles seraient parfaitement insouciantes dans le petit chalet.

L'absence des domestiques, congédiés pour raisons financières, complique un peu l'existence mais l'allège aussi. Il n'y a non seulement plus personne pour commander aux filles, mais plus personne pour les observer en douce, les espionner, les juger.

« Où es-tu, Musi ?

— Annie, mon n-annie ?

— Ouh ouh, Marguerite… »

Colette les a fait venir chez elle toutes les trois, Musi, Annie et Marguerite. Ses amies, ses presque-sœurs. Elles habitent à deux pas de chez elle, toutes dans le XVIe arrondissement, mais elles ont préféré se regrouper. C'est plus facile pour faire face aux soucis du moment et à l'ennui si terrible d'être seule.

Ce sont trois beautés brunes – quatre avec Colette –, qui forment une tribu aux traits caractéristiques. Aucune blonde n'a trouvé place au chalet.

Du même âge, à quelques mois près (sauf pour l'une d'elles), elles sont romancières, journalistes, comédiennes et, dans le cas de Colette, tout cela à la fois. Elles appartiennent au monde marginal, sulfureux, de la littérature et du spectacle.

Mariées, démariées, remariées ou en compagnonnage, leur existence a de quoi étonner, voire choquer une époque encore très bourgeoise. Elles ont souvent enfreint l'ordre moral et défié les bonnes mœurs. Elles les défient toujours.

Elles ont le goût du vagabondage : quand leurs contemporaines ne quittent jamais le domicile conjugal, elles ont bougé, bourlingué, voyagé et, comme les chats auxquels elles vouent une passion commune, elles ont eu chacune plusieurs vies.

Trois d'entre elles ont déjà donné le jour. Ce sont des mères, plus si jeunes, puisque trois d'entre elles ont passé quarante ans – l'âge d'être une grand-mère en 1914. Leur progéniture ne vit pas au chalet : les deux enfants d'Annie ont déjà une vingtaine d'années, soit vingt ans de plus que Bel-Gazou, le bébé de Colette. Bel-Gazou..., « ce nom qui évoque un oiseau persan, un oiseau des contes merveilleux, aigretté de lophophore, avec un petit visage humain aux longs yeux[1] », remplace le prénom officiel de l'enfant, qui prête à confusion, Colette. Son père l'appelait ainsi, autrefois.

Si elles ont connu les douleurs de l'enfantement, qui fut un martyre pour Colette, trente heures de travail sans répit, et si elles connaissent encore les soucis des mères, à tous les âges, la guerre les rend à une forme heureuse de célibat. Colette se félicite de savoir sa fille en Corrèze, à l'abri des bombes et dans un bon climat. Mamita, la mère d'Henry de Jouvenel, lui a ouvert les bras. Les gazouillis du bébé ont disparu du chalet, dévolu à des femmes auxquelles il arrive pourtant de jouer les petites filles, à leurs heures perdues.

Des yeux couleur de caramel, selon Colette, « dorés comme l'aventurine », dans un visage de poupée, au teint crémeux : voici, petite et menue, Annie de Pène. Un nez fin, des lèvres minces qui lui donnent un air insolent qu'on peut tout aussi bien trouver attendrissant : elle sait jouer de son charme comme des paillettes d'or qui éclairent ses prunelles brunes. Une jolie personne, dont Henry de Jouvenel, dans ses lettres à sa femme, n'oublie jamais de baiser les mains qu'elle a longues et effilées, mais de les baiser « irrespectueusement ». Une formule de politesse des plus appréciées au chalet.

Avec des yeux de jais, ardents et profonds, un grand nez droit qui attire l'attention, des cheveux noirs et lisses, coiffés en bandeaux plats, elle a le profil d'une Égyptienne : Marguerite Moreno. Sa beauté de sylphide a séduit le peintre Lévy-Dhurmer qui a fait son portrait en icône préraphaélite. Cette fausse maigre (selon un de ses amis) a une allure folle. Mais c'est sa voix qui fascine, une voix de mezzo si mélodieuse qu'elle ressemble à un chant, même au quotidien, dans les circonstances les plus prosaïques. Dans quelques années, son corps va s'alourdir, se déformer jusqu'au grotesque, et sa voix aussi va changer, prendre du grave et de la gouaille, sans jamais pour autant perdre en magie, en puissance d'envoûtement. Cette voix de Moreno – car on l'appelle plus souvent ainsi, par son nom de scène, au lieu de Marguerite – s'accorde parfaitement avec la grâce stupéfiante de sa silhouette, alors gracile, intemporelle.

Annie, Marguerite et Colette ont toutes les trois franchi le cap de la quarantaine. Annie et Marguerite, nées la même année 1871, l'une le 2 mai, l'autre le 15 septembre, sont les aînées de Colette, venue au monde le 28 janvier 1873. Pour les amateurs d'astrologie, voici donc réunies au logis un Verseau (Colette), une Vierge (Moreno) et un Taureau (Annie). Autant de tempéraments divers.

Quant au quatrième animal du Zodiaque, c'est Musidora. Dite Musi, ou « petit Musi » dans l'intimité. Un Poisson, du 23 février. Née en 1889, vingt-cinq ans en 1914, on l'appelle souvent « ma petite », « mon enfant », avec un peu de condescendance. Elle a le même âge que la fille d'Annie de Pène.

Visage à l'ovale de madone orientale. Yeux noirs en amande, allongés jusqu'aux tempes, que personne n'a jamais vus démaquillés du khôl dont elle surcharge ses paupières. Musi aurait préféré qu'ils soient verts, ses yeux de fellahine, et même vert de mer, comme ceux de l'héroïne de *Fortunio*, le roman de Théophile Gautier, dont elle a emprunté le nom. En vérité, elle s'appelle Jeanne – Jeanne Roques, pour l'état civil –, mais personne ne l'appelle jamais Jeanne. Le prénom de Musidora convient tellement mieux à sa beauté exotique ! Le corps souple et félin, le regard phosphorescent, les amies du chalet s'accordent à lui trouver une parenté avec l'inséparable Musette, surnommée Muse, la chatte d'Annie de Pène, qui a pris ses aises elle aussi au chalet. Musi, Muse, on s'y perd, tant est troublante la complicité entre ces deux femelles – expression de Colette –, la femme et la chatte.

Il arrive que Colette la trouve « sotte » et le dise. Musidora, aussi appelée « Musi-Chat », n'est pas une intellectuelle loin s'en faut, mais plutôt une artiste : elle dessine, elle peint, et elle danse aux Folies-Bergère. Le rêve de Musi serait de devenir une vedette du cinématographe qui lui a déjà offert une bonne dizaine de rôles mais ne l'a pas encore consacrée. Elle a été cousette, dactylo, rat d'opéra et une gentille fiancée de soldat, dans des films produits juste avant la guerre, pour une grande part par la Gaumont.

Musidora était en Bretagne, en villégiature chez Colette, au moment de la déclaration de guerre, les deux femmes sont rentrées ensemble, en voiture, à Paris.

Annie de Pène est la plus tendrement aimée. Elles se sont « couplées sur le tard », selon l'expression de Colette, mais ne peuvent plus se passer l'une de l'autre. Colette la surnomme « mon

Annie d'enfance », parce que leurs liens sont aussi spontanés et complices que si elles se connaissaient depuis toujours. « Ma chérie », « mon n-Annie », a gardé des liens avec sa Normandie natale, comme Colette avec la Bourgogne. Ce sont deux provinciales qui ont fui l'étroitesse du nid et cherché l'aventure à Paris. Ces deux Parisiennes d'adoption, demeurées nostalgiques de leur province, ne sont pas du tout prêtes à y retourner. Toutes deux journalistes au *Matin* où elles ont fait connaissance, elles donnent des chroniques à d'autres revues, comme *L'Œuvre* ou *La Vie parisienne.* Et elles écrivent l'une et l'autre des romans où les jeunes filles ne se contentent pas de rêver de l'amour.

Quant à Marguerite, elle exerce un ascendant sur les trois autres, qu'elle domine de la taille et du regard, avec une majesté singulière. On l'aime autant qu'on l'admire. Son mystère est peut-être ce qui la distingue le mieux : qui est-elle vraiment cette princesse lointaine, pourtant si chaleureuse, bonne fille dans ses amitiés ? Contrairement à Colette et à Musidora qui jouent la pantomime dans des cabarets, des salles de music-hall, et poussent la chansonnette sur des textes sommaires, souvent bâclés, où les meilleures boutures sont de la plume de Willy, de Paul-Jean Toulet ou d'Andrée Cocotte, Moreno a été pensionnaire de la Comédie-Française : elle choisit ses auteurs avec plus de discernement et de délicatesse. Racine et Rimbaud ont sa préférence.

Quand elle est Phèdre, ou quand elle dit *Le Bateau ivre* de sa voix mélodieuse, elle impose autour d'elle, naturellement, le silence. Ses amies les plus bavardes ou les plus dissipées se taisent pour savourer l'instant où elle va les transporter sur une autre planète. Moreno est la poésie même. Son corps frêle s'anime à la passion des mots, des rimes, des cadences, il devient feu, il devient flamme. Mallarmé, qui l'a bien connue, ne s'y est pas trompé : elle est de celles dont le cœur peut tout comprendre, même les langages sibyllins. Il l'adorait. Il l'emmenait se promener sur la Seine, dans une barque à voile, sa fameuse « yole », à Valvins où se trouvait sa maison de campagne. Elle a espéré porter sur scène *Hérodiade*, mais n'y est pas parvenue. Cet opéra énigmatique de Mallarmé, elle le connaît par cœur comme des centaines d'autres vers. Moreno a pleuré quand le poète est mort, elle a assisté à ses funérailles aux côtés de José-Maria de Heredia, de Paul Valéry et d'Henri de Régnier, qu'elle admire eux aussi.

C'est une amie de longue date, dont Colette connaît plus d'un secret et qui cache ses blessures sous des airs altiers. Colette l'appelle quelquefois « ma chère âme », mais plus souvent « Marguerite » parce que c'est un nom de fleur et qu'elle aime les fleurs. Ou encore « Malguelite », pour plus de douceur. De son côté, Moreno appelle Colette d'un petit nom très tendre, « Macolette ».

La présence magnétique de cette comédienne, de la trempe des plus grandes, sa manière incandescente de dire les vers et d'en communiquer l'ivresse apportent, certains soirs, un faste impromptu, l'élégance drapée de mystère des tragédies de Racine ou des sonnets des symbolistes dans le petit chalet campagnard. Les trois autres femmes, rassemblées autour d'elle comme pour la prière, communient alors dans la même ferveur, en rêvant d'un monde pacifié, aussi chaud et sensuel que la voix d'or.

Mais tout n'est pas poésie pure en ces temps de guerre. Puisque les domestiques sont partis, il faut faire les courses, la cuisine, le ménage et la vaisselle. On se répartit les tâches. « Quelle bonne escouade de femmes ! » dira Colette qui a pour mission de balayer, dépoussiérer, laver : partout où elle passe, dans toutes ses maisons, c'est sa spécialité – elle aime le propre et l'hygiène. Musidora cuisine avec talent. Annie de Pène fait le marché, ce qui est une tâche ardue par temps de pénurie. Elle se débrouille comme elle peut, alors qu'une seule pêche coûte cinq sous – une petite fortune ! Un homme vend des poulets sous le manteau, derrière une porte cochère de la rue de la Pompe. Musi et elle n'ont pas leurs pareilles pour les farcir et les accommoder d'une sauce au vinaigre et aux échalotes. Quant à Moreno, qui ne sait rien faire de concret, elle aide à essorer les draps que les femmes savonnent à la main : « Nous les tordions, dira Colette, cravatés au col d'un gros robinet de cuivre, et Marguerite, la cigarette aux lèvres, répandait sur nos besognes ménagères la bienfaisante rosée des nouvelles fausses ou vraies, de l'anecdote, des prédictions. »

Le plus difficile est de se séparer le soir. Souvent, rue Cortambert, on déplie un petit lit de fer pour Musidora, ou bien on aménage en lit un des profonds sofas. Et avant d'aller dormir, on sort dans le jardin pour regarder le ciel : la nuit, il se peuple de zeppelins qui naviguent au milieu des étoiles.

Annie de Pène habite villa Herran, à l'angle du 85 rue de la Pompe, une maison villageoise à petit perron. Dans cette impasse, elle a pour voisin Maurice Leblanc, l'auteur des *Arsène Lupin*, dont l'hôtel particulier au n° 14, plus vaste et cossu que sa maison, lui inspire des idées de déménagement à la même adresse.

Marguerite Moreno est au 7 rue Jean-Bologne, au rez-de-chaussée d'un immeuble au confort dit « moderne ».

Et Musidora, dans un pied-à-terre de la rue Decamps, avec eau chaude, chauffage central et une magnifique salle de bains « tout installée » qui fait l'admiration de Colette.

Le XVIe arrondissement suffit à leur bonheur. Colette n'a qu'une peur : voir ses amies, toujours instables, autant qu'elle, franchir la Seine et s'installer sur la rive gauche. Ici, rive droite, près du

Bois, elles se trouvent à distance à pied les unes des autres, dans un périmètre de campagne où il y a encore, parmi d'autres parfums plus subtils, des odeurs de crottin et de basse-cour.

Colette, aux yeux pers, aux cheveux épais et frisés, hérités sans doute du grand-père quarteron qui figure dans son ascendance maternelle, la plus petite (1,63 mètre) et la plus potelée des quatre amies, leur offre de vivre ensemble et de tout partager. Elle rebaptise le chalet d'après l'utopie fouriériste : « le phalanstère ».

La guerre est proche, les Allemands poussent leur avancée jusqu'en Seine-et-Marne, Paris vit dans la peur d'être assiégé et qui sait envahi ? Mais au chalet, les quatre amies ne veulent pas y croire : elles résistent à leur manière à ce climat de terreur. On plaisante, on rit, on dit des obscénités qui fusent parfois, et même assez souvent, entre deux vers de Mallarmé ou de Rimbaud lancés en plein brouhaha, dans la fumée opaque des cigarettes.

On ne se retient pas. On ne se surveille pas. Loin, très loin de la société proustienne et du faubourg Saint-Germain, les mondanités, la bonne éducation n'ont ici aucune place. On est « nature », entre soi, sans façons. Le khôl de Musi dégouline quand elle a trop ri et creuse de petites rigoles noires sur ses joues d'une blancheur outrée. Annie caresse voluptueusement la chatte Musette, en songeant à la petite fille qu'elle était autrefois, en Normandie.

Marguerite Moreno, qui a le sens du comique, improvise une danse de démone sur le grondement de la canonnade qui leur parvient du front, de plus en plus proche, comme si c'était une partition de Debussy. Et Colette laisse toute liberté à sa faconde, en blaguant ses amies, en racontant des histoires, de cette voix qui aurait été inconcevable chez les Guermantes comme chez les Verdurin et qui choquait sur scène, au Ba-Ta-Clan, à l'Apollo ou à l'Olympia, dans les pires numéros où elle a dû se produire pour gagner son pain. Les gens riaient en l'entendant déclamer, mais elle poursuivait, imperturbable. Elle s'est toujours moquée de l'opinion ou plutôt elle s'en est toujours « fichue », selon son vocabulaire qui n'est pas châtié – elle s'en garde bien. Elle passait mieux la rampe dans les mimodrames, où ses rôles muets lui évitaient les moqueurs.

L'accent qui enracine sa personnalité dans la terre grasse et solide de Bourgogne, Colette lui sera fidèle. Elle roulera toute sa vie les *r* sans complexe, au grand dam des oreilles délicates des Parisiens, sans même essayer de l'atténuer. Ce sonore accent bourguignon, elle le pare de manière originale, d'une touche de sensualité, en accord avec la saveur de tout ce qu'elle raconte ou écrit. Colette est une gourmande aux goûts rustiques qu'elle tient de sa province lointaine et toujours chérie : sans souci de sa ligne elle dévore les plats les plus roboratifs que ses amies préparent, mais elle aime tout sur cette terre, avec le même appétit. Tout ce qui est vivant, les arbres, les plantes, les ruisseaux, les rivières, les gens, les bêtes, tout, vraiment tout, et surtout l'amour, « ces plaisirs qu'on dit à tort physiques ».

3

Les quatre amies ont les cheveux courts : une excentricité, en 1914, que très peu de femmes osent se permettre. Arborer des cheveux courts relève alors du défi et suppose du courage car l'ensemble de la société, tous milieux confondus, les désapprouve. L'époque les assimile à des mœurs émancipées, à un esprit de rébellion, voire de sédition. En coupant ses cheveux, la femme brise une image que de longs siècles ont forgée, elle s'affranchit du modèle ancestral. Ce faisant, elle passe outre aux lois de la séduction, puisque tous les hommes s'accordent à trouver de la sensualité à la chevelure.

Ce n'est qu'après la guerre que la mode du carré court se répandra – une mode qui, selon les statistiques, n'aura conquis qu'un tiers de la population féminine en France, encore dans les années vingt. Quant au roman fameux de Victor Margueritte,

La Garçonne, qui donnera son nom à une coiffure mais aussi à un style de femme – silhouette androgyne et mœurs libérées –, il fera scandale en effet, mais en 1922. Les « garçonnes » de 1914, si elles ont coupé leurs cheveux, les ont surtout libérés des peignes et autres accessoires qui jusque-là les disciplinaient. Elles se coiffent à la diable, en laissant un joyeux désordre à leurs boucles courtes. Toutes ne lisent pas Joris-Karl Huysmans, qui a inventé cette expression et l'emploie dans ses romans, dès 1880 (mais à propos d'une femme aux cheveux longs !). Et il est peu probable que Colette et ses amies aient pu voir le portrait haut en couleur auquel Kees Van Dongen a donné, en 1912, ce titre d'avant-garde : *La Garçonne*. Mais le mot a déjà une saveur, acide et scandaleuse, dans le monde qu'elles fréquentent. Les quatre amies sont des garçonnes avant l'heure. Des anticipatrices.

La chevelure de Colette, presque aussi haute qu'elle-même, mesurait 1,58 mètre et lui battait les talons ! Elle faisait la fierté de sa mère, qui la lui brossait longuement chaque soir, selon un rite immuable – moment d'intimité et d'harmonie que Colette ne se rappelle jamais sans émotion. Dès son premier mariage, privée des soins maternels, elle a dû apprendre à les brosser elle-même, ce qui était un exercice compliqué, et elle n'a jamais réussi à le faire de cette main énergique et douce, l'irremplaçable main de Sido – surnom que Colette donne à sa mère (prénommée Sidonie). Seuls les cent coups de brosse avant le coucher peuvent garantir la vigueur et la brillance d'une pareille chevelure. Elle n'était pas seulement une magnifique parure, une partie non négligeable de sa beauté, de son charme. Lourde, encombrante, difficile à démêler, elle était aussi un fardeau. Colette la tressait en une longue natte – Jules Renard parlera de « la corde à puits de ses cheveux ». Elle l'enroulait parfois autour du poignet « comme une couleuvre caressante ». La nuit, sous les draps, elle sentait glisser entre ses orteils la couleuvre familière, serpent inoffensif et câlin. L'été, elle la relevait en couronne, qui lui entourait plusieurs fois la tête et lui ceignait le front. L'hiver, quand elle avait froid dans sa chambre mal chauffée, elle la déroulait pour s'y envelopper comme dans un manteau de fourrure.

Elle avait vingt-neuf ans quand elle a coupé son admirable tresse : à l'automne 1902.

En apprenant la nouvelle, Sido a pleuré, puis lui a écrit une lettre indignée : « Tes cheveux ne t'appartenaient pas, ils étaient mon œuvre, l'œuvre de vingt ans de soins. Tu as disposé d'un dépôt précieux que je t'avais confié... » Ce fut un des grands chagrins de la vie de Sido.

Mais pour Colette, une libération. Elle se sent « délivrée du joug et des épingles » et prête à s'envoler. Le moindre frisson d'air, qui ne pouvait jamais l'effleurer, lui caresse maintenant la peau du crâne : une délectation !

Curieusement, ce n'est pourtant pas elle qui a eu l'idée de ce recours aux ciseaux, mais son premier mari ! Willy. Il voulait absolument qu'elle ressemble à Polaire ! Cette actrice, particulièrement sexy et boulevardière, jouait *Claudine à Paris* au théâtre des Bouffes-Parisiens, en cet automne 1902 : un roman écrit par Colette et signé par Willy. Willy, qui non seulement se fait passer pour l'auteur, mais assure le choix des interprètes, avait d'abord écarté cette jeune comédienne parce qu'elle manquait d'expérience et que le public la connaissait surtout pour ses chansons grivoises. Mais Polaire a su s'imposer – Willy lui-même, l'exigeant Willy, a fondu de tendresse devant sa séduction de nymphette. C'est que Polaire est plus vraie que vraie dans le rôle qu'il préfère à tous les autres : celui de la femme-enfant, innocente et libertine. Willy adore toutes les Claudine de la terre. Sa propre épouse est une Claudine : elle a d'ailleurs écrit le roman (ou plutôt les romans, puisqu'il y en a eu quatre) en se regardant dans un miroir. Polaire est une Claudine, d'autres suivront… C'est lors d'une représentation aux Bouffes, en plein rêve érotique, qu'il a un soir une idée. Une drôle d'idée. Il va demander à Colette de couper ses cheveux, à hauteur du cou, sur le modèle de Polaire, il va ensuite aller leur acheter des robes identiques, des chapeaux, des sacs, des petites chaussures identiques. Et il va les promener en ville, comme des sœurs jumelles – Colette dira des « twins » d'après le mot que Willy utilise. « Mes twins », « ma paire de twins », dit Willy quand il les présente à un ami, à une amie. Il a l'air d'être leur papa, qu'importe ! Il est fier de son escorte. Ces deux trentenaires, qui jouent les petites filles délurées, ont à peu près la même petite taille (1,61 mètre pour Polaire), une silhouette menue, peu de seins, et ce visage triangulaire des chats, aux grands yeux sombres. Leur ressemblance physique si troublante l'émoustille : il a dû jouer à prendre l'une pour l'autre, ou vice versa.

Voilà comment Colette a coupé ses cheveux : par sens du devoir conjugal. Pour obéir à son mari et satisfaire son fantasme, elle s'est prêtée à ce jeu, à cette mascarade. Elle a accepté de se dédoubler en Polaire, tandis que Polaire lui renvoyait sur scène sa propre image, dans le rôle qu'elles partagent l'une et l'autre aux yeux de ce pervers de Willy – la ravageuse enfant qu'elle a créée, et à laquelle Polaire a donné un corps et un visage.

Willy aurait aimé aller plus loin, entraîner Polaire et Colette dans une de ces relations à trois dont il est friand. Colette confiera un jour à son amie Renée Hamon qu'elle aurait elle-même bien voulu… Mais Polaire, hostile aux amours ambiguës, a catégoriquement refusé. L'amitié des deux femmes s'en est ressentie : partisane farouche de l'hétérosexualité,

Polaire a refroidi les avances de Colette et s'est éloignée. Si elle avait été moins catégorique, seraient-elles restées de proches amies ? Nous aurions pu alors la trouver en 1914 au chalet de la rue Cortambert. Elle y aurait fait office de cinquième amie, aidé au ménage ou à la vaisselle en chantant ses chansons de caf'conc'.... Paroles d'Eugène Héros, musique d'Eugène Dédé fils... !

Jeun's fill's, gardez bien
Lingaling
Ce qui vous appartient,
C'est fragile comme un lingaling
Et jamais ça n'revient,
Surveillez ô combien !
Avec sévérité
Le lingaling, aling, ling
Lingaling, aling, ling

Exit hélas Polaire, ce rêve enfui, aux vifs regrets de Colette, qui a été si heureuse, un temps, de lui ressembler. Et qui se console avec d'autres amies.

On ne sait à quelle date Annie de Pène a coupé ses cheveux, mais en 1914, ils lui arrivent à peine au menton : bouclés, rabattus en partie sur le front, ils lui encadrent adorablement le visage, la font paraître elle aussi plus jeune que son âge. Sur une photographie qui fera dans quelques mois la couverture du magazine *Les Hommes du jour*, elle sourit de ses lèvres minces, ultra-féminine sous sa toison d'astrakan.

Marguerite Moreno, qui a porté les lourds bandeaux 1900, à la façon de la belle Otero – l'une des cocottes les plus réputées de la Belle Époque –, a pareillement adopté la coupe des femmes modernes. Ses cheveux sont plus lisses, moins fournis que chez ses amies. Elle a souvent le mouvement de rejeter une mèche en arrière, quand elle lui tombe sur le front. Elle les portera un jour très très courts, comme un homme.

Musidora, auréolée de boucles serrées – et courtes bien sûr –, hésite entre la gamine et l'ange noir. Au cinéma, une cagoule noire et un collant de vampire, dessinés par Paul Poiret, lui vaudront bientôt un immense succès. Mais sous la cagoule, tout comme Colette, elle a le cheveu dru, indiscipliné, puissant. Colette affirme qu'il n'était pas noir, le cheveu du petit Musi, mais à reflets châtains – tout comme le sien. Musi minaude, joue les enfantines : elle a, elle aussi, été influencée par Claudine, rôle qu'elle a interprété à peu près à la même époque et avec la même ferveur que Polaire, mais dans des tournées en province.

Autre signe d'émancipation et d'avant-garde : les quatre amies fument. Colette, rarement, plutôt « pour trouver une contenance » – c'est elle qui l'écrit. Musi et Annie, au diapason. Et Moreno avec un terrible excès. On ne la voit jamais sans une cigarette à la bouche, elle les allume l'une après l'autre et avale la fumée en vrai sapeur. D'où l'odeur de tabac qui imprègne le chalet. Une odeur qui est encore, à cette époque, un privilège d'homme.

Dernier trait d'originalité ou d'extravagance, chez ces amies de cœur : habillées normalement, c'est-à-dire en femmes, elles ne portent pas de corset. Ce corset, que le couturier Paul Poiret a été le premier à supprimer de l'habillement féminin, dès 1903, entrave encore la grande majorité des femmes en 1914, mais pas elles, qui s'en sont vite débarrassées. Colette n'en a même jamais porté ! Il faut dire que les quatre amies, longtemps dépourvues d'embonpoint – toutes ne le resteront pas ! –, n'avaient pas besoin de comprimer leurs chairs. Alors qu'autour d'elles les femmes souffrent, lacées autour de la taille, corsetées par des baleines, et risquent à tout moment l'évanouissement, elles gardent une démarche souple, peuvent bouger leur corps, lever la jambe, s'asseoir, se relever avec vivacité : leurs mouvements sont aussi naturels que ceux d'un jeune animal.

Elles n'ont jamais voulu suivre le modèle pourtant prospère des égéries de la Belle Époque : il leur paraît daté. Caroline Otero, que Colette connaît bien, a maintenant des allures de grosse dame et frôle le ridicule quand elle improvise une danse lascive à l'heure du thé. Colette l'imite à merveille. Mais c'est Germaine Gallois leur épouvantail. Elles se moquent souvent de cette chanteuse d'opérette, avec laquelle Polaire a d'ailleurs débuté, et qui était des plus en vogue il y a dix ans, à cause de ses succès dans *Ninette* et dans *La Fille de Madame Angot*. Spécialiste de la valse et des airs polissons, Germaine Gallois, qui a séduit un public nombreux et enthousiaste, ne pouvait chanter que debout : un corset à lames d'acier la maintenait de l'aisselle jusqu'aux genoux ! Avec des renforts de fer plat dans le dos et deux autres le long des hanches, sans parler de la tirette d'entrejambe, il lui était impossible de s'asseoir ! Elle était forcée de rester à la verticale, inflexible, durant toute la représentation, même pendant les entractes.

Musi, ancienne élève de l'Académie Julian, qui a voulu être artiste peintre avant de choisir le music-hall, et qui continue de peindre en amateur à ses heures libres, a dessiné un portrait de Colette nue, au crayon. Il est daté de 1912. Corps juvénile, gracieux, sein plein et ferme comme une pomme, buste de jeune fille – Colette a presque quarante ans. Un châle cache le bas du ventre, pas tout à fait la cuisse. Elle est surprise au naturel, sans artifices. Une Germaine Gallois, habituée au port du corset, aurait eu un corps moins tonique, surtout plus gras, plus mou.

Colette prise les activités sportives : dans de précédents appartements, elle a fait installer une salle de gymnastique, avec une barre et des agrès. Elle s'entraîne régulièrement, pour assouplir et étirer ses muscles. Elle a pratiqué l'équitation, au bois de Boulogne, du temps de Willy. En vacances, elle nage, elle peut monter à bicyclette. Elle aime tous les exercices physiques et vante leurs bienfaits sur son corps.

Depuis sa grossesse, elle a pris du poids mais ne s'entrave toujours pas. En 1914, elle ne pèse pas encore les quatre-vingts kilos qui lui donneront un jour une allure de baleine (je la cite) ! Le bas du corps s'est déjà beaucoup alourdi. Mais elle préfère conserver son agilité, sa vivacité, plutôt que de se corseter.

Les robes des quatre amies sont encore longues, leurs chapeaux volumineux, pourvus d'aigrettes et de voilettes. Elles ne se déplacent jamais sans ombrelle ou manchon. Elles devraient monter à cheval en tenue d'amazones – elles ne le font pas toujours. Habillées à la mode de leurs mères ou de leurs grand-mères, leurs jupes commencent pourtant à raccourcir, irrésistiblement. Montrer une cheville – ce comble de la vulgarité – n'a jamais été pour elles un problème. Elles ont montré souvent beaucoup plus, sans aucune gêne. La nudité est un état de grâce, comme le montre le dessin de Musidora.

Elles commettent cependant un forfait plus grave que de danser demi-nue ou demi-habillée, sur une scène de cabaret. Il leur arrive assez souvent, à la maison, de porter des pantalons. Avec une cravate, une chemise à boutons de manchette et un veston, elles jouent à l'homme parfois et se promènent en habits de garçon, en s'appelant « mon vieux ». Le miracle, c'est qu'elles restent féminines dans cet accoutrement. Il leur manque, pour que l'illusion soit parfaite, le parfum unisexe : le couturier Jean Patou l'inventera, après la guerre. Ce sera *Le Sien*, destiné sans distinction aux hommes comme aux femmes. « For her, for him », la publicité de Patou vantera un jour la confusion des genres. Mais, en 1914, le parfum des quatre amies est encore exclusivement féminin.

4

Toutes ces dames travaillent : c'est assez rare à cette époque pour le souligner. La guerre interrompt leurs activités, pour les unes, les ralentit pour les autres, au moins dans un premier temps. Mais, par un effet pervers que personne n'attendait, elle ne va pas tarder à étendre leur champ d'action. Les hommes ayant été contraints de rejoindre leurs régiments, on va finir par leur confier des tâches qu'ils auraient sinon gardées pour eux.

Le théâtre, il est vrai, a connu un coup d'arrêt : tous les établissements ont été fermés dès le 4 août, y compris la Comédie-Française et l'Opéra-Comique. De même que les cafés-concerts. Moreno se voit acculée au chômage – mot qui n'est pas près d'exister. Auteurs, acteurs, costumiers, éclairagistes en âge de servir ont rejoint leurs régiments. Il n'y a pas de travail pour ceux qui restent. Marguerite ne joue plus, ne reçoit plus de cachets, la source de ses revenus est brutalement tarie, et il en va de même pour son compagnon qui est également comédien. C'est rude. Dans quelques mois, le cinéma va leur offrir des rôles. Ils sauront se reconvertir. Mais dans l'immédiat, Marguerite reconnaît elle-même[1] que sans l'aide matérielle de sa petite communauté, où toutes les ressources sont mises en commun, la vie serait encore plus difficile. Rue Cortambert, elle mange au moins à sa faim.

Musidora, avec ses rôles au cabaret, connaît les mêmes soucis que Moreno. Il lui reste heureusement le cinéma. Depuis le début de l'année 1914, elle a tourné dans de nombreux films pour la Gaumont, sous la direction de Louis Feuillade, dans *Severo Torelli*, d'après un drame de François Coppée ; dans *Le Calvaire*, avec le comédien René Navarre, le créateur du très populaire Fantômas – un gros succès d'avant-guerre –, auquel Musidora, au cours d'une séquence, donne une formidable gifle ; enfin dans *Tu n'épouseras jamais un avocat* : des « ciné-vaudevilles », comme on les appelle alors, où le rire le dispute aux larmes et la farce au mélo. La Gaumont, en parfait accord avec le réalisateur, apprécie davantage, à chacun de ses tournages, le corps félin et le joli minois de Musidora. D'autant que le public commence à connaître et même à reconnaître son beau regard de déesse égyptienne, encore magnifié à la projection. Elle est extrêmement photogénique. Louis Feuillade, qui a pour elle un indéniable faible, assure qu'elle est « la photogénie même[2] ».

La mobilisation a vidé les studios de la rue de la Villette, près des Buttes-Chaumont, où Léon Gaumont a établi ses quartiers en 1905 : on ne trouve plus d'acteurs mâles, plus de techniciens, plus de réalisateurs à la cité Elgé, ainsi que tous les initiés nomment les bâtiments de la Gaumont, d'après les initiales du patron (L.G.). Toutes les productions sont suspendues. Louis Feuillade, à trente-neuf ans, avec à son actif un nombre inouï de films réalisés en une dizaine d'années, n'est pas pressé de partir se battre : il se voit mal tenir une de ces armes qu'il n'a jamais vues qu'en bois ou en carton, brandies par des saltimbanques. Musi, désœuvrée, patiente donc au chalet, où elle ne se fait pas prier pour participer aux travaux du phalanstère. Ni surtout pour cuisiner : elle a autant de talent aux fourneaux que sur une scène de music-hall ou devant la caméra de Feuillade. C'est une gourmande de première classe, qui s'y connaît pour concocter d'excellents petits plats, la plupart du temps sans viande ou avec des restes. N'étaient les problèmes d'argent et l'inquiétude de vivre sous les zeppelins, dans l'écho de plus en plus distinct de la canonnade, ce seraient pour elle des vacances méritées. Jamais Musi n'a autant travaillé que les mois qui ont précédé la guerre : elle a enchaîné les rôles. Elle fait maintenant de longues siestes sur le canapé du salon. Les autres filles la trouvent aussi paresseuse et alanguie que Muse… la chatte, sa sœur jumelle, sa réincarnation.

Annie de Pène et Colette, journalistes l'une et l'autre, connaissent également un fléchissement de leurs collaborations dans la presse en août et en septembre. On a même pu croire que les journaux cesseraient de paraître et seraient remplacés par un bulletin d'information émanant du ministère de la Guerre. S'ils continuent d'exister, c'est cependant au ralenti, avec des restrictions et des contraintes. Là aussi la mobilisation a entraîné une grave pénurie de personnel masculin, à tous les niveaux : directeurs, rédacteurs, secrétaires de rédaction, chroniqueurs, courriéristes, appelés les uns après les autres, ne peuvent plus remplir leurs tâches respectives. Il faut se réorganiser. Mais comment ? Les commentateurs politiques et les grands reporters enverront-ils leurs papiers du front ? Devront-ils les rédiger entre deux charges à la baïonnette, ou bien la nuit, à la chandelle, après l'extinction des feux ? Et qui portera leurs articles jusqu'à la rédaction – une rédaction décimée ? Une ambulance, un taxi ? Un pigeon voyageur peut-être. Le problème s'étend à l'imprimerie et à la distribution du journal, où les hommes manquent pareillement. Devant le casse-tête que pose leur départ, on ne pense pas tout de suite aux femmes pour les remplacer. C'est une idée qui a besoin de temps pour faire son chemin.

Colette et Annie de Pène tirent l'essentiel de leurs ressources du journalisme. Lequel a fini chez Colette par évincer le music-hall. Mariées l'une et l'autre à des journalistes, tous deux mobilisés, leur situation financière se voit menacée. Leurs rémunérations vont inévitablement baisser, avec la réduction du nombre de pages, la suppression d'éventuelles chroniques, leurs « piges » – collaborations intermittentes – risquent de s'amenuiser telle une peau de chagrin.

Ni Annie ni Colette ne sont des débutantes : elles collaborent depuis le début du siècle à de nombreux organes de presse, souvent les mêmes, dont *La Vie parisienne*, *Comœdia*, *Akademos*, *L'Œuvre*, *Paris-Journal, Le Flambeau, L'Éclair*... À ses tout débuts, encore mariée à Willy, Colette a même collaboré à *La Cocarde*, le journal de Maurice Barrès. Et à *La Fronde*, le quotidien féministe de Marguerite Durand – grande amie d'Annie –, sous le pseudonyme d'Eddy[3]. Sa mère a toujours désapprouvé cette activité, qui lui semblait nuire à sa vocation véritable : le journalisme, selon Sido, empêche Colette de se consacrer au seul travail qui vaille la peine... écrire des livres ! Mais c'est une activité rémunératrice, plus que la littérature, et Annie comme Colette ont besoin de gagner leur vie.

Consœurs dans un métier d'hommes, les deux femmes ont appris à aimer les atmosphères enfumées et bruyantes des salles de rédaction de cette époque, « étranges lieux de labeur cérébral où rien ne respectait, ne protégeait, ne facilitait le travail de la pensée[4] », leur odeur mêlée d'encre, de tabac brun et de gaz d'éclairage. Tout à l'opposé de l'univers douillet traditionnellement dévolu aux femmes, celui des jardins, des nurseries et des boudoirs. Sans parler du harem.

Elles pourraient être rivales, mais le journalisme qui leur a permis de se rencontrer les rapproche et les lie. Au-delà des difficultés de parcours, elles partagent le même goût pour les enquêtes vivantes, les sujets sur la vie quotidienne et, dans leurs chroniques, donnent une grande place aux « confidences de femmes » (titre d'un livre d'Annie de Pène). Tandis que de nobles et viriles plumes traitent la politique, les affaires, les arts et les lettres, elles centrent les leurs sur les enfants, les mères, les jeunes filles, les animaux, la nature. Elles s'intéressent aux petits, aux simples, aux oubliés, aux marginaux. Victor Hugo leur a donné l'exemple dans *Choses vues*, qui demeure un modèle du genre. Elles ne songent pas à égaler son génie mais apportent une sensibilité particulière à leurs reportages sur le vif.

L'écrivain Henri Barbusse admire le talent d'Annie de Pène, fait « de simplicité et de sincérité » : « Pas d'artifice, pas de métier, pas de fard, pas de coquetterie, mais la franchise exquise, l'expansion claire et délicate d'une sensibilité féminine[5]. » Tous les articles d'Annie de Pène, presque sans exception, sont écrits sous l'angle de la femme. Et c'est souvent la même héroïne qu'elle met en scène : son double en quelque sorte, sur la copie. La narratrice, à son image, est une provinciale, divorcée, venue vivre sa vie à Paris où, malgré les embûches, elle a le courage de se maintenir. « C'est curieux qu'une femme d'apparence si fragile ait trouvé en soi la volonté, la force de briser toutes les entraves de conventions et des préjugés de la province. Si vous aviez été attirée par une vie de luxe et de plaisirs, si vous aviez l'espoir après l'effort, de pouvoir vous reposer douillettement dans une existence facile, ça se comprendrait encore ; mais venir se jeter dans la mêlée, comme on se jette dans un fourré sans s'apercevoir qu'il y a bien plus de ronces que de fleurs, cela me déroute » : ces mots qu'elle place dans la bouche d'un personnage de *L'Évadée*[6], amoureux de l'héroïne, qui est elle-même journaliste et réussit brillamment, en disent long sur les regards étonnés, incrédules, qu'elle a dû affronter. Et sur les paroles de désabusement qu'elle a entendues. Non seulement dans son entourage et son voisinage, mais dans le milieu lui-même.

Un brin de condescendance, une sollicitude appuyée accompagnent la carrière toute neuve des femmes dans la presse. Colette en a fait l'expérience lors de ses premières conférences de rédaction : « L'éloignement que m'inspirait la politique se lisait-il sur mon visage qu'en ma présence, la chaleur vindicative des discussions s'apaisât ou même s'éteignît. On me montrait une indulgence, une gentillesse telles que l'on n'eût pas fait mieux pour l'idiote du village[7]. »

Il leur a fallu s'imposer, en travaillant beaucoup, sans renoncer pour autant à être ce qu'elles sont : leur sensibilité de femmes, que les commentateurs ne mentionnent pas toujours dans un sens positif, est leur grand atout. Annie comme Colette, loin de chercher à la refréner, y ont recours sans retenue. C'est leur violon, leur lyre. À en user les cordes.

Annie de Pène avait trente-quatre ans et déserté le foyer conjugal lorsqu'elle est venue faire sa vie à Paris. Sans ressources, sans relations, elle aurait pu tout aussi bien se retrouver employée comme bonne d'enfants ou cuisinière – elle qui cuisine si bien –, ou bien vendeuse dans un magasin. Au lieu de quoi, avec les rentes héritées de son père, elle a acheté une petite librairie spécialisée dans les articles religieux, au 42 rue du Bac : livres d'heures, missels, paroissiens, ouvrages « de piété et d'éducation » ainsi que l'indiquait son enseigne. Elle l'a si bien développée qu'il lui a fallu déménager dans un local plus vaste, 242 boulevard Saint-Germain. Elle s'est mise alors à écrire, dans une revue à l'usage des jeunes filles : *Le Lys*. Elle y donnait des conseils de lectures, sous l'égide d'une éminente personnalité religieuse, Mgr Bolo, protonotaire apostolique, qui en assurait la direction morale ! En rupture avec sa hiérarchie, auteur de plusieurs ouvrages dont un sur le divorce en 1891, ce personnage, un tant soit peu sulfureux, frère du Bolo-Pacha qui allait être exécuté pour haute trahison en 1918, a été pour Annie à la fois un guide dans un monde dont elle ne connaissait rien, mais surtout un émancipateur. Comme le souligne sa biographe[8], remarquable exploratrice de sa destinée et de son œuvre, Annie, qui s'est inspirée de Mgr Bolo pour l'un des personnages de son roman *L'Évadée* – l'abbé Croisset –, lui doit sa formation et ses premières armes. Après deux ans au *Lys*, à rédiger des fiches de lecture et à corriger des épreuves, elle est entrée à *L'Œuvre* où ses débuts furent modestes, mais elle a très vite pris son essor. Au moment où éclate la guerre, c'est une journaliste confirmée, appréciée, et qui revendique sa féminité.

Pas plus qu'Annie, Colette n'a fait d'études ni reçu la moindre formation universitaire. « Gagner ma vie ? Mais comment ? En faisant quoi ? Je ne sais rien ! Je n'ai pas été élevée dans l'idée qu'un jour, j'aurais besoin de gagner de l'argent. On ne m'a appris aucun métier, je n'ai pas le moindre brevet » : elles auraient pu l'une et l'autre dire cette phrase qu'Annie de Pène place dans la bouche de son héroïne, la jeune bourgeoise, naïve et débrouillarde, de *L'Évadée*[9]. Ayant quitté son mari, elle a dû se trouver un travail pour survivre.

Annie et Colette ont appris l'une et l'autre leur métier sur le tas. Mais elles étaient douées, au départ : il y a, chez elles deux, une fluidité dans le récit, une espèce de facilité dans la prose, une aisance à se projeter dans les paysages ou dans le cœur des êtres qu'elles rencontrent, tout un ensemble de qualités qui ressemble fort à un talent spontané. Talent que Colette hisse à un degré supérieur, par un mélange d'audace et de poésie qui irradie le moindre de ses écrits.

Colette ne suit pas plus qu'Annie les chemins balisés : son style très personnel va lui aussi à l'encontre des conventions et des habitudes. Ses articles ont un parfum d'originalité, souvent de transgression. Ainsi, à ses lecteurs de *Comœdia*, propose-t-elle un jour le portrait d'un obscur personnage de music-hall, baptisé « l'énigme vivante », mi-homme mi-femme, qui dansait la *sevillana* au Palace, en matinée, l'été 1910. Ou bien elle les égaie un autre jour, en 1911, avec un portrait de sa propre nièce, une petite fille de huit ans, qui tente de lui enseigner à langer un nourrisson et qui s'étonne de sa maladresse – « Ah, Seigneur, soupire la gosse, quand on pense que tu n'es même pas bonne à avoir un enfant à ton âge[10] ! » (Bel-Gazou n'était pas encore née, loin s'en faut.) Colette aime se mettre en scène dans ses articles, confronter ses impressions au spectacle du monde, faire partager aux lecteurs ses émotions, ses enthousiasmes, ses peurs, ses rires. Y compris dans ses reportages quand elle commente le lancement du dirigeable *Clément-Bayard* en juin 1912, ou quand elle s'aventure sur les traces de la bande à Bonnot : elle a assisté en direct, le 2 mai 1912, à l'assaut du garage où Bonnot s'était réfugié et où les policiers l'ont abattu.

On ne peut pas s'étonner de ses succès grandissants dans le journalisme : elle affectionne les récits courts et sait les rendre efficaces. Elle a l'art d'évoquer d'un trait, préfère aux longs commentaires les descriptions vivantes, concrètes et émouvantes. « La plupart du temps, dit-elle, c'est l'ordinaire qui me pique et me vivifie[11]. » Ce talent, dispersé au gré de ses publications passagères, emporté par le vent capricieux de l'actualité, et qui finit aujourd'hui en éclats, à la Bibliothèque nationale, dans la mémoire des microfilms, elle en a heureusement sauvegardé sinon la totalité, au moins la quintessence. En publiant tout au long de sa vie des livres, qui rassemblent des morceaux choisis de son énorme production journalistique. Le premier en date – il y en aura de nombreux autres –, *Les Vrilles de la vigne*, l'un de ses plus beaux livres, regroupe en 1908 quelques articles parus dans *La Vie parisienne* et dans *Le Mercure musical*, et illustre à merveille ce talent enchanteur. Talent qui a vite séduit, en même temps qu'un public de plus en plus fidèle, les directeurs de journaux. Et les chefs de rubrique.

En 1914, Colette a depuis quatre ans une collaboration fixe et régulière au *Matin*, ce qui lui confère enfin un statut, une forme de reconnaissance : *Le*

Matin, vendu à près d'un million d'exemplaires en 1914, est l'un des plus gros tirages de la presse quotidienne. Seul le tirage du *Petit Parisien* lui est supérieur.

Elle y a été engagée en 1910 par René Maizeroy, vieux routier du journalisme, responsable d'une des rubriques les plus en vue du journal : les « Contes des mille et un matins ». Maizeroy, lui-même romancier, a bien connu Manet qui a fait son portrait. Et bien connu Maupassant qui a reproduit ses traits dans *Bel-Ami*. Avec ce double parrainage, il ne pouvait avoir sur Colette que des effets bénéfiques. Maizeroy était surtout connu à l'époque comme l'auteur des *Deux amies*, roman au titre éloquent qui lui a valu d'être condamné « pour obscénité ».

Depuis son acquisition par Maurice Bunau-Varilla, son tout-puissant propriétaire, *Le Matin* a toujours connu une direction bicéphale : deux rédacteurs en chef en assurent la direction tous les quinze jours à tour de rôle. Henry de Jouvenel et Stéphane Lauzanne. Colette ne connaissait alors ni l'un ni l'autre. Maizeroy plaidait sa cause. Mais Stéphane Lauzanne, rédacteur en chef à l'heure où l'auteur des *Deux amies* proposait de l'engager, hésitait à prendre le risque de choquer les lecteurs avec un nom apparu si souvent dans la rubrique aux scandales. Il aurait même menacé de démissionner si *Le Matin* en venait à publier la signature de Colette, « cette saltimbanque, cette… » (il n'a pas fini sa phrase), perdue de réputation, avec ses apparitions impudiques sur les planches des music-halls[12] ! Maizeroy s'entêta et sut convaincre. Engagée à l'essai, pour ménager Stéphane Lauzanne, qui d'ailleurs ne démissionnera pas, elle a d'abord dû donner des articles sans les signer, sinon de manière cryptée, d'un loup de théâtre anonyme. Mais elle a vite captivé les lecteurs du *Matin*, et, dès son sixième « Conte », on lui a accordé le droit de signer ses chroniques de son vrai nom : Colette Willy, d'abord, et désormais Colette.

Quand même pas Colette de Jouvenel des Ursins… comme à l'état civil.

5

Lorsqu'elle entre dans le bureau de Jouvenel, en 1911, le coup de foudre est réciproque. Henry de Jouvenel est plus jeune qu'elle – trois ans de moins –, mais peut facilement lui en imposer. Elle vient de la bohème. C'est une artiste, « une saltimbanque », selon les méchantes langues qui ricanent derrière son dos au *Matin*. Pis, une « romanichelle », telle l'héroïne de la pantomime de Paul Franck, à l'Olympia – l'un de ses plus grands succès à la scène et un rôle qui lui colle à la peau. Lui est un patron. Un chef consensuel, au nom et à l'allure d'aristocrate, même s'il s'agit d'une aristocratie acquise de fraîche date.

Une sorte de proconsul de la République. On ne s'étonnerait pas de lui voir rejeter sa toge sur l'épaule tant il a de prestige et d'influence. Un brio de plume joint à un charisme exceptionnel l'ont très vite imposé dans un milieu où les talents pourtant ne manquent pas. Maurice Bunau-Varilla, le propriétaire du *Matin*, ne s'y est pas trompé en lui en confiant les rênes : Henry de Jouvenel est de la trempe des grands journalistes, cette rare sorte d'hommes capables à la fois de mener une équipe et de lui insuffler une vision. C'est un véritable stratège qui tire de l'actualité les meilleures unes et les titres chocs qui vont accrocher le public et faire l'opinion. *Le Matin* porte la marque de son style personnel, un style qu'apprécient ses lecteurs, séduits par son esprit clair et par ses convictions fortement républicaines.

De son bureau directorial, au 6 boulevard Poissonnière – un immeuble flamboyant que son propriétaire a fait repeindre en rouge vif –, il exerce son pouvoir bien au-delà des murs. On le dit assez puissant pour faire et défaire les ministères, défendre ou couler un projet du gouvernement, soutenir un ténor de la vie publique ou obtenir sa tête. Jules Renard, auquel il demande des articles, note pour lui-même : « Il dirige *Le Matin*, presque toute la France, une partie du monde ; c'est très drôle. »

Ce n'est pas lui qui a engagé Colette au journal, mais lorsqu'elle pointe le nez dans son bureau, précédée par une réputation peut-être pas très convenable, mais très émoustillante, son sort est scellé.

Leur rencontre est une sorte de choc culturel. Colette se montre d'une parfaite indifférence à la politique, le cadet de ses soucis ; Jouvenel y baigne comme dans son véritable élément. Républicain de gauche, tendance radical-socialiste, il milite pour les lois sociales et l'organisation syndicale. Ami de Millerand, de Paul Boncour, il considère qu'il est de son devoir, de sa mission, de prendre position sur les sujets brûlants, les retraites ouvrières, par exemple, ou les associations de travailleurs, dont il est un fervent défenseur. Il croit aux causes qu'il défend. Colette est la légèreté même.

Jouvenel, qui a été naguère directeur de cabinet d'un ministre et qui connaît les principaux acteurs de la vie politique, culturelle, économique, française et européenne, bénéficie d'un puissant réseau d'influence. C'est un personnage respecté, courtisé, sollicité. Colette Willy n'est qu'une fée Clochette, qui fréquente les cabarets et les théâtres. Tandis qu'il évolue dans les coulisses du Sénat ou de l'Assemblée nationale, son monde à elle est un demi-monde, interlope et clandestin. Elle prend des chemins buissonniers, auréolée d'une aura sulfureuse – personne n'ignore qu'elle a découvert un sein, sur la scène de l'Apollo, à Paris, puis d'innombrables autres fois en tournées en province, à Monte-Carlo et même à Genève, dans un spectacle intitulé *La Chair.* On a pu dire que ce sein a fait un vrai tour de France. « Sein lourd, plein, bien attaché » selon

Maurice Chevalier qui a vu *La Chair* à Lyon et parle en connaisseur. Il est parfois arrivé, quand la robe se déchire, qu'elle montre les deux seins à la fois. La rumeur veut qu'elle ait joué entièrement nue, ce qui n'est pas vrai, mais pour ce rôle de Yulka, maîtresse d'un contrebandier, elle était quand même très peu vêtue… Au point que sa jeune nièce, qui assistait à la représentation – on est très large d'idées dans la famille –, s'est écriée : « On lui voit tout à tante Colette ! » La presse a largement répandu les photos du scandale.

La silhouette « un peu trapue, dodue », sans encore de graisse indésirable, telle que l'a évaluée Maurice Chevalier à cette époque, les yeux qui pétillent, le sourire enfantin, sans même parler de son intelligence vif-argent et de ses dons d'écrivain – son dernier livre, *La Vagabonde*, a figuré dans la sélection du prix Goncourt –, Jouvenel n'a jamais confié ce qui l'a le plus séduit, au premier abord, chez cette conteuse des mille et un matins, parée des mille et une nuits qu'on lui prête. Ni s'il a assisté à l'un ou l'autre de ses spectacles, avant qu'elle ne soit engagée au *Matin*. Mais un parfum coruscant est entré ce jour-là avec elle, dans son bureau : celui du jasmin sauvage.

Jouvenel de son côté n'exerce pas seulement les charmes du pouvoir. De haute taille, 1,80 mètre, bâti avec les larges épaules qui font les vrais hommes selon Colette, c'est un très beau mâle – les témoignages sont unanimes. Si brun qu'« avec une gandoura il pourrait passer pour un Arabe », dira une de ses (futures) maîtresses, il arbore un œil de velours, une fine moustache noire et une fossette au menton. Avec sa voix claire, agréable, joyeuse, les hommes eux-mêmes s'accordent à le trouver « irrésistible ». Aucune femme ne lui a jamais résisté : il a une réputation, sans doute méritée, à peine exagérée, d'homme couvert de femmes, qui a dû laisser Colette rêveuse sur le nombre de ses conquêtes.

Divorcé d'une première épouse, Claire Boas, dont il a eu un fils, Bertrand de Jouvenel, âgé d'une dizaine d'années à la veille de la guerre, il entretenait une liaison avec une femme mariée lorsqu'il a rencontré Colette. La belle Mme Maurice Pillet-Will, née Isabelle de Comminges. Cette maîtresse qu'il aurait sans doute épousée si elle avait pu divorcer, lui a donné elle aussi un fils, qu'il a reconnu : Renaud, âgé de sept ans en 1914, le cadet des Jouvenel. Voilà donc Colette, avant d'être mère, pourvue de deux beaux-fils – Bertrand, Renaud –, et même trois si l'on compte Jacques Gauthier-Villars, le fils de Willy, son ex-mari, né d'une liaison d'avant leur mariage et qui a maintenant un âge d'homme. Elle entre au cœur d'une famille recomposée – on dit alors plus littérairement « greffée de plusieurs boutures ».

L'existence du directeur du *Matin*, si elle n'a pas été plus simple ni plus sage que celle de Colette, révèle un trait séduisant de son caractère : l'anti-conformisme. Dans une société bourgeoise, sévèrement codée, où l'antisémitisme va de soi, il a su passer outre aux conventions et aux usages : sa première épouse, Claire, mère de son fils Bertrand, était juive. Et il a reconnu le fils quc lui a donné Isabelle de Comminges hors des liens du mariage. Tout comme Colette dont le rapproche un très fort penchant à l'individualisme, il entend vivre librement, dans la sphère privée comme dans la sphère publique.

Aussi n'a-t-il adhéré à aucun parti politique, ni même au Parti radical-socialiste dont il partage la plupart des idées. Farouchement indépendant, il se méfie des clans, des castes, des étiquettes et veut pouvoir choisir ses amis.

Catholique, ni clérical ni anticlérical, hostile à la franc-maçonnerie, il se revendique comme un ardent dreyfusard : à vingt ans, il a affronté à poings nus, en criant « Vive la loi ! », d'autres étudiants survoltés qui défilaient aux cris de « Vive l'armée ! ». Il a gardé intacts l'enthousiasme et les convictions de sa jeunesse. La plus vive émotion de sa vie demeure la lecture du « J'accuse » d'Émile Zola, dans *L'Aurore* : sa vocation de journaliste vient de ce moment de communion et de ferveur, dont il a tiré le plein sens d'une existence dédiée au combat. Mais son plus grand anticonformisme ne sera-t-il pas d'épouser Colette, cette saltimbanque, aimée, adorée de la plupart de ses lecteurs, mais en butte au mépris et même à l'exclusion des milieux qu'il fréquente ?

Sa propre mère, baptisée Mamita depuis qu'elle est grand-mère, Marie de Jouvenel, a divorcé assez tôt de son père, pour mener une existence des plus frivoles – la mère, très aimée, ne l'a pas écrasé d'un de ces modèles rigides et de haute vertu, dont les fils sortent rarement indemnes. Colette s'entend, tout au moins au début, très bien avec sa belle-mère, qui a le mérite de prendre soin de Bel-Gazou.

Henry s'encombre peu de préjugés sociaux. Éclectique, curieux, détestant les mondanités, il a d'excellentes relations avec ses collaborateurs, jusqu'aux plus humbles, qui le tiennent en haute estime. « Seigneur », « grand seigneur », « gentilhomme », « aristocrate », « hobereau » : les mots qui reviennent le plus souvent dans les témoignages des uns ou des autres pour le définir renvoient tous à la noblesse d'une personnalité hors du commun. Son meilleur ami, Anatole de Monzie, avocat et homme politique, plusieurs fois ministre avant 1914, député de Cahors, son ancien condisciple au collège Stanislas, avec lequel il est lié comme à un frère, ne cache pas son admiration : « Henry de Jouvenel avait l'art de dilapider chaque matin de la noblesse », dira-t-il à sa mort.

Dans le cercle privé, la séduction de Jouvenel lui vaut tous les suffrages. Loin de se conduire en notable, il se montre un compagnon chaleureux et sympathique, souvent très drôle. Par plus d'un trait, c'est un cadet de Gascogne. Bon vivant, aimant la bonne chère et la bonne chair, les amitiés vraies, les conquêtes faciles à l'usage desquelles il a jusque-là réservé son chalet de la rue Cortambert – avant que Colette ne l'annexe tout à elle –, il s'est plusieurs fois battu en duel, à l'épée ou au pistolet, pour des histoires d'honneur. Il a le courage et le panache d'un mousquetaire. Il ne dédaigne jamais de se battre, et c'est sans crainte qu'il est parti rejoindre à Verdun le 29e RIT (régiment d'infanterie territoriale). La chasse est une de ses passions ; la guerre ne l'intimide pas.

Petit-fils de Léon de Jouvenel, qui fut des années durant député de la Corrèze, auquel il voue une grande affection – la légende familiale veut que ce grand-père ait été le modèle de Rastignac ! –, il tient tout autant que Colette à son enracinement provincial. C'est Léon de Jouvenel qui a acheté Castel Novel, le fief des Jouvenel en Corrèze : cent quatre-vingt-dix hectares de terres et de bois, que domine un château monumental, flanqué de tours cylindriques – le détail a son importance –, qui semble surgi d'un conte de Perrault. Il y a passé son enfance et revient y séjourner autant que sa vie trépidante lui en laisse le loisir. Dès qu'il a connu Colette, dès avant leur mariage, il a tenu à l'y emmener. Son frère cadet, Robert de Jouvenel, également journaliste, collaborateur de *L'Opinion* et de *L'Œuvre*, pourfendeur de « La République des camarades », tout aussi remonté que lui-même contre l'esprit de caste et les injustices, habite le domaine voisin de Curemonte, un château à l'identique, mais flanqué de tours carrées qui permettent de le différencier – les deux frères sont inséparables. Ces deux châteaux mitoyens, dont l'un aurait amplement suffi à loger deux familles et même davantage, amusent Colette, qui savoure la nature environnante, les champs, les forêts, les rivières, et ne se fait pas prier pour y retourner. Elle a adopté l'endroit. C'est une de ses rivales, Marthe Bibesco, qui trouvera le plus joli nom pour Castel Novel, où les arbres sont particulièrement touffus et majestueux : « le château feuillu ».

Il est vrai que Castel Novel a dû alors la reposer des scènes d'Isabelle de Comminges, de ses menaces de suicide ou de les tuer tous les deux, qui ont lourdement pesé sur le commencement de ses amours avec Jouvenel. Colette a fini par surnommer « la Panthère » cette rivale déchaînée, qui l'a toujours accusée de lui avoir pris Jouvenel. Les deux femmes se le sont âprement disputé. La Panthère a failli le reprendre, à force de provoquer entre les amants, par contamination de la violence, des ruptures dignes du vaudeville, avec des larmes et des insultes, heureusement suivies de réconciliations sensuelles. Et c'est enfin Colette, au terme d'une *annus horribilis* où elle a plusieurs fois cru perdre la partie, qui l'a emporté, en devenant officiellement baronne de Jouvenel des Ursins, à la mairie du XVIe arrondissement.

Colette appelle Jouvenel « Sidi », au lieu d'Henry, ou « le seigneur Sidi » comme un potentat du Maghreb. Lorsqu'elle parle de lui à ses amies dans ses lettres, elle le désigne souvent d'un mot qui évoque l'Orient : « le Pacha ». Jouvenel serait-il voluptueux, gourmand comme un pacha et tout aussi dominé par les sens ? « Sidi est là, mollement étendu comme chaque fois qu'il a mangé sa pâtée », écrit-elle à Annie de Pène. Quand il reviendra au chalet de la rue Cortambert, voici le programme qu'il a prévu et ordonné depuis le front des armées, à l'intention de son épouse : « On mangera du bœuf au vin, on aura un petit téléphone d'Annie à nous, on construira un garage à bêtes pour les chats et les chiens du quartier dans le jardin, et le matin on s'empressera autour de moi pour savoir ce que je veux manger, et quand j'aurai sommeil après le déjeuner je dormirai sur le divan pendant que les femmes causeront autour de moi, écriront ou feront du crochet, ou bien chercheront les hypothétiques puces de Musette. » Commentaire réjoui de Colette, à cette heureuse perspective : « Annie, vous ne pouvez pas dire le contraire : j'ai un Sidi qui comprend la vie. »

Elle ne demande qu'à se soumettre, à combler tous les désirs du Pacha, son seigneur et maître – « le maître de tout ».

Il lui manque physiquement, sensuellement. Elle compte les jours qui les séparent et rêve de son retour, « derrière les jalousies », quand les rideaux se refermeront sur la lumière bleutée de la chambre. Mais ce seigneur et maître, elle l'appelle aussi, curieusement, non pas le Sultan mais « la Sultane ». Car elle le trouve « joli » et déclare à ses amies, avec une fierté attendrie, qu'il est « une beauté », « une sorte de beauté », « une chérie ». Son mari aux larges épaules, dans les bras duquel elle vient se blottir avec la sensation délicieuse d'échapper aux fureurs du monde, lui inspire – assez souvent pour qu'on le remarque – l'emploi du féminin singulier. Si l'on en croit Colette, cet homme dont chacun – chacune – s'accorde à reconnaître les traits dominants du mâle, dans toute espèce animale, la bravoure, le talent inné du commandement et du combat, ce séducteur à la virilité affirmée et conquérante possède une qualité qu'on ne soupçonne pas et qu'on attribue plutôt, en général, au sexe opposé : il a la peau très douce ! Si douce que Colette en la caressant pense à la douceur d'une peau de femme.

Cette douceur de la peau, ce n'est pas la première fois qu'elle l'apprécie chez un homme. Elle l'avait déjà goûtée chez Willy – Henry Gauthier-Villars, son premier mari – qu'elle surnommait Doucette et auquel elle s'adressait quelquefois, déjà, au féminin en l'appelant « chérie ».

Séducteur aussi vorace et éparpillé que le second Henry (et peut-être après tout leur donne-t-elle des surnoms pour les différencier, ces parfaits homonymes, qui tiennent l'un et l'autre au y de leur prénom), Willy avait beau faire un grand usage de sa virilité, il y avait en lui, selon Colette, une féminité secrète qui la troublait.

Doucette..., ce fut aussi le nom de son chat préféré, un beau mâle, voluptueux, qu'elle surnommait Kiki-la-Doucette – un vrai nom de femelle ! Quand il est mort, il y a plus de dix ans maintenant, elle a jeté son petit cadavre dans le fossé des fortifications[1].

Les deux hommes auxquels Colette a été mariée, Doucette et Sidi – il y en aura plus tard un troisième et dernier –, ont en commun d'être des hommes plus féminins qu'il n'y paraît. Mais jamais Colette n'a été amoureuse de Willy comme de Jouvenel. Elle ne cache pas à ses amies combien elle est heureuse près de l'homme de sa vie. Elle leur fait même part de ses performances : « Qui te dit que je néglige la culture physique ? écrit-elle à Annie de Pène en août 1911. J'ai une nouvelle méthode, voilà tout. La méthode Sidi. Excellente. Pas de cours publics. Leçons particulières, bougrement particulières. » La naissance de sa fille n'a rien changé au bonheur de ses sens – bonheur de tout son être. Elle vit, dit-elle, « une exceptionnelle saison du cœur ».

La guerre seule a pu interrompre cet état de béatitude. Il lui faut désormais attendre, « aussi patiente, aussi gaie que je peux, aussi raisonnable que je le dois », le retour du Pacha au harem.

6

Les amies de Colette ont toutes, elles aussi, un homme dans leur vie. Un mâle animal, dans leur vocabulaire.

Annie de Pène vit avec un journaliste de renom : Gustave Téry. Pas du tout le style de Jouvenel, son élégance, sa modération, sa munificence, son humour de Gascon. « Un cumulus » selon Colette, impressionnée par sa silhouette sphérique, mais un gros cumulus, toujours au bord de l'orage et prêt à éclater. La rondeur de Téry n'est qu'un camouflage – il est moralement et intellectuellement abrupt, excessif. Il aime les combats de front. Polémiste par tempérament – et polémiste redouté –, il ne s'engage jamais à moitié et il est difficile, sinon impossible, de le faire dévier de ses idées… C'est une forte tête, « aussi dure que le granit de sa basse Bretagne », selon Colette. Il est né à Lamballe, dans les Côtes-d'Armor.

Normalien, de la même promotion que Charles Péguy, agrégé de philosophie, il a été quelque temps professeur avant de se faire exclure du corps enseignant. Une première fois convoqué devant un conseil de discipline pour « incorrection », parce qu'il défendait le droit du professeur à faire connaître ses convictions politiques, à l'intérieur de l'établissement scolaire, il a été radié de la fonction publique, il y a quatre ans à peine, pour « injure au président de la République » : il avait insulté Armand Fallières dans un pamphlet. La hiérarchie l'insupporte.

Ce n'était pas son premier coup d'éclat : il a été exclu dix ans plus tôt du Grand Orient, la principale obédience maçonnique… pour des propos hostiles à la franc-maçonnerie ! Cela ne l'a pas assagi. Les francs-maçons restent sa bête noire et il continue de fustiger la classe politique, jusqu'aux plus hauts niveaux.

Ni Colette ni Jouvenel n'ont pour lui de grande sympathie. S'ils sont aussi intimes, c'est évidemment pour Annie. Jouvenel se méfie des avis abrupts de Téry. Ou s'en agace. D'autant que Téry a toujours un radical dans sa ligne de mire : il déteste les « radicaillaux » (Jouvenel, ce radical, ne soutient pas Caillaux, et c'est peu dire, mais se garde de la diatribe) ! Colette, sans aménité, le traite de « sale sorbonnard », d'autant qu'il porte des lunettes cerclées à la façon d'un intellectuel. Elle n'aime pas ses

« regards de buffle ». Téry l'irrite à vouloir imposer ses avis et commander à tout le monde, surtout à la gentille Annie, qui doit supporter son fâcheux caractère. C'est Colette qui a rebaptisé Gustave Téry « le Général ». Les quatre amies entre elles ne l'appellent jamais autrement.

Le Général, après avoir été journaliste au *Matin* avant l'ère Jouvenel, est maintenant journaliste à *L'Œuvre*, qu'il a cofondée en 1904 avec Urbain Gohier, un confrère pamphlétaire. Encore hebdomadaire à la veille de la guerre, *L'Œuvre* est un journal de parti pris socialiste, violemment anticlérical, dont les abonnés apprécient le ton enflammé et les positions virulentes : il n'épargne rien ni personne. Téry n'est cependant pas ennemi des contradictions : dreyfusard de la première heure, tout comme Jouvenel, il partage désormais bon nombre d'idées de l'Action française, que récuse Jouvenel : l'antisémitisme et la xénophobie. En 1911, il s'est distingué, si l'on peut dire, en menant une campagne féroce contre Marie Curie. Veuve de Pierre Curie – mort accidentellement sous la roue d'une charrette –, elle vivait depuis peu une liaison passionnée avec Paul Langevin, savant, ami et disciple de son mari, que la presse avait révélée et qui choquait l'opinion. Langevin songeait à divorcer pour pouvoir épouser Marie Curie. Téry juge Marie doublement coupable : d'avoir séduit un homme marié et de vouloir briser son ménage, d'une part, et de l'autre de trahir la mémoire de feu Pierre Curie, ce génie dont elle aurait abusivement détourné les découvertes à son profit… À quoi il lui ajoute une troisième inculpation : ses origines polonaises et juives. Marie Curie n'est selon lui qu'« une étrangère » – insulte des mieux répandues dans son journal. Avec une rage digne d'un Fouquier-Tinville, il l'a conspuée, aspergée de boue, condamnée sans appel. Cela lui a valu un duel, de la part d'un admirateur de Marie Curie – Pierre Mortier, directeur de *Gil Blas*. Le duel n'a pas calmé Téry, trop obstiné pour se repentir.

N'aurait-il pas projeté dans cette malheureuse histoire sa propre vindicte à l'égard des femmes ?… On peut se le demander. Son ancienne épouse, Françoise-Caroline de La Verryère, plus connue comme écrivain sous le nom d'Andrée Viollis, l'a en effet trompé puis quitté pour aller vivre avec l'un des principaux collaborateurs de son pire ennemi – Joseph Chaumié, ministre de l'Instruction publique, contre lequel il n'a jamais cessé de ferrailler ! Cette épouse adultère, dont Marie Curie lui renvoie probablement le cruel souvenir, la faute impardonnable, signe Viollis ses livres et ses articles – car elle aussi est journaliste –, du nom de ce rival haï, Jean Viollis (pseudonyme d'Henri d'Ardenne de Tizac, spécialiste des arts chinois et romancier), avec lequel elle est remariée. Les règlements de comptes publics peuvent avoir des raisons intimes.

Avec Annie de Pène, Gustave Téry a retrouvé une compagne sur le même modèle que la précédente. Elle aussi écrit dans des journaux, dans des revues, comme son ancienne épouse, elle aussi aime dans le journalisme le reportage sur le terrain, l'enquête sur le vif. Et Annie est romancière, comme l'a été, comme l'est encore, Andrée Viollis.

Annie de Pène et Gustave Téry vivent en union libre au sein d'une famille recomposée. Leurs enfants sont ceux de leurs précédents mariages. Ils n'en ont pas eu ensemble.

De son ex-épouse, Téry a eu deux filles, dont il a obtenu la garde au moment du divorce : Claude et Simone, dix-sept et dix-huit ans en 1914.

Annie de Pène, de son côté, a eu une fille et un fils de Charles-Auguste Battendier, le mari dont elle a divorcé après dix ans de mariage. Mais c'est Battendier qui en a eu la garde et les a élevés : Germaine et Pierre, vingt-deux et vingt-quatre ans.

Trois de ces quatre enfants expriment déjà des dons pour la littérature et le journalisme : Simone Téry, Germaine Battendier (future Germaine Beaumont) et Pierre Battendier (futur Pierre Varenne) ne vont pas tarder à se faire connaître pour leurs articles, leurs chroniques, leurs romans, leurs livrets d'opéras.

Pour compléter le tableau, précisons que les deux familles sont indépendantes au cœur du même foyer : Gustave Téry habite rue de Douai avec ses filles, tandis qu'Annie vit seule villa Herran. Gustave Téry, que Germaine et Pierre – les enfants d'Annie – appellent « parrain », l'y rejoint de manière régulière. Du moins quand ses permissions le lui permettent.

Gustave Téry, à quarante-trois ans, n'a pas été mobilisé. Mais il s'est porté volontaire. Quoique pacifiste, et n'étant pas à une contradiction près, il a tenu à participer à l'effort de guerre. Il a été affecté à la GVC – Garde des voies de communication –, dans la banlieue parisienne : une drôle d'affectation pour un « Général » ! Colette s'en amuse, sous couvert de compliment : « Garder Chaville et Viroflay, et encore Asnières, préserver de l'envahisseur notre chère et sainte banlieue, barrer la route à Vernouillet-lès-Galette… », voilà une belle mission. Avec un grand avantage : éloigner le Général de la douce Annie. Lui permettre de vivre comme en vacances, loin de l'ombrageux compagnon, un temps si rare et si précieux entre femmes.

Autant Colette, quand elle pense à Jouvenel, est toute nostalgie, désir de le revoir, autant Annie est triste et amère en songeant à Téry : « Nous sentons différemment et continuellement, confie-t-elle à Colette. Nous nous blessons sans le vouloir, c'est aussi déprimant pour lui que pour moi. »

Si légère en comparaison, la vie de Musidora ! Elle n'a ni enfants ni mari. Ni même un compagnon stable. Elle n'est que liberté.

Elle pourrait s'offrir une vie dissolue, car depuis l'âge de dix-huit ans elle se produit sur les scènes des cabarets, des music-halls, et fréquente la bohème. Mais c'est « une vraie jeune fille » selon Colette, elle garde sa pudeur, sa fraîcheur, son innocence. Même quand elle montre ses jambes – « jambes galbeuses de délicieuse divette », d'après un critique subjugué. Divette : diminutif de diva.

Depuis ses débuts au théâtre de l'Étoile, dans *La Nuit de noces*, elle enchaîne les rôles, au petit bonheur la chance. Elle n'a pas seulement joué les Claudine sur des tréteaux en province, elle s'est produite à plusieurs reprises au Ba-Ta-Clan, le célèbre music-hall du boulevard Voltaire, qui doit son nom à un opéra bouffe d'Offenbach, et cette même année 1914, sur la scène prestigieuse des Folies-Bergère, où le public vient applaudir des spectacles plutôt osés (en 1912, on a pu y voir pour la première fois une jeune actrice complètement nue). Aux Folies-Bergère, Musidora, qui ne se montrera jamais en tenue d'Ève, a joué au début de l'année dans *La*

Revue de l'amour, avec Raimu, un partenaire débutant ! Puis, dans *La Revue galante* dont elle fut la vedette. Colette et Jouvenel sont venus l'admirer et l'applaudir.

La plus grande fierté de sa jeune carrière est d'avoir remplacé au pied levé « la » Lavallière, tombée malade – Ève Lavallière, qui fut la Belle Hélène d'Offenbach et la rivale de Sarah Bernhardt –, dans *L'Insaisissable Stanley Collins*, en novembre 1913, au théâtre du Châtelet. Mais les rôles qu'elle a préférés sont ceux qui la rapprochaient de son idole, tendrement, incomparablement chérie : Colette. « Macolette ».

Musi et Colette ont été ensemble à l'affiche du Ba-Ta-Clan : au printemps 1912, dans la revue *Ça grise*, où elles se sont succédé sur scène, Colette époustouflante dans *La Chatte amoureuse* et, à l'automne, dans *L'Oiseau de nuit*. Musi, vive et piquante, dans un court vaudeville intitulé *Le Matricule 607* et une série de petits tableaux, dont les titres ne sont pas restés dans les annales… Elles ont partagé une loge, se sont maquillées, habillées, déshabillées ensemble, s'aidant l'une l'autre pour revêtir leurs si légers costumes ou corriger le trait de leur rouge à lèvres. Elles n'ont jamais eu le trac, ni l'une ni l'autre – elles attendent au contraire avec une impatience, une fièvre excitante le moment d'apparaître devant le public. Leur intimité au théâtre, qui les lie par tant de joyeux souvenirs, des gestes affectueux, des complicités de coulisses, compte beaucoup dans leur amitié. Une amitié très tendre.

Le rapport de mère à fille entre les deux femmes, c'est Colette qui y tient le plus. Toutes ses lettres à Musidora, adressées à « mon enfant », « mon petit Musi-chat » et, depuis qu'elle a mis au monde un bébé fille, « mon Musi-aîné », elle les signe « ta vieille mère » ou bien « ta vieille amie », aggravant son âge pour mieux jouer à la maman. Mais ce petit Musi-chat, elle l'embrasse toujours « tendrement », « de tout mon cœur ». Colette préfère marquer une petite distance avec Musi, qui voudrait bien s'approcher davantage. Elle a été amoureuse de Colette, à dix-sept ans elle lui adressait des lettres enflammées. Peut-être l'est-elle toujours. Colette la surnomme drôlement son « bâton à trois bouts » ! Un bout « pinceau », un bout « joli brin de plume » et le troisième « crayon à sourcils » : voilà Musidora.

Elle habite seule son appartement de la rue Decamps. Au chalet, on essaie de la faire parler de ses conquêtes – elle reçoit des fleurs et des billets doux de ses admirateurs. Les amies gambergent. Il semble que Musi fasse des ravages. Elle ne leur dit pas tout. On ne lui connaît pourtant qu'un seul fiancé. Encore le titre de ce prétendant n'est-il qu'officieux. Musi l'a présenté à ses amies : voici Pierre Labrouche. Loin de tomber amoureuse d'un comédien ou d'un danseur, d'un chanteur de caf'conc', et pourquoi pas de Raimu après tout ?, elle se laisse courtiser – pour le moment – par cet artiste peintre et graveur, auquel la lie une vraie passion pour les arts. Né à Bayonne, marqué par le climat et la poésie de sa terre natale, Labrouche peint des paysages solaires du sud de la France, d'Italie, d'Espagne, des Flandres, où la couleur jaune domine, souvent très éclatante. Des escaliers en pierre ou des colonnes antiques au milieu d'un parc, des maisons ombragées de palmiers, de lauriers, des vues de Venise où la brume légendaire laisse place à une clarté inédite, sa peinture reflète son caractère chaleureux, une douceur, un optimisme, que Colette et ses amies apprécient – peut-être encore plus que Musi. Elles l'appellent « Pierrot » – le bon Pierrot. Et trouvent que Musi n'est pas toujours gentille à son égard. Lui est très amoureux. Elle, très en deçà, se laisse paresseusement aimer. Pierrot expose chaque année ses œuvres au Salon de la Société nationale des beaux-arts. Il s'est fait une clientèle à Paris. Célibataire, il habite avenue Henri-Martin, donc tout près de la rue Decamps et de la rue Cortambert, ce qui facilite la vie.

De la même année que Jouvenel – 1876 –, il attend d'être mobilisé. Sa mobilisation paraît proche.

Jean Darragon, le mari de Marguerite Moreno, lui, n'est pas mobilisable. Obèse, affligé d'emphysème, il est en trop mauvaise condition physique pour faire un soldat. Au théâtre, car il est comédien, il a joué les Cyrano de Bergerac en province, à la demande d'Edmond Rostand qui appréciait son jeu romantique et sa belle allure, puis à Paris, à la Porte-Saint-Martin et au Châtelet, des rôles de jeune premier, dans *Les Aventures du capitaine Corcoran* et dans *Michel Strogoff*. Colette et ses amies le surnomment « l'Emplumé », à cause de ses chapeaux de scène garnis de plumes, ce qui fait rire Marguerite. Darragon aurait mérité mieux : il a choisi pour pseudonyme, en mémoire d'*Hernani*, le nom d'un personnage plein de panache : « Je suis Jean d'Aragon, roi, bourreaux et valets ! Et si vos échafauds sont petits, changez-les ! » Ce noble compagnon, à la généalogie théâtrale, est un grand romantique.

Né à Clermont-Ferrand en 1870, Jean Darragon complète le panorama autour du phalanstère : un Corrézien (Jouvenel), un Breton (Téry), un Bayonnais (Labrouche) et lui, l'Auvergnat. Vus sous l'angle professionnel : deux journalistes, un peintre, un comédien. Et sous l'angle du caractère : un doux (Sidi), un dur (le Général), un tendre (Pierrot), et lui l'Emplumé ! – les quatre femmes ont la manie des surnoms !

Dans le rôle du chevalier servant, on ne fait pas mieux. Entièrement dévoué à Marguerite Moreno qu'il suit comme son ombre, depuis leur mariage en 1908, célébré juste avant leur départ pour l'Argentine – ils viennent de passer plusieurs années à Buenos Aires, où Moreno a monté une école de théâtre sur le conseil de Sarah Bernhardt. Elle a beaucoup travaillé en Argentine, pendant que Darragon veillait sur elle. Cet homme malade semble plus préoccupé de la santé de Marguerite – une santé de fer – que de la sienne. Ils étaient à Vittel quand la guerre a été déclarée, si près de la frontière allemande que, la nuit, ils pouvaient apercevoir à l'horizon les feux des forts français. Ils ont regagné Paris en voiture, après avoir chargé leur cuisinière et les bagages dans un train tellement bondé que Marguerite a dû pousser sa bonne avec les paquets à l'intérieur du wagon. Ils sont arrivés à Paris le 2 août. Et, par un tropisme aussi naturel que l'attraction du soleil sur la terre, les deux comédiens, au lieu de rentrer chez eux, sont allés tout droit place du Théâtre-Français ! Ils n'y ont trouvé que le concierge, complètement paniqué.

Dans l'organisation du phalanstère, Darragon compte aussi peu que les trois autres hommes. Bien qu'il soit désœuvré, disponible, Marguerite ne l'emmène pas rue Cortambert. Il l'attend patiemment dans leur appartement moderne, au rez-de-chaussée de la rue Jean-Bologne, où il s'ennuie et récite pour lui seul des tirades de Victor Hugo ou d'Edmond Rostand. Moreno l'y retrouve chaque soir, étonnée à son âge d'avoir à s'occuper des tâches ménagères – par mesure d'économies, la bonne a été licenciée. Mais Darragon participe aux corvées : « Il faut faire le ménage, écrit-elle dans *Souvenirs de ma vie*, NOUS nous y mettons. C'est très dur quand ON n'en a pas l'habitude[1]. »

Bientôt Jean Darragon va accompagner Sacha Guitry à Dax, où ils soigneront l'un et l'autre leur maladie chronique, Guitry ses rhumatismes, fort handicapants, et Darragon son asthme. Marguerite sera désormais parfaitement libre – de mi-septembre à mi-novembre 1914 – pour séjourner au phalanstère.

Rue Cortambert, ses amies la trouvent plutôt maladroite et préfèrent ne pas lui laisser tenir un balai ! Cette haute femme, rêveuse et drôle, capable de déclencher les rires à tout moment, elles l'aiment et la respectent. Il y a cependant autour d'elle un halo de mélancolie, perceptible pour tous ceux qui connaissent son histoire. C'est que Moreno, quand elle débarque au chalet, dans la fumée de ses cigarettes et un grand déplacement d'air, est escortée d'une ombre inséparable et funèbre, ombre plus présente et peut-être même plus vivante que son actuel et dévoué mari : le spectre de Marcel Schwob.

Il n'avait pas quarante ans quand il est mort, cet écrivain semblable à un ermite, qui vivait reclus au milieu des livres et fut lui aussi un grand malade. Marguerite l'a soigné avec dévouement.

D'innombrables volumes couvraient les murs, le sol, les meubles et même, d'après Marguerite, le lit de ses appartements successifs, jusqu'au 11 de la rue Saint-Louis-en-l'Île, son dernier refuge. Il y avait accueilli une étrange ménagerie qui lui tenait compagnie : une chauve-souris, un loir, un lézard, un chat, un écureuil, une colombe, un singe, ainsi qu'une paire d'oiseaux, semblables à des mésanges, appelés « masques-de-fer ». Cloué à son fauteuil, ce malade, que les souffrances torturaient sans relâche, portait sur son visage le masque de la douleur. Moreno, qui fut tout à la fois son égérie et, les dernières années, son infirmière, le vénérait. Marcel Schwob a été son grand amour. Cet érudit aux connaissances insondables et à l'esprit étincelant demeure son « Roi au masque d'or », tel le héros immortel d'un conte ancien. Il disait l'aimer « mortellement ».

Gros, presque chauve, avec une barbiche qui le faisait ressembler de manière frappante, selon elle, à « un Napoléon III replet », elle trouvait un sortilège à son regard « cruel et perspicace, tendre et pathétique », à ses yeux bleus, « aussi bleus que le ciel d'un lointain orient »[2].

C'est en Angleterre qu'elle l'a épousé, en septembre 1900. Il est mort cinq ans plus tard. Leur relation fut passionnée – Schwob a écrit à Marguerite des lettres d'une sensualité torride. Ils ont su s'aimer à la folie sans pour autant ni l'un ni l'autre renoncer à leurs libertés respectives.

Marguerite avait sa vie de théâtre, irrégulière, souvent nomade, avec des horaires qui s'étirent vers la nuit, Schwob son existence d'écrivain solitaire, épris de silence et de recueillement. Ce sédentaire, devenu presque grabataire, n'a jamais cessé de déménager pour fuir des voisins trop bruyants, une concierge à la voix criarde ou un perroquet trop bavard derrière un mur mitoyen. Féru d'histoire des civilisations, ayant toujours rêvé de connaître l'archipel océanien de Samoa, Schwob entreprit vers la fin de sa vie un voyage de plusieurs mois qui le conduisit, épuisé, presque impotent, sur les traces de son écrivain préféré, R.L. Stevenson : l'auteur de *L'Île au trésor* mourut à Samoa. Schwob en revint vivant, pour s'éteindre peu de temps après. Marguerite, alors en tournée, ne put assister à ses derniers instants. Elle en conçut un remords, qui assombrit chaque fois son regard quand elle parle de sa vie avec lui.

Cœur double, *Le Livre de Monelle*, *La Croisade des enfants* ne sont plus lus aujourd'hui que de quelques amateurs – le cercle resserré de ses fervents disciples – mais en leur temps, ils ont marqué les esprits. Valéry, Claudel, Gide, Jarry, combien d'autres écrivains ne l'ont-ils pas tenu en haute estime ? Dans la préface de ses *Vies imaginaires*, Schwob fait notamment l'éloge de la « biographie vivante » (un texte lumineux, à l'usage des biographes et des lecteurs de biographies, qui fait toujours référence, cela dit en passant...). Pour Moreno, la mort de son premier époux, auquel elle demeure attachée, est une perte irréparable. Joyeuse, blagueuse, souriante et fantaisiste en toutes occasions, elle reste au fond de son cœur une veuve, et ses amies le savent.

Colette voue à Schwob une admiration proche de la vénération – l'écrivain comme l'homme l'ont elle aussi éblouie –, mais encore de la reconnaissance. Son amitié l'a en effet soutenue alors qu'elle traversait une crise de découragement et de tristesse, durant les premières années de son mariage avec Willy. Schwob connaissait bien Willy – les deux hommes s'appréciaient –, et savait qu'il consacrait toutes ses nuits jusqu'à l'aube aux théâtres, aux spectacles, aux salles de jeu et de rédaction, où il n'emmenait pas toujours sa jeune épouse. Partout où l'on s'agite, s'amuse et joue, on pouvait être sûr de croiser Willy. Schwob était attendri par cette jeune femme trop souvent livrée à elle-même, confrontée aux duretés de la vie conjugale et de Paris. À l'époque, il pouvait encore monter les trois étages, quoique avec effort, jusqu'à l'appartement du couple situé en haut d'un hôtel particulier de la rue de Courcelles. Il s'asseyait près du lit où Colette passait la plupart de ses journées sans désirs. Il lui lisait à voix haute des contes anglais ou américains, *Moll Flanders* par exemple qu'il traduisait pour elle, page après page. Colette y trouvait du réconfort : « Il gaspillait pour moi son temps avec magnificence », dit-elle.

Colette venait le voir régulièrement dans l'île Saint-Louis. Elle entrait, l'embrassait, et sans déranger son travail, s'allongeait sur le tapis où Schwob, par une faveur insigne, lui permettait de jouer avec ses animaux fétiches, y compris avec les fragiles oiseaux de paradis. Colette adorait le petit chien rouge, gros comme le poing, Flip, qui restait juché sur l'épaule de Marcel Schwob, tout le temps qu'il écrivait.

Les hommes, au chalet, sont pareils à ces fantômes dont Louis Feuillade va bientôt inonder les écrans de cinéma. On ne parlera plus dans quelques mois que de Fantômas, de Judex. Lointains, à peine réels, enveloppés du brouillard propre aux êtres inconsistants, leur présence, pourtant si forte, tient du rêve, du souvenir, de l'obsession.

On les regrette, on les pleure, on a peur pour eux, on aspire à les retrouver : on ne peut pas se conduire comme s'ils n'existaient pas. Sans ces fantômes, même les moins aimés, la sensation si neuve et excitante de se retrouver entre femmes perdrait de sa saveur. C'est parce qu'ils existent, ces hommes, parce qu'ils se rappellent sans cesse à elles, parce qu'ils ne se laissent pas si facilement oublier, que ces jours sans eux ont le prix des heures volées et le goût des fruits défendus.

7

Les amies de Colette ont chacune un secret.

Pour Musidora, c'est la blessure d'un père, compositeur de musique méconnu, qu'elle a vu malheureux et humilié. Rêvant d'être un nouveau Beethoven, un nouveau Debussy, il fut contraint pour nourrir sa famille de composer des airs populaires, à manger et à boire. *La Chanson des blés*, *la Chanson du vin*, *Pour fêter ma mie* ont été des refrains à succès et elle les a entendu fredonner durant son enfance, dans les rues de Paris[1]. Son père les signait Jacques Dondes, d'un pseudonyme discret, par égard pour son art véritable. De son vrai nom Jacques Roques, le père de Musidora n'aimait que la musique noble, celle qui mérite la plus haute place au panthéon des arts. Sa destinée en a voulu autrement : bien avant que sa fille ne monte sur les planches, alors qu'elle n'était encore qu'une enfant, il a écrit des mélodies pour les Folies-Bergère – ce dont Musi est tout de même assez fière. De ce cabaret, elle a tant voulu devenir la reine !

Dans la famille Roques, il est un soir maudit de 1892. Soir de spoliation et de rancune. Lors d'une soirée des concerts Colonne au Châtelet, où le public était venu entendre *Au pays bleu*, une symphonie de la compositrice Augusta Holmès, la mère de Musidora provoqua un scandale, en distribuant des tracts aux quatre coins de la salle : elle accusait Holmès, déjà fort renommée, d'avoir plagié une œuvre encore inédite de son mari ! Les journaux s'en firent l'écho en publiant dès le lendemain une déclaration de Jacques Roques, revendiquant bel et bien la propriété d'*Au pays bleu*. Sans pourtant qu'on accorde par la suite le moindre intérêt à ses créations. Le public continuera de venir applaudir les œuvres d'Augusta Holmès. Cette injustice, Musidora, trop jeune pour l'avoir vécue, mais qui fait partie de l'histoire familiale, ne peut l'oublier.

Elle a grandi en fille unique, dans le quartier de la rue Mouffetard – la Mouffe, comme on dit chez elle –, à l'ombre de ce père tendrement aimé, qu'elle a presque toujours vu à son piano ou relevant des notes de musique sur une portée. Militant politique, assez favorable aux idées de Karl Marx, il a écrit en 1895, entre deux airs légers, un ouvrage intitulé *L'Idéal social, solution scientifique de la question sociale*. Mais elle doit aussi beaucoup à sa mère,

Marie Roques, mercière de profession et peintre amateur, qui partage les idées sociales de son époux. Marie Roques a inculqué à sa fille des principes féministes sur lesquels elle ne transige pas : au nom de l'égalité des sexes, elle défend le droit de vote pour les femmes et a même tenté de se présenter à la députation, en 1898, dans le Ve arrondissement. On ne sait pas ce que les siens ont pensé du choix de Musi de faire carrière dans le music-hall, s'ils l'ont encouragée ou essayé au contraire de l'en détourner. Ce fut pour elle le chemin de la liberté. Petite fille solitaire, sage et docile dans son enfance, elle a échappé à la tutelle de ses parents pour vivre sa propre vie. Ni la politique ni les grandes causes ne l'intéressent vraiment. Elle est de pied en cap une artiste. Et elle a un goût inné pour la bohème. Incontrôlable, telle une chatte sauvage, elle entend tracer sa voie – avant tout sans entraves, selon une expression chère à Colette.

Elle reste très attachée aux siens, surtout à ce père attentionné, auquel elle donne régulièrement de ses nouvelles et adresse à la fin de chacune de ses lettres « de tendres bécots ». Il la surnomme « Paulot », comme un garçon.

Annie aussi a un secret, qui remonte à l'enfance. Secret qui n'est pas non plus étranger au sentiment d'humiliation : elle a été une enfant naturelle « non reconnue » – mention contenue dans son acte de naissance[2]. Née Désirée Joséphine Poutrel, elle a été déclarée à l'état civil sous le nom de jeune fille de sa mère. Celle-ci, Désirée Poutrel, deux fois veuve, vivait au moment de sa naissance avec un monsieur de profession incertaine (marchand ? maître d'hôtel ?) du nom de Joseph Pène, qui mourut lorsque la petite Désirée Joséphine (les prénoms indiquent à eux seuls sa filiation !) avait huit ans, l'instituant unique légataire de ses biens. Ce Joseph Pène aurait été le cousin d'un journaliste célèbre de l'époque, Henry de Pène, l'une des plumes du *Gaulois*, le journal conservateur de la bourgeoisie, dans les années 1870. Est-ce de ce parent éloigné qu'Annie tient sa vocation de journaliste ? Elle a en tout cas opté pour ce pseudonyme – le nom de son père, anobli de la particule. Quant au prénom, dont elle a tenu à changer, elle n'en a jamais expliqué le choix. Une chose est sûre : elle a gommé son ancienne identité. Et décidé d'exister librement, par elle-même.

Annie n'évoque ses origines que pour parler de la campagne normande, si belle, si consolante, et regretter que Gustave Téry ait préféré acheter une maison au Pléneuf-Val-André, c'est-à-dire en Bretagne (Côtes-d'Armor bien sûr, le pays de Téry) – la campagne ne les réconcilie pas mieux que les sentiments. Elle raconte volontiers ses jeunes années, qui lui ont inspiré son premier roman, *C'étaient deux petites filles*, publié juste avant la guerre, par l'éditeur Albert Messein – successeur de Léon Vanier. Colette a pu y retrouver le pays enchanté de l'enfance, avec ses couleurs sensuelles et vives, ses parfums de terre et de fleurs, ses rêves interdits, ses amours coupables. Comme dans *Claudine à l'école*, publié dix ans plus tôt, le premier *Claudine*, on trouve parmi les personnages de ce bourg normand, non nommé, une institutrice, Mlle Lheureux, plus sévère et moins affriolante que la douce Mlle Sergent de Colette. Si les deux romans semblent proches, c'est qu'ils sont racontés du point de vue de la petite fille, dont le regard ingénu paraît, en dépit de son jeune âge, plus clairvoyant que celui des adultes, engoncés dans leurs préjugés, leurs médisances, leur crainte du qu'en-dira-t-on. La Claudine d'Annie de Pène s'appelle Mariette, elle a douze ans : son père vient de se suicider quand s'ouvre le roman, sur la scène où, entendant sa mère hurler « Il s'est tué ! Mon Dieu ! il s'est tué », elle court chercher du secours à l'auberge voisine. Mariette se lie bientôt à la jolie Pierrette, « tel un grand lis », quinze ans, d'une amitié que sa mère et son institutrice désapprouvent.

Lisant ce premier roman, tournant avec curiosité ses pages fanées dans la vieille édition, il m'a semblé y voir écrite l'histoire des deux amies romancières, Colette et Annie de Pène, la transposition romanesque de leurs obsessions et de leurs transgressions. Entre Mariette et Claudine, la ressemblance saute aux yeux, de même que frappe l'évocation nostalgique de la province, à la fois aimée et oppressante, qui condamne au premier regard et se montre si peu indulgente aux mœurs quand elles sont différentes. Mais *C'étaient deux petites filles*, le premier roman d'Annie, annonce aussi étrangement un roman à venir de Colette, *Chéri*, histoire d'une femme d'âge mûr amoureuse d'un adolescent. La mère de Pierrette, l'une des « deux petites filles », quitte en effet son mari et sa fille pour vivre avec un amant qui a l'âge d'être son fils, un Chéri avant l'heure…

Et puis, il y a aussi dans ce vieux livre oublié, cette marquise aux tenues de cavalier et aux cheveux courts, qui évoque un autre épisode de la vie de Colette, qui a déjà eu lieu, celui-là. La marquise d'Annie habite un château voisin et se montre une rivale dangereuse pour les deux jeunes héroïnes. Cette figure de marquise aux cheveux courts a fait beaucoup jaser, dans l'entourage de Colette… Leurs personnages sont interchangeables, leurs récits flirtent avec la vérité de leurs vies parallèles. On ne peut au fond que constater chez les deux romancières une communauté d'inspiration. Mais aussi de la sorcellerie dans leurs rapports. Leur écriture puise spontanément aux mêmes sources et se nourrit des mêmes fantasmes. Sans qu'elles aient eu à se concerter, elle a le pouvoir de les unir. Mais elle a aussi sur elles deux un effet d'anticipation. Voire de prédiction. Avant de se connaître et de se lier, l'écriture les rapproche par tout un réseau d'images qui volent de l'une à l'autre, inextricables, entremêlées.

On comprend dès lors qu'elles soient mieux que des amies. Elles s'aiment comme des sœurs, avec le sentiment qu'elles se connaissent depuis toujours. Il n'est pas anodin que Colette appelle Annie son « Annie d'enfance ». Ni qu'Annie adopte à son tour ce nom si doux de « Macolette », dans un désir de rapprochement.

Autre terrain d'entente : l'amour de la campagne. Leurs rêves se rejoignent autour du jardin tant aimé, jardin disparu, où se sont déroulées leurs années de petites filles heureuses. Les pages de Colette sur le jardin du haut et le jardin du bas, à Saint-Sauveur-en-Puisaye, sont entrées dans la légende. Annie de Pène entretient le même amour pour le jardin de son enfance à Rouen, « banal et plat, avec des haies de groseilliers, de cassis, des bordures de buis, et planté à foison d'arbres fruitiers », jardin en désordre, plus féerique que réel, « au printemps, suspendu au-dessus d'une floraison de jonquilles et de jacinthes »[3]. Il est resté gravé dans leur mémoire comme un paradis perdu.

Dans le premier roman d'Annie, les descriptions du potager, du poulailler, des champs sont vraiment touchantes. Mariette, copie conforme de l'auteur, se régale de bonheurs simples, mange des fruits à l'arbre ou s'étend à plat ventre sur l'herbe mouillée (une position familière chez Colette !), pour la respirer après la pluie « de toutes mes narines ouvertes ». Parmi les passages les plus marquants, selon moi, figure l'évocation de la vie quotidienne, avec ses rites qui remontent à la nuit des temps : la cuisson des confitures, la lessive qu'on met à bouillir avec des cendres et des bâtons d'iris, ou le salage du beurre (je n'avais encore jamais rencontré dans un roman ces personnages de « saleuses », véritables sorcières au « visage dur sous le saloir qu'elles portaient sur la tête », qui viennent pétrir le beurre normand à domicile avec du gros sel gris).

Comme Colette, Annie de Pène a connu des revers de fortune : l'argent, parce qu'il manque, occupe beaucoup de place dans son roman. On y vend les meubles et les livres pour rembourser des dettes, telle la famille Colette à Saint-Sauveur-en-Puisaye, et l'on doit quitter, pour la louer puis pour la vendre, la maison où l'on a été heureux jadis.

Dans ce premier roman, les familles sont brisées, ruinées, meurtries. Et les femmes, des victimes, auxquelles aucune chance n'est donnée de pouvoir agir selon leurs goûts, selon leurs désirs.

À tel point qu'une d'entre elles, une mégère, il est vrai, personnage tout à fait secondaire, donne ce conseil à Mariette, qui en est frappée (et nous aussi, à la lecture) : « Ah ! ne vous mariez jamais, mademoiselle. Les hommes, c'est tous des sales bêtes. »

Un jour, pour ressembler à Pierrette, dont la beauté lui paraît un modèle, Mariette coupe ses cheveux « à la chien », en se faisant une frange et en laissant sa coiffure aller en mèches folles. Sa mère, l'institutrice et même Félicie, la bonne, manquent s'évanouir à sa vue – comme Sido, quand elle a appris que Colette avait sacrifié sa tresse ! Mais la pire réaction est celle des religieuses du pensionnat, qui essaient de discipliner les cheveux d'Annie-Mariette en les collant avec de l'eau sucrée ! C'est dire, encore en 1912, l'horreur généralisée des cheveux courts. « Tu as l'air d'une excentrique », s'indigne Félicie. Et ce n'est pas un compliment.

Couper ses cheveux, c'est à peu près la seule revendication possible pour Mariette. Ses autres libertés, elle ne peut les rencontrer que dans ses rêves, ou dans les livres qu'elle vient voler dans la bibliothèque de son père – avant que sa mère ne la vende pour éponger les dettes d'un mauvais fils. *C'étaient deux petites filles* est, comme les *Claudine*, une fiction aux accents autobiographiques où toutes les situations, toutes les paroles trouvent un écho dans le domaine le plus secret, le plus privé de leur auteur. Annie de Pène a une couleur bien à elle : entre le gris et le rose, le gris l'emporte le plus souvent. Un rude gris, trempé dans un inquiétant crépuscule. Sa fraîcheur discrète, sa naïveté sembleraient mièvres s'il n'y avait sa vision de la vie et, plus particulièrement, de la condition féminine, si sombre en comparaison. Surtout au regard de l'œuvre de Colette, toute lumineuse et qui chante d'un bout à l'autre une joie profonde.

« Les femmes, c'est pas fait pour être heureuses », dit à Mariette une paysanne normande. Ce fonds de pessimisme se cache sous tous les sourires d'Annie de Pène.

Le secret de Marguerite a la couleur du deuil éternel. Mais personne ne peut le deviner : des quatre femmes, celle que la mort a le plus éprouvée est une boute-en-train, la plus gaie, la plus enthousiaste du groupe. Marguerite a non seulement perdu Marcel Schwob, son grand amour. Elle a vu mourir ses frères : Lucien, Gaston et Pierre. Trois frères qu'elle a tendrement aimés et qui ont succombé tous trois à la tuberculose. Il ne lui reste que le quatrième, lui aussi son cadet, sur lequel elle a reporté toute son affection, Gustave. Il sera tué sur le front en août 1915. Marguerite ne parle jamais de ses frères, préférant selon sa devise « ne pas tourner la tête » vers le passé. « La vie ne m'a jamais été clémente », dit-elle quelquefois, sans insister. Un secret, le plus lourd à porter, incline cette grande comédienne, habituée à prendre la parole et à la garder, à un mutisme aussi exceptionnel que radical : Marguerite Moreno porte en effet le deuil d'un enfant – son seul enfant –, mort à l'âge de deux ou trois ans.

Avant de tomber amoureuse de Marcel Schwob, elle vivait avec le poète Catulle Mendès. C'est alors qu'elle a connu Colette, à l'occasion d'un déjeuner chez Mendès. Colette, qui vivait à l'époque avec Willy, hésite à en fixer la date – 1894, 95 ? –, mais se souvient que c'était dans une pièce inondée de soleil. Marguerite était soudain apparue, longue silhouette de jeune femme mince, tirée en avant par le fardeau qu'elle portait, un enfant de dix-huit mois, « blond comme les blés ». Elle en avait été frappée. « Il fixait sur moi ses yeux sombres, sérieux, hérités de sa mère. » Né de la liaison de Marguerite avec Catulle Mendès, le petit garçon allait mourir d'une méningite, peu de temps après. Il aurait eu vingt ans, en 1914, l'âge d'être soldat.

Marguerite ne parle jamais de son fils. Ni du chagrin de sa mort : tabou absolu pour cette femme de paroles et de mots, qui gardera le silence sur ce drame, jusqu'au tombeau. Elle ne l'a confié à personne, pas même à Colette.

Colette de son côté, si prompte aux confidences et qui sait aussi les recevoir, les partager, en faire ses délices ou apporter sa consolation, n'a jamais osé aborder le sujet. Mais c'est par elle que nous savons que Moreno a été mère et qu'elle a tenu dans ses bras son enfant – son seul enfant. « Nous sommes peu nombreux, écrit Colette, à nous souvenir qu'il a brièvement existé. »

Ce que les quatre amics ne peuvent pas savoir, en 1914, c'est que le deuil de Marguerite s'étend à toute la descendance mâle de son ancien compagnon, père de son unique enfant. Tous les fils de Catulle Mendès sont marqués du sceau du malheur. Trois d'entre eux, les aînés, nés d'une liaison avec un amour de jeunesse, Marcel, Raymond et Robert Mendès, seront tués pendant cette guerre, dont personne ne peut imaginer combien elle va être cruelle et sanglante. Un quatrième fils, Primice, né d'un mariage avec la poétesse Jeanne Nette, sera tué lui aussi, en 1917, au Chemin des Dames. Il était le filleul de Sarah Bernhardt. L'enfant de Marguerite est le premier mort de la sombre lignée des fils Mendès.

Le père, mort bien avant 1914, était l'un des hommes les plus beaux de son temps. Apollon en personne, selon ses contemporains, mais un Apollon avec une barbe rousse et « revu par Balzac », précise Anatole France. Mendès était enclin à la débauche et, s'il faut en croire les frères Goncourt qui sont pourtant ses amis (!), à « la putinerie[4] ». Contrairement à Marcel Schwob et à Jean

Darragon, souffreteux l'un et l'autre, il était bâti comme un ogre. Colette le décrit « volubile, gonflé de bière, blond comme Siegfried ». Wagnérien, du cercle rapproché, il était du voyage, quand Willy l'a emmenée la première fois à Bayreuth. Séducteur insatiable, couvert de femmes, Mendès avait encore beaucoup d'abattage.

Issu d'une lignée de juifs portugais, il avait épousé en premières noces Judith Gautier, la fille chérie de Théophile Gautier, qui désapprouvait cette union et appelait son gendre « Crapule Membête[5] ». Le couple s'est très vite séparé. Tout en participant à l'aventure du Parnasse, écrivant d'innombrables vers qu'il lisait chez Leconte de Lisle ou José-Maria de Heredia, *Philoméla*, *Pantéléia* ou *Pagode*, Catulle fit cinq enfants à une compositrice – une des rares femmes compositrices de musique –, auteur de près de deux cents poèmes symphoniques, Augusta Holmès. Cette même Augusta Holmès qui aurait plagié une œuvre de Jacques Roques, le père de Musidora !

Ce sont trois de leurs enfants que Renoir a peints dans un tableau célèbre, aujourd'hui au Metropolitan Museum, à New York : *Les Filles de Catulle Mendès*. Trois enfants modèles, à la même chevelure extravagante, d'un blond mousseux, que celle de leur mère – Holmès était d'origine irlandaise. L'aînée, Huguette, est au piano, la cadette, Hélyonne, tient un violon, la plus petite,

Claudine, écoute sagement. Hélyonne, l'apprentie violoniste, devait épouser Henri Barbusse, l'auteur du *Feu*, roman qui paraîtra en 1916 et recevra le prix Goncourt. Barbusse, qui aimera tant le style d'Annie de Pène, « sa sincérité, sa simplicité et sa délicate sensibilité féminine ».

Les liens entre les quatre amies qui cohabitent au chalet de la rue Cortambert s'entrelacent.

À travers le lacis de la biographie où se perdent et se retrouvent les destins de chacune, voici qu'elles ont toutes les quatre un lien avec Catulle Mendès. Comme si elles étaient prédestinées à se connaître et que ce poète fût leur point de rencontre… Musidora a un lien avec lui par Augusta Holmès – figure du diable pour ses parents. Annie par Henri Barbusse, dont elle ne peut pas encore subodorer qu'il sera un de ses ardents défenseurs. Et Colette, parce que c'est par Catulle Mendès qu'elle a fait la connaissance de Marguerite Moreno. Mais aussi, pour une autre raison, de l'ordre de la divination : Mendès a été un des premiers à subodorer qu'elle écrivait les livres de Willy… Et le tout premier à lui prédire un destin d'écrivain.

Poète et wagnérien, sensible aux rythmes, aux harmonies, Catulle Mendès avait décelé chez elle une voix authentique. Elle raconte la scène dans un de ses livres[6], notant au passage que Willy s'était éclipsé et que Mendès avait profité d'un bref moment eu tête à tête pour lui parler avec conviction : « C'est vous, n'est-ce pas, l'auteur des *Claudine*…, lui avait-il dit. Dans dix ans, dans vingt ans, cela se saura. Alors, vous verrez ce que c'est que d'avoir en littérature créé un type. Vous ne vous rendez pas compte. Une force, certainement, oh ! certainement ! Mais aussi une sorte de châtiment, une faute qui vous suit, qui vous colle à la peau, une récompense insupportable, qu'on vomit… Vous n'y échapperez pas, vous avez créé un type… » Là-dessus, Willy était revenu vers eux et Catulle Mendès avait aussitôt changé de conversation.

Mais il avait vu juste, à quelques années près. Claudine, devenue très vite un type et un mythe, selon la prédiction de Mendès, a été longtemps pour Colette une doublure encombrante. Elle a peiné à se dépêtrer de son image d'ingénue libertine, en socquettes et col blanc. Maintenant, avec un mari solidement établi, un enfant, un vrai métier, des articles et des livres qu'elle signe de son nom, elle est enfin Colette : à quarante ans passés, une femme assumée, qui mesure le chemin parcouru.

Dans le quatrième et dernier tome des *Claudine* (*Claudine s'en va*[7]), la romancière imaginait un dialogue entre deux amies, complices, inséparables, qui poursuivent de page en page le même but d'émancipation et de bonheur – deux idéaux peu aisés à concilier. L'une c'est Claudine, que chacun connaît bien. L'autre, par une sorte de pressentiment propre à l'auteur, s'appelle Annie… Colette ne connaissait pas encore Annie de Pène, mais au moment d'inventer le personnage de la meilleure amie de Claudine, amie idéale à laquelle elle passe la plume et qui tient son journal, c'est ce prénom qui lui est venu tout naturellement, comme tombé du ciel sur son papier bleu. Les héroïnes du roman, Claudine et Annie, préfiguraient le couple des amies réelles. Colette le sait : les romanciers possèdent souvent un étrange pouvoir prémonitoire.

« La liberté... est-ce très lourd, Claudine ? demande l'Annie du livre. Est-ce bien difficile à manier ? Ou bien sera-ce une grande joie, la cage ouverte, toute la terre à moi ?

— Non, Annie, pas si vite... peut-être jamais..., répond Colette. Vous porterez longtemps la marque de la chaîne. »

8

Leur liberté, les quatre femmes l'ont payée au prix fort.

Elles ont toutes quitté un foyer pour tenter de vivre par elles-mêmes, hors du joug que leur semblait être l'ancrage familial ou conjugal. Ce choix, volontaire ou dû pour une large part aux circonstances, s'accompagne de sacrifices et de souffrances.

Musidora a surpris ses parents, qui la voyaient poursuivre des études, devenir institutrice, postière, ou même, pourquoi pas, avocat – le métier fait ses premières adeptes. Les principes féministes de sa mère, qui les clame haut et fort lors de réunions politiques de quartier, elle ne les revendique pas clairement. Mais ils l'ont influencée, quoique dans un sens différent de cet « idéal social » souhaité par Jacques et Marie Roques.

Musidora a suivi les cours de l'Académie Julian puis ceux de l'École des Beaux-Arts : ses aptitudes artistiques l'ont d'abord attirée vers les ateliers des peintres. Mais c'est une autre vocation, pour le jeu, la danse et le théâtre, qui l'a très vite emportée vers une carrière que ses parents n'avaient pas prévue, loin des chemins qu'ils avaient tenté de baliser. Elle s'est émancipée pour monter sur les planches, chanter dans les caf'concs', et partir en tournée en province, au hasard de contrats pas toujours faramineux qui assurent son indépendance. Elle a choisi la bohème. Dans ses aventures sentimentales, ce sont plutôt les hommes qui puisent à ses ressources – elle multiplie les occasions amoureuses. Il semble qu'elle se fasse souvent exploiter. Colette, Annie et Marguerite le déplorent : elles reprochent à Musi de « se faire avoir ». À Annie, Colette confie son inquiétude et juge qu'il faudrait « entraîner Musi loin de l'ignoble individu qu'elle remorque » ! Ayant abordé le sujet avec Musidora, celle-ci lui a répondu : « Ma vie privée, Colette ? Si je ne vous en parle pas, c'est qu'elle est bien laide. Je me suis lié les mains et j'ai laissé mes poches ouvertes… » Commentaire de Colette à Moreno : « C'est navrant, c'est idiot[1]. »

Seul Pierre Labrouche échappe aux reproches de ses aînées. Colette en appelle souvent à lui pour venir au secours de Musidora.

La liberté ne va pas sans écueils. Musidora a un don particulier pour recueillir toutes les bêtes blessées : de l'écureuil, baptisé Piki-riki, qui a mal à la patte, ronge les tringles à rideaux et couche dans le cabinet de toilette, à cette amie, Suzy, complètement perdue et affamée, trouvée on ne sait où dans un état pitoyable, qu'elle a amenée un jour au phalanstère pour l'héberger, elle ramasse tout ce qu'elle trouve. Sa naïveté enfantine, sa bonté évangélique émeuvent ses amies, plus mûres et plus aguerries. Mais elle les fait plus d'une fois enrager. Les trois trouvent qu'elle exagère. L'écureuil, passe encore ! D'autant qu'Annie et Colette sont folles des bêtes. Mais Suzy, tuberculeuse et blennoragique, dont Colette se demande « Mais *qui* a donné à Suzy la c… p…[2] ? » (la chaude-pisse….), se la coule trop douce, à leur goût : n'ayant pas un sou, entretenue aux frais de la communauté, elle est sale, désordonnée, paresseuse. Suzy ? dit Colette, « elle trouve la maison bonne, elle y reste ». Gentiment dit, « c'est un gracieux gui ». Elle s'accroche. Quand Musidora part pour Marseille, Suzy veut emménager dans son appartement rue Decamps. Colette et Marguerite doivent dissuader Musi de céder au chantage. Suzy trouvera finalement un autre « plan », ailleurs. Les amies de Musidora respirent !

Sa liberté, Musidora la revendique aussi en amour. Labrouche n'est pas son seul amant. Elle ne veut pas de pacte exclusif. Il lui arrive plus que souvent, lorsqu'elle est à Paris, de disparaître des nuits entières. On ne connaît pas les noms de ceux qu'elle fréquente. Sauf qu'elle tient compagnie à un autre habitant du XVIe arrondissement, qui habite au hameau de Boulainvilliers, de l'autre côté de l'avenue Mozart en venant de chez Musi et Colette. C'est le poète Pierre Louÿs. Le beau jeune homme qu'il a été, à l'époque où avec Henri de Régnier il se rendait aux après-midi poétiques de José-Maria de Heredia, rue Balzac, est loin. Il a vieilli. Mal vieilli. Retranché du monde, au milieu de ses livres et d'un nombre inimaginable de manuscrits, il a coupé les ponts avec sa brillante existence, mondaine et libertine. Les femmes continuent de l'aimer. Et lui de les désirer. Mais ses forces déclinent. Il perd peu à peu la vue. Il a toujours à portée de main le Kodak qui lui a permis naguère de photographier ses maîtresses dans les positions les plus osées, cuisses ouvertes devant l'objectif. Cet amateur de brunes ne renie pas ses préférences : il a pour Musidora la tendresse des vieux séducteurs, qui n'ont pas oublié leurs prouesses. Elle l'adore. Juste avant la déclaration de guerre – ils sont liés depuis 1913 –, elle venait le voir le soir, après le spectacle, sûre de le trouver éveillé : Louÿs vit à contretemps, travaillant la nuit et dormant le jour. Depuis le mois d'août, avec le couvre-feu, les sorties sont plus difficiles, mais Musi reste fidèle à son poète. Elle se glisse, toujours comme un chat, à travers les rues sombres pour le rejoindre au hameau. Il l'attend, même quand elle s'en va vivre à Marseille. Ou quand Labrouche la retient près de lui. Sans elle, il lutte contre la nuit. C'est un esthète, un amateur de sensations sophistiquées : l'attente fait partie du plaisir amoureux. En matière de voluptés, Louÿs est un connaisseur. Cette femme au long corps souple, avec le mystère de ses yeux noirs, doit lui évoquer d'autres beautés brunes, aimées en d'autres temps : quand il était épris de Marie de Heredia et écrivait pour elle les vers si beaux de *Pervigilium mortis*.

Pour Musidora, il a rédigé une prière :

Sainte Musy
qui êtes aux cieux, que votre nom
soit sanctifié, que votre règne arrive,
que votre volonté soit faite
sur la scène comme au paradis.
Donnez-nous aujourd'hui notre
sucre quotidien, pardonnez-moi mes
crimes comme je vous pardonne vos
vertus et induisez-moi en tentation
pour me délivrer du mal. Ainsi soit-il.
Je vous salue, Musy pleine de
grâce, vous êtes bénie entre toutes les
femmes et le filleul de vos entractes

est béni, mais j'aimerais mieux que sa
première visite fût plus intime[3]...

Avec une seconde version :

Sainte Musidora,
qui portez en vous tous les péchés du monde...

Et une dernière version en latin :

Sancta Musidora quae es in caelis,
Sancta virgo virginum,
Virgo purissima
Virgo clemens
Causa nostrae laetitiae[4]...

Il y a beaucoup de solitude dans le choix de la liberté. Annie de Pène, qui n'avait que seize ans quand elle a épousé Charles-Auguste Battendier, paie cher sa décision d'avoir rompu les liens du mariage : en 1898, lorsqu'elle a quitté son mari pour vivre seule à Paris, elle a abandonné à Rouen ses deux enfants, Pierre et Germaine, alors âgés seulement de cinq et huit ans. Puisqu'elle avait déserté le foyer et que ses maigres revenus ne lui permettaient pas de nourrir ses petits, la garde en fut confiée au père. Annie, vingt-sept ans à l'époque, n'a pas revu ses enfants avant longtemps. Ils ont été élevés dans la famille Battendier. Germaine – futur écrivain sous le nom de Germaine Beaumont – a passé dix ans de sa prime jeunesse en Angleterre, en pensionnat.

La mère et la fille se sont pourtant retrouvées, comme si elles ne s'étaient jamais quittées. Physiquement, leur ressemblance est frappante. Germaine passe de longs moments au chalet, sans pour autant s'y installer. Sur une photographie, où elle pose dans le jardin en fleurs de la villa Herran où habite Annie de Pène, elle regarde sa mère, qui la contemple du perron, d'un air ébloui. Germaine n'est pas seulement la fille d'Annie – elle est aussi l'enfant de Colette, qui la considère comme une petite fille à protéger et à guider. Tout comme Musidora, qui a le même âge, à quelques mois près[5]. C'est une âme féminine de plus, quand elle passe rue Cortambert – une présence légère, vive comme l'eau d'une source. Les trois quadragénaires regardent avec nostalgie et avec amour ses vingt-quatre ans.

Il n'en reste pas moins que l'abandon a fortement marqué la mère et la fille, l'une l'ayant infligé et l'autre subi. Pour Annie, qui est une nature sensible et compatissante, la blessure demeure. Elle a souffert d'un arrachement à tout ce qui fut doux et tendre et aurait pu être le bonheur. Si elle a fait très tôt le choix de « s'évader » – selon son propre mot –, c'est que sa révolte et son désir de liberté étaient plus forts que tout, plus forts même que l'amour qu'elle porte à ses enfants. De cette violence qui l'a poussée à fuir pour chercher autre chose – alors, elle ne savait pas quoi –, elle n'exprime ni regrets ni remords. Loin de se sentir coupable d'un forfait, elle a voulu vivre, dit-elle : vivre !

« Évadée, soit, fait-elle dire à son héroïne. Très haut j'en revendique le titre, et j'ai la fierté de proposer mon exemple à toutes celles qui pâtissent, garrottées de préjugés imbéciles, pauvres créatures qui n'osent s'affranchir et dont la sublime ou veule résignation ne sert à rien, qu'à les priver, vivantes, de la vie[6]. »

Avec sa haine du mariage, une haine profonde, que rien ne répare – « il y a toujours une victime dans le mariage, si ce n'est deux », écrit-elle, ou bien encore « le mariage, cette négation de l'amour », « cet asservissement d'un être à un autre être »[7] –, Annie ne peut concevoir les liens maternels que comme une autre entrave. Le ressentiment, la colère lui serrent la gorge, quand elle voit une femme privée de liberté, asservie par l'amour même. Il y a chez elle une plaie qui ne cicatrise pas. Et une violence à fleur de peau, sous la douceur, sous la sérénité que ses amies connaissent.

La maternité reste la vraie question du phalanstère. On n'en discute pas devant Moreno, qui a perdu son petit garçon : il y a là un tabou à ne pas enfreindre. Le silence paraît aux autres femmes la seule réponse envisageable à ce deuil, jugé le plus cruel de tous.

On n'en parle pas non plus devant Musidora, qui reste la jeune fille du groupe – même si cette jeune fille, à vingt-cinq ans, a tout de même une expérience vécue, et déjà bien vécue, de femme. On la protège, on ne veut donc pas la torturer avec des états d'âme auxquels son célibat ne peut pas encore la confronter.

Mais entre Annie et Colette, les questions liées à la maternité sont un sujet brûlant.

Ni l'une ni l'autre n'ont ce qu'on appelle communément l'instinct maternel. Elles ont toutes les deux souffert et elles souffrent encore d'être des mères – un état qui n'apporte pas forcément le bonheur promis. Annie – qu'importent les raisons – a jadis abandonné ses deux petits. Ce qu'aucune chatte au monde – elle qui aime tant les chattes – ne ferait. Ce fut pour elle le prix de sa liberté.

Colette, elle, n'a pas abandonné Bel-Gazou, mais elle a tout de suite confié sa fille à une nurse, avant de l'envoyer vivre loin d'elle, âgée d'un an à peine, sous la tutelle de sa belle-mère. La sécurité de la fillette lui a semblé plus assurée au sud de la France, loin d'une capitale en danger. Mais cet éloignement l'arrange, pour d'autres raisons qui ont à voir avec sa liberté personnelle. Avec sa volonté de vivre sa vie de femme. Se rendre disponible pour Henry de Jouvenel, à chacun de ses retours à Paris, au hasard de ses permissions. Et, en l'attendant, travailler tranquille, s'engager à fond, comme Annie, dans des tâches d'écriture rémunératrices au *Matin* ou ailleurs. Ces deux arguments ont dû jouer dans son choix de tenir la fillette à distance. Une Mrs Draper, devenue indispensable, veille sur la petite fille, placée sous l'indulgente autorité de Mme de Jouvenel mère. À la campagne, en Corrèze, pendant les premiers mois de la guerre, elle séjournera au 122 rue de la Faisanderie, toujours chez Mamita, lorsqu'elle viendra plus tard à Paris. C'est là que la petite Colette de Jouvenel aura sa chambre. Non pas chez sa mère, à laquelle elle rendra visite ou qui viendra la voir, de temps en temps malgré la proximité des deux domiciles, situés dans le même arrondissement parisien.

Colette adore sa fille. Jolie, brunie, ronde comme une pêche, quand elle la retrouvera dans quelques mois à Castel Novel, elle s'extasie chaque fois de sa ressemblance avec son père : c'est Henry qu'elle aime à travers l'enfant, Henry qu'elle retrouve quand elle regarde sa fille, quand elle l'observe, au point de surnommer Bel-Gazou « petit Sidi » : « Petit Sidi a des jambes, des reins et un poitrail superbes », écrira-t-elle à Musidora[8]. Leurs deux prénoms identiques auraient pu être un signe de fusion, un jeu de reflets entre la mère et l'enfant dans le même miroir, mais Colette ne joue pas à ce jeu-là. Loin d'ouvrir les bras, pour serrer l'enfant contre elle, dans ce geste multiséculaire qui vient spontanément à la plupart des femmes, elle la tient à bonne distance. Il arrive qu'elle la jauge, la palpe, comme une de ces bêtes auxquelles elle porte une si vive affection. Elle s'émerveille de l'avoir enfantée. Cet étonnement ne la quittera jamais. Mais elle est et restera une mère lointaine, intermittente, et, ce qui surprend d'autant plus de la part d'un écrivain qui a tellement chanté l'amour, une mère assez froide. Elle ne laissera jamais sa fille approcher sa vie de trop près.

La maternité est la vraie chaîne de la femme. Bien plus que l'amour d'un homme, elle accapare les forces, disperse l'énergie, empêche toute tentative de recentrement sur soi. C'est le plus grand amour. Annie et Colette le savent. Aussi se sont-elles l'une et l'autre déliées de leur progéniture, assumant tous les risques d'un éloignement volontaire. Annie, qui a eu ses enfants très jeune (elle n'avait pas vingt ans à la naissance de sa fille aînée), a fui un foyer où elle se sentait aussi brimée et malheureuse que dans une prison – image qu'elle reprend abondamment à travers romans et articles. Colette (quarante ans révolus à la naissance de Bel-Gazou) avait, elle, une longue habitude de l'indépendance lorsque son enfant est née, à un âge où les femmes de cette époque en étaient, après une ribambelle de gosses, à accoucher de leur petit dernier. Cette indépendance, pour laquelle elle a âprement lutté, elle n'a aucune envie de la sacrifier sur l'autel de la maternité. Ce serait pour elle comme un retour en arrière, sur ses années de soumission et d'effacement – années Sido, passées à l'ombre d'une mère omnipotente, puis années Willy, où elle eut le sentiment d'être maintenue dans l'ombre, au service et à l'entier dévouement d'un Maître, rebaptisé désormais dans sa correspondance « le Vieux Salaud ».

Longtemps dégoûtée par l'idée d'enfanter, deux lignes de *Claudine à Paris*, sujet de tendres plaisanteries entre femmes, montrent le peu d'entrain de Colette pour devenir mère : « Que d'enfants, que d'enfants ! Est-ce que j'aurai un jour tant d'enfants que ça ? Et quel est le monsieur qui m'inspirera d'en commettre avec lui ? Pouah, pouah[9] ! »

Maintenant qu'elle en a un, après avoir tant souffert lors de l'accouchement qu'elle a cru mourir, elle n'est pas plus enthousiaste sur le chapitre. C'est ainsi qu'elle fait dire à Renée Néré, son sosie dans *La Vagabonde*, roman tiré de ses années de music-hall : « Un bel enfant… J'avoue que je n'y ai jamais pensé. Je n'avais pas le temps… Suis-je un monstre ?… Un bel enfant… Des yeux gris, un museau fin, l'air d'un petit renard, comme sa mère, de grandes mains, de larges épaules, comme son père… Eh bien non. Je fais tout ce que je peux, je ne le vois pas, je ne l'aime pas, le petit que j'aurais eu, que j'aurai peut-être[10]… »

Mais c'était en 1910, elle n'avait pas encore rencontré Henry de Jouvenel : il lui ferait passer l'envie de dire « Pouah ! ». Mais ce désir si naturel croit-on, qu'on dit si commun aux femmes, de faire un bel enfant, elle reconnaît ne l'avoir jamais éprouvé, même dans les bras de Jouvenel. La naissance de Bel-Gazou fut « un accident », voilà tout – un de ces accidents fréquents à une époque où on ne connaissait pas de contraception sûre et qu'elle avait jusque-là su éviter.

Le phalanstère, ce harem où les quatre femmes sont si heureuses entre elles, les enfants en sont écartés, bannis comme s'ils n'existaient pas. C'est le sujet tabou, qui embête ou qui assombrit.

Les vrais enfants, rue Cortambert, dans la conscience des femmes, ce sont les chattes et l'écureuil. On les materne, on les couve. De même que Musidora, une vraie gamine, aux yeux des trois autres, plus âgées, plus expérimentées, et qui se comportent à son égard comme trois mamans poules. Mais plus que les chattes et l'écureuil, plus que le « petit Musi », ce sont les hommes, ces grands enfants, partis en croisade, qui leur donnent des soucis.

9

Entre les quatre femmes, il n'y a que douceur et câlineries. Tendre compréhension, échanges de sœur à sœur. Ce délicieux climat leur manque lorsque l'une ou l'autre s'absente, la vie reprenant son inévitable cours. Colette n'a de cesse de les savoir près d'elle. Leur présence, tout à la fois physique, affective, intellectuelle, spirituelle, la soutient et l'encourage. Elle trouve en elles une compagnie, bien sûr, un rempart contre la solitude. Mais ses amies sont aussi sa force. Colette puise auprès d'elles non seulement du réconfort et de l'énergie dans le marasme des premiers mois de guerre, mais une joie profonde qui tient à leur bonne entente, au plaisir qu'elles ont toutes les quatre de s'être trouvées et de se sentir si bien ensemble.

Force juvénile de Musidora. Force raisonnable, équilibrée d'Annie. Force démesurée, herculéenne, de Moreno.

Colette ne cesse de les rappeler dès qu'elles s'éloignent un tant soit peu. « Musi, où es-tu petit Musi ? que fais-tu ? » « Annie, écrivez-moi… Encore une lettre, encore !… Écrivez-moi tout le temps ! » « Marguerite, ma chère âme, comme tu me manques ! Reviens vite ! Je t'en prie, reviens ! Quand viens-tu ? »

Elles s'embrassent, se réembrassent, se serrent sur le cœur quand elles se retrouvent. Elles se donnent des caresses, des baisers sur la joue, sur le cou, sur l'épaule. Colette aime, par exemple, embrasser Moreno « sur le cou, au-dessous de l'oreille », toujours à la même place, là où elle peut sentir le mieux « son parfum épidermique, invariable et captivant », qui se mêle agréablement à l'odeur d'un tabac « bien fumé ». Marguerite n'utilise en effet aucune essence, aucune lotion, aucune eau de toilette. Son parfum est celui de la peau – « une peau noble et douce, blanche avec un reflet d'ambre errant sous sa blancheur[1] ». Or, Colette a un excellent odorat, comme elle a d'excellentes papilles. Elle apprécie les parfums, tout particulièrement le jasmin devenu chez elle une seconde peau. Mais le parfum ne doit pas se montrer entêtant, ni écraser les autres senteurs du monde. Il doit rester léger comme un effluve. C'est bien assez pour un nez délicat. Chez son amie Renée Vivien, qui habitait alors avenue Foch, près de chez elle[2], Colette détestait l'abus des tubéreuses – Renée Vivien vivait au milieu des lis, dont elle garnissait tous les vases. Ils répandaient une odeur violente, putride, au point que Colette en avait la nausée. La poétesse de *Cendres et poussières*, disciple inspirée de Sappho, fermait les volets de son rez-de-chaussée, déjà si sombre, tirait les rideaux sur le jour ; jamais l'air ni la lumière du dehors ne pénétraient dans sa grotte, éclairée la nuit de bougies et de torches qui rendaient l'atmosphère encore plus irrespirable. Alors que Colette, écœurée, s'était laissé aller à ouvrir une fenêtre en grand, elle faillit se brouiller à jamais avec la maîtresse de maison. Renée Vivien est morte à trente-deux ans, avant la guerre, sans doute d'inanition, car elle ne se nourrissait vraiment que d'alcools – du genre explosif – et du parfum des lis. Pour Colette, comme pour les autres amies qui partagent son phalanstère, la nature vaut qu'on l'aime dans toutes ses nuances, mais les plus simples, les plus rustiques ont leur préférence. Davantage que les lis, cette fleur prétentieuse, elles aiment l'odeur du papier sur lequel on écrit, de l'oignon et de l'ail qui font les bonnes sauces, du chèvrefeuille sur le mur des maisons, du miraculeux poulet de la rue de la Pompe qui dore au four ou des fraises qu'on plongeait au printemps dans une belle crème grasse, sans savoir qu'on en serait privées un jour.

Parfums et saveurs, les amies en sont toutes les quatre amateurs : ce sont quatre gourmandes que les restrictions alimentaires dues à la guerre mettent alors à dure épreuve. Efforts louables pour cuisiner quand tout manque, et d'abord, denrée essentielle, le beurre. Ce beurre, elles en ont faim, elles en voudraient des mottes entières, mais il est difficile de s'en procurer, sinon sous une forme dénaturée et fade qui n'a plus le goût du bon beurre, et elles en sont réduites à en rêver. « Du beurre !!! Du beurre !!! » est une rengaine qu'on entend souvent au chalet à l'heure de préparer les repas.

Annie la Normande, Colette la Bourguignonne ont le goût des mets généreux qu'elles tiennent de leurs provinces d'origine, terres grasses et prodigues, mais Musi la Parigote, malgré sa sveltesse, a elle aussi un solide appétit. Elle communie dans le même regret des tablées d'avant-guerre, poulardes farcies, blanquettes et jarrets de veau. Quant à Moreno – à chacune ses préférences –, elle a plutôt la nostalgie du boudin et du foie gras qu'on servait dans les brasseries, à la sortie des spectacles. Elle se jette maintenant sur la nourriture en affamée. « Tu vas te faire mal ! » lui répètent les autres en la voyant engouffrer ce qu'on lui présente, sans se donner le temps de savourer (elle est pour sa part incapable de préparer le moindre plat). Ses amies cuisinent avec des riens, mais ces riens, qui les réunissent aux fourneaux, resserrent les liens. Manger..., elles y attachent une attention particulière dans ces mois de grave incertitude : manger rassure, on se console comme on peut. C'est une manière de se faire du bien, alors qu'on se lève et qu'on s'endort la gorge nouée par tant de menaces obscures. Et puis, de quoi vivra-t-on demain ? Car la guerre n'en finit pas… et on ne leur rend toujours pas les hommes.

L'intimité des quatre femmes, c'est dans les gestes quotidiens qu'elle se traduit, la toilette, le ménage, la cuisine sont leur terrain d'entente – un domaine strictement féminin, où la complicité va de soi. Elles échangent des recettes de cuisine ou de maquillage, Musidora leur montre comment dessiner sur les paupières un trait de khôl – que Colette écrit *koheul* ou *mokoheul* et achète chez Bichara, un parfumeur syrien, avec l'argile à laver les cheveux[3]. L'après-midi, entre deux pages d'écriture, les femmes cousent, tricotent, crochètent de concert, ou bien épluchent, pèlent, écossent les légumes que l'une ou l'autre a réussi à dénicher, malgré la pénurie. Germaine Beaumont raconte qu'à sa toute première rencontre avec Colette, à l'automne 1914, elle était très intimidée : sa mère, qui lui parlait tout le temps de cette amie de cœur, lui avait confié une lettre à lui porter, depuis la villa Herran – deux ou trois rues à traverser. Elle a failli ne jamais arriver tant elle avait le trac. Craignant de subir un interrogatoire en règle sur la littérature, un test sur ses lectures, elle s'était préparée à cette rencontre comme pour un examen ! Colette lui ouvre la porte, lit la lettre sur le seuil, regarde longuement la jeune fille et dit : « Fille d'Annie, tu tombes bien. Tu vas m'aider à finir d'éplucher les haricots verts… Je fais des conserves. »

Dans la cuisine, parmi des bocaux de verre vides, devant une pyramide de haricots très fins, « pendant que l'eau d'une bassine chantonnait sur le feu doux de la cuisinière[4] », elles n'ont presque pas parlé. Mais elles étaient bien. À se rendre utiles, à travailler avec leurs mains, les cheveux frisottant dans la vapeur d'eau. De ce préambule ménager date une grande amitié, à nuance maternelle de la part de Colette, filiale dans le cœur de Germaine Beaumont. Une amitié qui ne deviendra jamais intellectuelle, de l'ordre du bas-bleu ou de la femme écrivain, même quand elles seront l'une et l'autre devenues, à des degrés divers, des personnalités du monde des lettres. Comme avec Annie de Pène, les conversations portent sur la vie – la vie des femmes.

Il est un mot qui revient souvent entre elles. Un mot codé, qu'il faut savoir décrypter dans les lettres. Un mot à ne pas prendre pour ce qu'il est : un prénom banal. Pauline…

« Tu es souffrante ? Est-ce la faute à Pauline… ? » « Pas aisé d'avoir Pauline en ce moment… » « Soigne-toi, si Pauline t'embête, prends une bouillotte. » « Ah là là, cette Pauline… »

J'avoue qu'il m'a fallu l'explication d'un commentateur zélé pour comprendre enfin de qui ou plutôt de quoi il s'agissait : des soucis mensuels, réservés aux femmes !

Plus tard, en 1916, la périphrase sera abandonnée. Car Pauline, une vraie Pauline (Pauline Vérine), va devenir la fidèle servante de Colette – comme la Céleste de Proust, son ombre dévouée jusqu'à sa mort. C'en sera fini du code familier, Pauline désignera une femme patiente et forte. Indispensable.

Il n'en reste pas moins que ce petit nom de Pauline, choisi on ne sait comment pour désigner ce qui ne convient pas de l'être, a un air de cachotterie, de confidence impudique dans la cour de récréation d'un collège de filles.

Hors de la maison et du journal pour celles qui y travaillent, leur temps libre conduit les femmes au Marché aux Puces, à Saint-Ouen. Selon un mot de leur cru, elles « pucent » passionnément. Autre remède à l'angoisse. Colette y cherche des sulfures, qu'elle collectionne, et des bibelots qui l'inspirent. Rien de cher. Rien de rare. Plutôt des objets usés, banals, qui parlent d'une vie oubliée, effacée ou morte, objets mystérieux, empreints d'une poésie rustique. Un couteau suisse à lame tordue sera rejeté parce qu'il est disgracieux ainsi : leur chasse au trésor ne va pas sans exigence. Les objets, surtout les plus modestes, doivent avoir une finition sans défauts. Faute de quoi, ils restent chez le brocanteur. On ne se ruine pas aux Puces. Mais on laisse ses rêves guider la promenade, au petit bonheur la chance… Un collier en graines de capucine, une soupière avec sa cuillère en faïence, une veilleuse Louis-Philippe, un calvaire en bouteille « avec tous les attributs de la Passion en verre soufflé », un papillon d'Amérique du Sud, une canne de verre (le verre si fragile, elles le préfèrent à l'ivoire, à l'argent, à l'ébène), ou encore un volume de Pomologie, science des fruits à pépins… C'est ainsi qu'Annie déniche un petit porte-cartes en soie bleu pâle « verdie par le temps[5] », dont la couverture est en porcelaine peinte de bouquets (roses, liserons et renoncules) – un vestige du goût romantique, années 1830. Ce porte-cartes contient un agenda, indiquant les jours de la semaine, à raison de deux par feuillets et une page entière pour le dimanche. Colette tient à l'offrir à Annie. Mais avant de le lui donner, elle écrit sous chacun des sept jours de la semaine l'emploi du temps selon son cœur.

Si les quatre femmes, reprises par leurs activités respectives, n'habitent plus un jour le même phalanstère, elle sait comment s'organiser.

Lundi, « aller voir Annie ».

Mardi, « aller voir Annie ».

Mercredi, « aller voir Annie » – et ainsi de suite jusqu'au dimanche. Après quoi, dans un désir d'amitié éternelle, défi au temps et à la guerre, elle note : « et comme ça jusqu'à la fin des jours, c'est la grâce que je me souhaite ».

Je ne l'avais pas tout de suite remarqué. Mais ces amies si proches, si complices qu'elles souffrent à la seule idée d'être séparées, ne se parlent pas tout à fait de la même manière : elles n'ont pas la même intimité.

Colette tutoie Musi, la plus jeune d'âge, son enfant, sa petite.

Elle tutoie aussi Moreno, près de laquelle la sensualité est le langage le plus naturel – elles se comprennent sans mot dire, rien qu'à se regarder. La présence de Moreno « rend à l'espace d'air sa sonorité, sa limpidité[6] », d'après Colette qui se réchauffe et s'illumine à son contact.

Inversement, Moreno tutoie Colette, mais Musi, elle, la vouvoie.

Quant à Colette et Annie de Pène, elles se vouvoient l'une l'autre. Ces « amies d'enfance », qui se sont « couplées sur le tard » selon l'expression de Colette, ne partagent pas seulement une étonnante similitude de parcours : l'enfance provinciale, le journalisme et la littérature, où elles ont su s'imposer avec leur style et leurs passions de femmes, en passant par les divorces mal vécus ou l'expérience de la maternité, elles ont suivi la même route mais sont d'autant plus fortes depuis qu'elles se sont trouvées. Devenues inséparables, sans qu'aucune rivalité, aucune jalousie d'ambition ou de carrière s'immisce entre elles, elles semblent avancer du même pas cadencé.

Une étude comparée de leurs textes mettrait en évidence tout ce qui les lie : au-delà des maisons où elles furent heureuses, des fleurs, des fruits, des arbres, des enfants et des chats, aux yeux « couleur de topaze liquide[7] » (Annie), c'est de l'amour qu'elles parlent le mieux. Cet amour si souvent déçu ou trahi, et qui garde pour elles des couleurs d'idéal. Dans leurs vies de femmes, les hommes – loin devant tout le reste – occupent la plus grande place. Elles ont pleine conscience de dépendre d'eux, qu'elles le veuillent ou non. Car ce sont eux les « maîtres de tout » (l'expression leur est commune), eux dont dépendent le bonheur ou le malheur.

« La vérité, c'est que je n'ai pas la force de rester seule, dit Annie. Toute seule ! Comprends-tu l'horreur de ces deux mots[8] ? »

Colette a déjà plus d'une fois proféré les mêmes.

Partagée entre femmes, la solitude est moins lourde à supporter. Aussi y a-t-il dans le chalet de Passy une solidarité de filles, comme au front une solidarité de soldats. La leur s'exprime à tout bout de champ :

« Je t'embrasse comme je t'aime », dit Colette à Moreno.

« Mon petit Musi, comme tu es gentille ! » dit-elle à Musidora.

Et à Annie de Pène : « J'ai un extrême besoin de vous. »

10

Les quatre femmes ont un héritage commun : une mère à forte personnalité, qui les a marquées de son empreinte. Cette mère, dans ses divers avatars, a exercé sur elles une autorité, tempérée de plus ou moins de douceur. Mais une autorité déterminante, qui les a modelées et fascinées. Et à laquelle, à un moment de leur vie, elles ont dû s'affronter.

La mère de Colette, dont sa fille fera après la guerre l'immortelle Sido, dans *La Maison de Claudine*, était la régente de son foyer. Cette petite femme brune, plutôt boulotte avant que la vieillesse ne la décharne, menait son monde à la baguette. Elle gouvernait par le charme. Le capitaine Colette, qui était son second mari, préférait à ses heures perdues s'enfermer dans sa chambre pour écrire des romans. Cette entreprise ne verrait jamais le jour, puisqu'à sa mort, sa veuve et ses enfants trouvèrent des cahiers vierges, pourvus chacun d'un titre – les romans qu'il n'écrirait jamais. Autre activité de peu de bénéfices : ses placements financiers. Ils se révélèrent désastreux. Comme le savent les lecteurs de Colette, la famille dut vendre ses meubles et déménager. Colette en fut elle-même très éprouvée : ce fut pour la petite fille un premier grand chagrin de quitter la maison de son enfance. Sa mère en revanche n'était pas une femme à se laisser abattre. Elle fit face dans l'adversité, comme elle avait fait face à la brutalité, aux violences de son précédent mari, Jules Robineau. Le capitaine Colette était un homme bon, un peu rêveur, peu apte par tempérament à la vie concrète, que ne lui facilitait pas son infirmité d'unijambiste. Que de fois Mme Colette n'a-t-elle dû l'épauler, l'aider, le rassurer ? Tout en lui concédant l'orgueil de l'autorité, c'est elle au fond qui était le chef de famille. Quatre enfants : une fille née du premier mariage, puis deux fils et la petite Colette, ont été élevés dans ses jupes et ont grandi dans son ombre. Elle a continué de les couver, au-delà de leur majorité et même au-delà de leur mariage, tout au long de leur vie. Jamais elle n'a relâché son attention : ils ont été l'objet de ses soins, souvent avisés. Pour leur santé, leur carrière professionnelle, leur vie sentimentale, elle avait son avis sur tout et le leur donnait. Longtemps brouillée avec sa fille aînée, Juliette, « la sœur aux longs cheveux », elle a reporté son amour sur les trois autres, de manière inégale : fusionnelle avec le fils médecin

Achille, le préféré, moins passionnée mais très tendre avec le second, Léo le musicien, et plutôt directive mais toujours en essayant intelligemment d'épouser ses vues, avec celle qu'elle nomme son « soleil d'or », Colette. Jusqu'à sa mort, survenue deux mois avant que celle-ci n'épouse Henry de Jouvenel, elle a veillé sur sa plus jeune fille avec une constance inquiète. Ses lettres en témoignent.

Si son cœur s'est arrêté, il continue de battre dans celui de Colette.

C'est près de cette mère aimante et qui tenait fermement les rênes du foyer que la romancière a appris le nom des plantes, des oiseaux, des fleurs, qu'on retrouve innombrables sous sa plume. Elle a fait sienne sa devise : « Regarde ! », qui est devenue son précepte d'écrivain, et le seul conseil qu'elle donne en littérature. Elle n'a pas eu à lui cacher ses écarts : sa mère, avec un instinct imparable, devinait tout ce qui arrivait à sa fille chérie. Elle a su les frasques de Willy, la tendresse saphique de Missy et même les entrechats de Jouvenel, pris entre plusieurs femmes, à la veille de se décider à épouser sa fille... Rien ne l'a jamais choquée. Il semble qu'elle ne se soit pas même offusquée de l'absence de Colette à son chevet pour lui dire adieu, alors qu'elle se sentait mourir. C'est une mère à laquelle on pouvait tout dire, tout avouer.

Mais Colette a eu quand même besoin de s'éloigner.

Son mariage précoce ne s'explique pas autrement : le désir de partir, de connaître autre chose que ce foyer fermé sur son jardin, où la présence radieuse et envahissante de la mère empêchait l'épanouissement de toute autre créature féminine, si solaire fût-elle. Le lien pourtant n'a jamais été coupé. À lire Colette, on voit bien qu'il a duré au-delà de la mort de Sido, survenue en septembre 1912, quelques mois avant que Colette ne se marie pour la deuxième fois. « Nous eûmes chacune deux maris », observe Colette dans *La Naissance du jour*. La mère ne lui laisse qu'un seul chagrin : elle n'a pas pu lui présenter Bel-Gazou. Sidonie Colette, née Landoy, est morte sans savoir que sa fille adorée serait mère, à son tour.

Mme Moreno, de son nom de jeune fille, la mère de Marguerite, a eu elle aussi l'habitude de régner sur les siens. Avec sa haute silhouette, son allure de grande dame – au pensionnat, dans son enfance, on l'appelait « l'Espagnole » à cause de ses origines[1]. Elle n'a pas seulement transmis à sa fille la langue maternelle, que Marguerite parle couramment, elle lui a légué son teint mat, ses cheveux bruns, son long nez, et aussi ce maintien orgueilleux qui bientôt fera partie de sa légende, son port de Carmencita. C'est un fort caractère, Mme Moreno mère. Elle a mis au monde cette fille unique – Marguerite –, puis quatre fils qui sont moins solides, moins hardis que leur sœur. Élevée à la dure, pour aider la mère dans ses tâches domestiques, mais aussi dans l'idée que l'homme ne peut pas pourvoir à tout, Marguerite a eu pour modèle cette femme de courage et de résolution, qui a pris très tôt la gouverne du foyer. Pierre Monceau, le père de Marguerite, fut professeur de mathématiques au lycée Louis-le-Grand. Comme le père de Colette, cet homme doux, secret, se montrait taciturne en famille et préférait lui aussi s'enfermer dans sa chambre, à corriger des copies ou à lire des revues d'astronomie. Plus sombre que le père de Colette, de tempérament neurasthénique, Pierre Monceau s'est montré plus distant que M. Colette dans sa relation avec ses enfants. Ils ont grandi à côté de lui, qui habitait ses rêves – une planète hautement protégée à laquelle ils n'ont jamais eu accès.

Le père et la mère de Marguerite se sont séparés très tôt. Puis le père est mort, jeune encore, Marguerite n'avait que dix-sept ans. Charlotte Monceau, née Moreno, a élevé ses enfants seule. Pour subvenir à leurs besoins, elle avait créé au rez-de-chaussée du domicile familial de la rue Chaptal un bureau de recrutement de nourrices, qui devint prospère et fit sa fierté. C'était en quelque sorte son sixième enfant. Devant son succès, elle songeait à créer une succursale, mais pour cela il lui aurait fallu l'aide de sa fille : Mme Moreno souhaitait l'associer à son affaire et la destinait à sa succession. Mais Marguerite ne se voyait aucun avenir dans le bureau du IXe arrondissement où défilaient tant de poitrines nourricières. Sa vocation pour le théâtre, née de son amour des beaux textes et de l'admiration qu'elle avait éprouvée devant des représentations d'amateur, pendant des vacances, était impérieuse et fervente. Dotée du même caractère entêté et de la même énergie hors du commun que sa mère, elle sut lui tenir tête. Ce qui ne dut pas être facile ! Mais jamais, au grand jamais, elle n'irait recruter des nourrices. Chaque soir, Mme Monceau revenait sur le sujet, avançait des arguments pour la convaincre, insistait, se fâchait. Rien n'y fit, Marguerite tenait bon. Il y eut une condition au lever de l'interdit : que la rebelle passe son brevet et soit reçue au Conservatoire ! Gage de son sérieux et de sa détermination, Marguerite fut reçue au Conservatoire de la rue du Faubourg-Poissonnière, où elle eut pour condisciples dans la classe de Gustave Worms deux futurs grands acteurs avec lesquels elle allait souvent jouer, Lugné-Poë et Édouard de Max. Puis, confirmant son talent, elle entra comme pensionnaire à la Comédie-Française : la mère accepta dès lors le destin de sa fille. Marguerite la remercia en lui offrant un cadeau inestimable : son nom de scène serait le nom de jeune fille de sa mère. Ce nom espagnol, où s'entendent de lointaines ascendances mauresques, et qu'elle avait elle-même placé à l'enseigne de son bureau de recrutement, Mme Moreno aurait la joie de le voir briller à l'affiche du plus prestigieux théâtre de France.

C'est une mère en noir, Charlotte Moreno. Une mère qui pleure ses fils disparus. Tous morts, les uns après les autres, entraînés par une inexorable fatalité. Chaque matin à l'aube, d'un pas lourd, elle se rend à l'église de la Trinité et fait dire une messe pour le salut éternel de Lucien, Gaston, Pierre et bientôt de Gustave. Elle mourra à quatre-vingts ans, en 1922. L'année de *Vingt ans après* d'Henri Diamant-Berger, au cinéma, et au théâtre, de *L'Ombre blanche* d'Edmond Rostand – deux rôles marquants dans la carrière de Marguerite Moreno.

Désirée Poutrel, veuve deux fois, et même trois – la dernière, d'un concubin –, avec un statut de mère célibataire, n'est pas non plus sur le modèle conventionnel des épouses de ce temps-là. Sa fille, Annie de Pène, a longtemps porté son nom : jusqu'à son mariage à seize ans avec Charles-Auguste Battendier. Elle avait déjà opté pour le prénom d'Annie, au lieu de Désirée. Car sa mère avait voulu qu'elle soit Désirée Poutrel sur son acte de naissance. L'exact reflet, la copie conforme de la mère. Son double, dans l'eau trouble et mystérieuse de sa généalogie. Le père, Joseph Pène, n'a guère été présent dans l'enfance d'Annie. S'il a vécu avec la mère, il est mort quand Annie n'avait que huit ans. En lui léguant il est vrai sa fortune. Et ce second prénom de Joséphine, qui ne résout rien à son ascendance, n'est que la trace d'une paternité supposée. Joseph Pène n'a jamais reconnu Désirée Joséphine comme sa fille légitime.

C'est donc Mme Poutrel, trois fois veuve, et d'un âge déjà avancé, qui l'a élevée en fille unique : il semble qu'elle n'ait eu ni frère ni sœur des précédentes unions de sa mère, âgée de quarante-trois ans à sa naissance. Annie de Pène ne parle jamais d'elle – pas même à Colette… Il faut aller chercher la figure de la mère dans ses romans où, curieusement, elle manque : c'est le père – le grand absent de sa vie – qui est présent dans les livres d'Annie de Pène, et idéalisé. Les nombreuses orphelines de l'œuvre pleurent leur père. La mère, qui fut omniprésente dans l'enfance et l'adolescence de sa fille, n'a pas donné lieu à une réincarnation littéraire. C'est la grande absente. L'ombre blanche. Elle n'apparaît que dans *C'étaient deux petites filles*, sous une double caricature. La première petite fille, Mariette, orpheline de père, subit l'autorité d'une mère sage, dévote, appliquée à ses travaux de couture – somme toute, compassée et ennuyeuse. La seconde petite fille, Pierrette, vit auprès d'un père morose, voire désespéré, de caractère plutôt falot, que son épouse a quitté pour la compagnie d'un jeune homme…

La vérité d'Annie, familière de l'autobiographie, est-elle entre les deux ? Le père absent, cela est certain, la mère n'a-t-elle pas été à la hauteur des espérances de sa fille : celle-ci ne s'est en tout cas jamais assimilée à son modèle. Ou a tenté d'y échapper en « s'évadant » – terme qu'Annie de Pène a repris pour titre de son roman le plus intime, le plus personnel, *L'Évadée*, sorte d'autoportrait moral. Et testament de son cœur.

Mme Poutrel est morte en 1906, à soixante-dix-huit ans, en gardant son mystère. 1906, l'année où Annie commence de collaborer à *L'Œuvre*, le journal de Gustave Téry. Tout ce que l'on sait, grâce à Dominique Clayer-Bréchemier[2], c'est que Mme Poutrel était venue vivre à Paris, à la suite d'Annie de Pène, qu'elles ont brièvement habité ensemble et que la mère s'est finalement établie, loin de sa fille, dans le XVIIe arrondissement. Elle est enterrée au cimetière de Saint-Ouen, sous le nom de Poutrel de Pène, qui semble établir une parenté avec un autre Pène, un Pène à particule, dont le lien avec la mère comme avec la fille demeure à ce jour une énigme.

Quant à Musidora, elle a eu elle aussi une mère pas comme les autres. Une mère effrontée, courageuse, et qui avait envie de faire entendre sa voix. Marie Roques, mercière de la rue de l'Échaudé, a transmis à sa fille unique un caractère bien trempé. Mariée à Jacques Roques, le père de Musi, elle a partagé ses idées sociales avancées, admiré Fourier et Karl Marx et bougonné contre la bourgeoisie. C'est une pasionaria, socialiste, féministe, révolutionnaire, qui n'hésite pas à aller manifester au nom de ses idéaux, mais qui a tenu à faire baptiser sa fille. Elle l'a conduite sur les fonts baptismaux, en cachette de Jacques Roques, républicain et laïque convaincu, qu'elle a informé à son retour – elle dit tout à son mari, qu'elle aime d'un amour constant. Mais ce couple fidèle ne semble pas avoir inspiré à Musidora le goût des unions durables.

Jeanne Roques – selon l'état civil – n'a jamais manqué d'affection. Elle a été élevée avec tendresse, dans le cocon de ce foyer simple et aimant, où les valeurs étaient le travail, l'égalité, la justice.

C'était peut-être étouffant pour elle, cette attention permanente des parents sur leur fille unique, dans un univers obsédé par le progrès social. Elle s'en est évadée, elle aussi, mais comme un papillon sort de sa chrysalide, d'un élan naturel et charmant. Sans heurts, sans secousses, avec la volonté farouche d'ajouter « liberté » au programme des siens. Une liberté à laquelle elle tient beaucoup : ce papillon de nuit, itinérant, qui va folâtrant d'une ville à l'autre, d'un film à l'autre, d'un métier à l'autre, d'un homme à l'autre, personne ne peut l'emprisonner. C'est une nature ailée, insaisissable, avec de forts ancrages : son père avant tout. Le grand amour de Musi. Attentif, délicat, indulgent à ses folies. Puis Pierre Louÿs, qui veille sur ses nuits blanches et dont elle pimente les créations. Et enfin Colette, son ange protecteur, qu'elle place au pinacle : image parfaite de la femme, à laquelle Musidora rêve de ressembler. Dans le cœur de Musi, Colette a pris la place de la mère. Il n'est pas anodin que Colette, à cause de la différence d'âge mais aussi des sentiments qui la portent vers cette créature hautement poétique, s'adresse à elle comme à son enfant – « ma petite fille », « mon enfant chérie », « mon enfant ». Pour Musidora, la mère a le visage et la voix de Colette – sa mère choisie et désirée. Elle écoute ses conseils, vient pleurer sur son épaule, cherche auprès d'elle consolation et douceur, et se laisse punir quand il le faut.

Mais comme dans son enfance, Musidora sait aussi désobéir et fuir, pour garder son indépendance. Selon le vent capricieux qui lui souffle d'aller ici ou là, à la rencontre de destins possibles et toujours changeants.

Mme Roques mourra en 1929, alors que Musidora semble avoir enfin trouvé un gîte et des bras protecteurs. Mais un papillon peut-il jamais se fixer ? Sinon au prix d'une épingle qui le tue ?

À une époque où leurs concitoyennes n'ont ni le droit de vote ni celui de signer un chèque, et en sont à demander la permission à leur homme – père, époux, frère, fils ou tuteur – pour tous les actes de la vie, comme elles paraissent libres de leur destin, ces quatre femmes ! Et si sûres de la voie à suivre !

Ce ne sont pas des féministes. Colette exprime son exaspération, partagée par de nombreuses contemporaines, devant le désir si peu féminin, selon elle, d'égaler ou d'imiter les hommes pour mieux prendre un pouvoir que leurs mères ont exercé dans l'ombre, avec maestria. Elle déteste les suffragettes ! Maurice Dekobra, l'auteur de *La Madone des sleepings*, venu l'interroger pour *Paris-Théâtre*, en 1910, lui a posé cette question liminaire : « Êtes-vous féministe ? » Colette lui a répondu, sans tergiverser : « Ah ! non ! Les suffragettes me dégoûtent. Et si quelques femmes s'avisent de les imiter, j'espère qu'on leur fera comprendre que ces mœurs-là n'ont pas cours en France. Savez-vous ce qu'elles méritent, les suffragettes ? Le fouet et le harem[3]... »

Les quatre amies tiennent moins au fond à obtenir l'égalité de leurs droits, par rapport au sexe fort, qu'à s'affranchir des conventions, des codes, et à se voir accorder un libre arbitre. Nul ne saurait brider leur instinct souverain : être soi, par soi-même, voilà ce qu'elles revendiquent.

Leur choix d'un pseudonyme est révélateur. Elles ont tenu à s'affranchir de l'état civil et à définir leur nouvelle identité.

Annie de Pène a choisi de vivre sous le nom du père qui a refusé de la reconnaître, et gommé son héritage maternel. Marguerite Moreno adopte à l'inverse le nom de sa mère, biffant d'un trait celui de son géniteur.

Musidora, romanesque, a préféré exister sous le nom d'une héroïne de roman[4] – il sied à cette muse insaisissable, aux yeux d'ambre foncé.

Quant à Colette, oubliant qu'elle s'appelait Gabrielle à la naissance – Gabrielle Sidonie –, elle n'a voulu retenir que le seul nom de son père, le capitaine aux romans ébauchés, rêvés et jamais écrits. Un héritage plus léger que l'omniprésence maternelle, pesant sur elle sans relâche ? Colette Willy, puis Colette de Jouvenel..., elle a finalement opté pour Colette, un choix récent et encore hésitant, au moment où éclate la Première Guerre mondiale.

Ces quatre pseudonymes racontent une histoire. Ils reflètent la personnalité de chacune des quatre amies, liées par la même volonté, indomptable, de signer leur vie.

Ce qu'elles ont tenté, ces quatre indomptables, en prenant un nom neuf, ce n'est pas tant de rayer le passé, auquel elles sont attachées et qui revient souvent les hanter avec sa nostalgie. Elles ont voulu se donner une chance d'exister autrement que leurs mères, qu'elles ont pourtant aimées et respectées. Annie de Pène pleure toujours le jardin de la maison normande, à Bonsecours, et Colette celui de Saint-Sauveur-en-Puisaye, où résonne la voix de Sido quand elle allait se cacher avec ses frères dans le grenier – « Les enfants ! Où sont les enfants ? »... Moreno s'effondre en larmes quand lui parvient le bruit du pas des chevaux tirant une carriole sur une route de campagne. Tant de souvenirs ensoleillés lui reviennent alors de ses vacances de sauvageonne, l'été à Sauveterre, avec ses frères... Et Musidora n'en finit pas d'entendre son père au piano, s'efforçant d'oublier dans la musique les mesquineries et les humiliations de sa vie de compositeur.

Peu importent le talent et ses contraintes, les quatre amies tiennent toutes à ce puissant désir d'exister qu'elles essaient d'imposer, chacune à sa manière, avec plus ou moins de succès, aux hommes de leur vie. Elles ne sont prêtes à le sacrifier sous aucun prétexte, quitte à mettre en péril ce qui est pourtant si important dans leur vie : leur amour viril.

II

INTERLUDE LESBIEN

11

Le chalet de la rue Cortambert, paisible dans la tempête, éclairé la nuit par le fanal bleu de la lampe, ressemble étrangement à une île. Une petite île, isolée du reste du monde. Avec sa communauté de femmes, liées entre elles par les liens les plus tendres, il reproduit si bien un modèle ancien, célèbre depuis l'Antiquité, que la comparaison s'impose tout naturellement avec Lesbos. Les femmes, réunies autour de Colette en 1914, semblent redonner vie à l'île enchanteresse, « mère des voluptés grecques » selon Baudelaire. Même si sa légende a été douloureusement assombrie aujourd'hui par les migrants des guerres du Moyen-Orient. C'est dans sa capitale, Mytilène, qu'était née Sappho.

« Cité plus éclairée qu'Athènes et plus corrompue que Sardes[1] », Mytilène était réputée pour la liberté de ses mœurs. Selon la légende, tous les plaisirs y étaient permis, sans discrimination, aux deux sexes. Mais, dès avant le siècle de Périclès, elle était devenue un royaume pour les femmes. Sappho en était la grande inspiratrice.

Veuve, mère d'une petite fille, le peu que l'on sache de la vie de cette poétesse, dont Renée Vivien a traduit avec ferveur les rares vers parvenus jusqu'à nous, est qu'elle avait trois amies : Atthis, Telesippa et Megara. C'est avec elles qu'elle créa, sur l'île, la première communauté lesbienne. Il y faisait si bon vivre que sa réputation fit bientôt le tour de la Méditerranée. D'autres compagnes, muses esseulées, à la recherche d'affection ou de protection, vinrent élargir le cercle, participer aux travaux et aux joies. Autour de Sappho, les femmes, tout au bonheur d'être ensemble, composaient des poèmes, écrivaient des pièces de théâtre, chantaient, dansaient, au son des flûtes et de la lyre. Les plus anciennes enseignaient aux plus jeunes. Dans ce climat idyllique, les femmes confondaient souvent l'amitié et l'amour. Aucune ne désirait autre chose que de poursuivre indéfiniment une vie de paix et d'harmonie.

Le phalanstère de la rue Cortambert renvoie à ce grand modèle et aux charmes de Mytilène. Les femmes sont quatre et elles exercent toutes les quatre des talents d'artistes. Elles chantent, elles dansent, elles écrivent.

Dans leur petit refuge parisien, Colette et ses amies, unies dès le premier jour, ignorent comme les compagnes de Sappho les heurts et les querelles. Ainsi que les mesquineries qui empoisonnent si souvent les univers de femmes. Les quatre s'entendent sur tout, ne se disputent sur rien. Il leur arrive de penser différemment, de trouver que l'une ou l'autre se trompe de voie ou se met en danger, mais elles se font confiance. Elles se protègent mutuellement. Chacune veut le bonheur des trois autres. Surtout, elles se comprennent à demi-mot, souvent d'un battement de cils.

Sont-elles pour autant « pour femmes » – expression de la Belle Époque désignant une femme qui aime les femmes ?

Sont-elles des « cosmopolites » – mot également daté, qui suppose une nature étrangère et des mœurs différentes ?

Phénomène de mode, autour de 1900, l'amour lesbien inspire la littérature et les autres arts. Alors que l'homosexualité masculine est sévèrement jugée et réprimée, la Belle Époque se montre plutôt indulgente, dans les hautes sphères de la société, pour les ébats entre femmes, considérés comme un divertissement charmant, un luxe libertin.

Sous la plume des romanciers, l'amour lesbien est licencieux, érotique, coquin. Des *Chansons de Bilitis* de Pierre Louÿs qui vantent la sensualité et les voluptés de Lesbos, à la *Nana* d'Émile Zola qui décrit en détail, dans une scène désormais fameuse, les caresses échangées par Nana et Satin, il a beaucoup fasciné le premier sexe.

Les romancières l'abordent différemment : sous leur plume, ce même amour devient tendre, câlin, douillet. Lucie Delarue-Mardrus, Élisabeth de Gramont, Marie de Régnier, Renée Vivien n'encourent pas la censure, ni ne doivent vendre leurs livres sous le manteau. Le lesbianisme en art est alors mieux que toléré : il a les faveurs d'un public amateur de raffinement et d'érotisme.

Mais il trouble aussi les esprits. Comme toute transgression, il bouleverse les valeurs, les préjugés, les habitudes. Ce fut le cas de Liane de Pougy, lorsqu'elle écrivit en 1901 le roman, entièrement vrai, de sa passion pour Natalie Barney : *Idylle saphique*. Idylle qu'elle vivait et écrivait au jour le jour, sans s'encombrer de masques. Elle se contenta, pour ne compromettre personne, de changer les noms des protagonistes : Natalie Barney fut rebaptisée Flossie, et elle-même, reconnaissable par tous ses traits, Annhine de Lys (un nom sophistiqué, vite changé pour Ninhe). Liane de Pougy, considérée comme une légende vivante, une déesse tombée de l'Olympe, passait pour être la plus belle femme du monde et la plus séduisante. Elle avait triomphé de toutes ses rivales, surpassé en beauté Émilienne d'Alençon et même Caroline Otero, qui étaient pourtant des sortes de chefs-d'œuvre. Sa blondeur, sa minceur, tout chez elle irradiait la grâce.

Les hommes l'adoraient. Beaucoup s'étaient ruinés pour elle. Du même âge que Colette, à deux ans près[2], Lianou – son nom d'alcôve – était la reine des courtisanes, avec un tableau de chasse impressionnant. Or, voilà qu'elle aimait une femme… Laquelle n'était même pas la première !

L'aveu avait de quoi désemparer, sinon désespérer ses admirateurs les plus inconditionnels : Liane de Pougy avait passé sa vie à coucher avec des hommes, elle leur avait donné du plaisir, mais en amour, c'était parfaitement clair, elle préférait les femmes. Et parmi les femmes, elle tenait à ce que cela se sache, « Flossie » était son grand amour.

Extrait d'*Idylle saphique*, ce dialogue sentimental éclaire les rapports subtils de tout phalanstère féminin :

Flossie : « Nhine, ne te semble-t-il pas que l'amour entre femmes est une douce chose ?

— Ah ! Floss…, chut ! Tais-toi, ne parle pas de ça.

— Oui, je te comprends. Tout amour te fait mal, car le passé survit. Je sais cela sans que tu me le dises[3]… »

Colette porte aux amours de femmes le même regard attendri et complice que Lianou. « Ne te semble-t-il pas que l'amour entre femmes est une douce chose ? » : elle a plusieurs fois écrit cette même phrase, sous une forme à peine changée.

Rencontrant un jour un ami, ancien compagnon de l'ère Willy, séducteur patenté dont les tempes grisonnaient, elle s'étonna de ses confidences – il se disait las de toutes ces femmes qu'il avait eues, las et désabusé. Colette, qui rapporte la scène dans *Le Pur et l'Impur*, l'écoutait sans l'interrompre. Il se plaignait que ses maîtresses les plus voluptueuses l'épuisaient plutôt que de le rendre heureux. Il en concevait de l'amertume à l'égard de l'amour qui, au fond, ne le comblait jamais. Il lui parlait en homme, oubliant qu'elle était une femme, ou ne la considérant pas comme telle, ce qui l'avait vexée. Sur le sentiment amoureux, elle aurait pu lui dire beaucoup de choses qui l'auraient peut-être aidé. Mais il n'attendait pas de conseil. Il repartirait quoi qu'elle dise vers d'autres aventures similaires et répétitives, avec ses préjugés sur les femmes. Elle avait choisi de l'écouter en silence, en rêvant à sa propre vie. « Deux femmes enlacées ne seront jamais pour lui qu'un groupe polisson, se disait-elle, et non l'image mélancolique et touchante de deux faiblesses réfugiées aux bras l'une de l'autre pour y dormir, y pleurer, fuir l'homme souvent méchant et goûter mieux que tout plaisir, l'amer bonheur de se sentir pareilles, infirmes, oubliées[4]. »

Lesbos fait partie du paysage familier de Colette : de même que les jardins embaumés, peuplés de fleurs et de chats, ou la chambre solitaire où elle écrit, sur papier bleu. Elle y revient sans cesse, ne s'en éloigne jamais longtemps. Depuis *Claudine à l'école*, elle lui reste fidèle. C'est son île bleue, où elle vient se blottir, bercée par la mer, quand la vie est trop rude, trop exigeante. Alors, elle appelle ses amies, elle les réunit, les prend dans ses bras, leur donne des baisers, attend d'en recevoir. Combien de fois a-t-elle écrit en s'adressant à l'une d'elles : « Oh, j'ai besoin dc toi… Viens, viens vite, j'ai tant besoin de toi. »

Lesbos n'est pas pour elle un mythe, une légende. Encore moins un thème littéraire. C'est un abri, un refuge. Une source de joies et d'émotions. Comme tout ce qui vient sous sa plume, elle en parle d'expérience. Elle a été « pour femmes » à certains moments de sa vie, et elle l'est encore, malgré l'évidence de son bonheur avec Henry de Jouvenel.

« Pour faire jaillir l'amour de moi, écrit-elle, il n'y a rien de plus doux ni de plus beau au monde qu'une femme amoureuse[5]. »

Comment ne pas convoquer ici celles qui lui ont ouvert les portes de Lesbos, les initiatrices, les amies, les compagnes ? Toutes n'ont pas disparu de sa vie. Ces femmes lui ont fait découvrir des plaisirs jusque-là ignorés, des voluptés interdites, toute une gamme de sensations que son mariage avec Willy n'avait, semble-t-il, qu'ébauchées. Ces amitiés saphiques – du moins certaines d'entre elles – lui ont appris qu'il existe d'autres amours que celles qu'instaure invariablement au commun des mortels la confrontation des deux sexes. Une entente spontanée, reposante, naît souvent de cette gémellité dont elle parle si bien, quand deux femmes se reconnaissent l'une l'autre, par-delà les usages imposés. Comme deux moitiés d'une même nature, enfin complète.

Georgie Raoul-Duval, d'abord, en tête du cortège. Une Américaine aux yeux d'ambre, au parfum d'iris et à la peau de volubilis blanc, ce qui d'après Colette faisait un mélange détonant. Très féminine d'allure et de manières, réputée pour le rester dans ses amours, Georgie n'a jamais nourri aucune aversion pour le sexe opposé. Mariée, fort richement, à un homme d'affaires franco-américain et aimant son mari qui ferme les yeux sur ses écarts, elle a eu des liaisons préalables à Colette avec des étoiles du gotha lesbien : Liane de Pougy, Natalie Barney, Marie de Régnier, rien de moins. Cette cosmopolite, à tous les sens du terme, chic et sensuelle, a révélé à Colette les pouvoirs et les charmes de Lesbos. Du moins est-elle la première amante officiellement répertoriée par ses biographes.

Colette avait à peine trente ans et était encore dans ses années *Claudine* quand elles se sont connues. C'était en 1900-1901, précisément. Willy l'avait conduite, quasi de force, car elle était encore timide à cette date, dans un de ces salons parisiens qui ont de quoi paralyser de trac une petite provinciale, trop peu au fait de leurs codes, de leurs usages : le somptueux hôtel particulier des Muhlfeld, rue Galilée, où se retrouvaient à jour fixe nombre d'écrivains, de musiciens et de grandes mondaines. Jeanne Muhlfeld et son époux, Lucien, le romancier du *Mauvais Désir*[6], critique à *La Revue blanche* – Stéphane Mallarmé fut témoin de leur mariage –, formaient un couple indissociable, mais ils aimaient attiser la passion autour d'eux. On flirtait beaucoup rue Galilée, tout en parlant de musique ou de littérature. Allongée sur des fourrures blanches, Jeanne Muhlfeld essayait de faire oublier, dans des poses d'odalisque, la difformité physique qui lui avait valu son surnom de « Belle Otarie » : un gros corps de naine et une boiterie accentuée. Sa principale distraction, qui l'occupa toute sa vie, fut d'établir des relations entre ses invités, de nouer des liens amoureux ou de les défaire, à l'occasion. Une poétesse de ses amies[7], qui la détestait, l'appelait par dérision « la Sorcière ». Cette Sorcière, à vocation d'entremetteuse, présenta donc Colette à Georgie et Colette se laissa surprendre.

Georgie était-elle une consolation, selon la thèse la plus répandue sur les raisons du lesbianisme, un simple remède à la solitude ? Une compensation aux humiliations infligées, aux infidélités de Willy ? Colette a raconté ses désillusions et combien, durant son premier mariage, elle a souffert d'un sentiment d'abandon : son premier mari la délaissait pour toutes les jeunes femmes, de plus en plus jeunes, qui se présentaient en socquettes et à col rond pour jouer Claudine à la scène – « Ces funestes adolescentes refluaient jusqu'à un domicile que je ne m'obstinerai pas à nommer conjugal ».

Mais Georgie n'était-elle pas davantage qu'un palliatif de ses larmes ? Une amante de chair et de feu, en remplacement de l'époux distrait et volage ? Elle lui apprit la volupté, le plaisir, un monde encore inconnu à Colette malgré des années de mariage. Selon Natalie Barney, le couple Willy était assez vite devenu « un ménage de camarades » : « Les deux époux ne pouvaient s'offrir le luxe d'une vie privée », écrit-elle[8]. Le travail empêchait toutes les évasions. Au fait de cette liaison de sa femme, Willy fit plus que l'encourager. Il décida d'y prendre part.

L'été 1901, ils sont à Bayreuth, tous les trois. Willy, mélomane averti, voulait initier son épouse et sa ravissante amie à la musique de Wagner. Escorté de ses deux muses, la blonde et la brune, dont le tandem flattait sa vanité et faisait frémir ses moustaches, il goûtait pleinement la situation. Willy a toujours aimé les trinômes : il les trouvait plus érotiques que les amours banalement binômes, exploitées sans mesure dans la littérature. « Nous vivons là, à nous trois, un petit chapitre pas ordinaire ! » aurait-il dit à Colette, qui transposera ce commentaire un an plus tard dans son troisième *Claudine*.

C'est elle-même qui aurait mis fin à sa relation avec Georgie, quand elle sut que celle-ci, éprise de diversité, la trompait avec Willy…

Mais Georgie eut, elle aussi, des raisons de rompre. Promis au même succès de scandale que les précédents, le troisième *Claudine*, publié en 1902, raconte en effet, à peine transposées, les amours de Colette (et de Willy) avec Georgie Raoul-Duval, et leur ménage à trois. Georgie, rebaptisée Rézi, s'y reconnut aussitôt. Persuadée d'être victime d'une double vengeance, sûre d'avoir été instrumentalisée à des fins romanesques, elle tenta de sauver sa réputation – elle était tout de même mariée –, en faisant saisir la totalité des exemplaires imprimés, pour les détruire. Willy et Colette durent remanier leur texte et lui trouver un autre titre, de sorte que *Claudine amoureuse*, tout entier inspiré par Georgie, devint *Claudine en ménage*. Un ménage aux frontières moins étroites qu'à l'ordinaire. Le roman conservait le plus délectable : le parfum d'iris de Georgie et la saveur perverse de leur histoire.

Après Georgie, Colette eut une courte aventure avec Natalie Clifford Barney. La Flossie tant aimée de Liane de Pougy. Et l'une des amies de Georgie. Chassés-croisés. Ronde infernale. La musique continue : changez vos cavalières !

Une Américaine, elle aussi. Native de Dayton[9], dans l'Ohio, elle se fâche quand on écrit son prénom à la française avec un *h*. *Wasp* parmi les *Wasps*, Natalie – dite aussi Natty – occupe une place à part dans la société parisienne où elle s'est très vite imposée et où elle rayonne. Sur tout, elle donne le ton. Être invitée chez elle est un privilège, pour lequel beaucoup se damneraient. Mais elle n'est pas du genre à recevoir n'importe qui : elle trie ses amitiés. Gardant de solides racines sur la côte Est des États-Unis, à Bar Harbor, où sa famille possède une maison au bord de l'océan, elle a su créer autour d'elle une atmosphère originale, qui brasse ses trois patries : l'Amérique, Paris et Lesbos. Cette riche héritière, élevée dans la soie, pourvue d'une éducation parfaite, modèle d'élégance dans ses robes de chez Worth ou des sœurs Callot, se flatte de compter de nombreux amis du sexe mâle. Ils lui trouvent tous les charmes, tel Remy de Gourmont qui la surnomme « l'Amazone », et se désolent qu'elle soit perdue pour eux. Car Natalie Barney, contrairement à Liane, à Georgie…, à Colette, plus éclectiques, ne veut avoir que des amantes. Natalie ne connaît pas l'étreinte physique d'un homme – cette seule idée, à son sens « contre-nature », la dégoûte. Elle s'y est toujours refusée et s'en gardera éternellement.

Comme elle est très belle et très femme, elle a reçu plusieurs propositions de mariage. Mais elle a décliné les offres, venues de prétendants pourtant très amoureux – dont un ami d'enfance, fils d'un richissime industriel américain, qui s'était dit prêt à adopter Liane de Pougy, comme Natalie le souhaitait…, ou lord Alfred Douglas, l'ex-amant d'Oscar Wilde.

Sa répulsion à l'égard de l'amour entre sexes opposés n'empêche pas ses amitiés d'être fortes. Avec Gourmont, mais aussi avec Pierre Louÿs, avec le grammairien et archéologue Salomon Reinach, le dessinateur de presse André Rouveyre, caricaturiste à *Frou-Frou*, ou le docteur J.C. Mardrus, traducteur des *Mille et Une Nuits* et époux de la belle Lucie Delarue-Mardrus (autre éclectique), Natalie nourrit des liens profonds. Leur complicité intellectuelle vaut pour elle bien des amours. « Pourquoi ce regard irrité entre Sodome et Gomorrhe, au lieu d'une sympathie sans équivoque ? écrit-elle. La compagnie des hommes intelligents m'intéressait et m'agréait souvent plus que celle d'une jolie femme. Auprès de plusieurs d'entre eux je me sentais en pleine confiance et, en général, je restais l'amie fraternelle des hommes. »

Ses amis fraternels et ses amies chéries l'appellent Moonbeam, « Rayon de Lune », parce qu'elle est blonde, d'un blond très pâle, et que tout son visage irradie la lumière. L'éclat de la lune est on ne peut plus redoutable, plus puissant que celui du soleil. Comme Natalie est née un 31 octobre, Halloween aux États-Unis, le jour des Sorcières, on lui attribue des pouvoirs secrets. C'est une ensorceleuse.

Intelligente, facilement ironique – elle écrit des maximes à l'éclat aussi tranchant que le verre –, auteur de plusieurs livres avant 1914 qui confirment sa réputation d'irréductible (*Éparpillements, Actes et entr'actes*), elle a une devise, « Vivre et laisser vivre », qu'elle aurait pu faire graver au fronton de ses maisons. C'est un esprit rebelle. La reine des indomptables.

Colette l'a rencontrée dans un autre de ces salons mondains où Willy la traînait au début de leur mariage. Elle s'y sentait tellement décalée et empotée qu'elle restait souvent à bâiller sur un coin de canapé. Cette fois-là, elle s'ennuyait boulevard Saint-Germain, chez Armande de Polignac, comtesse de Chabannes-La Palice. Un nom à impressionner sa famille à Châtillon-Coligny ! Compositrice, Armande de Polignac écrit de la musique pour des ballets[10]. Et, ce qui n'étonnera personne dans ce chapitre, c'est qu'elle aussi était, bien que mariée, « pour femmes ». Dans le salon proustien d'Armande, où le dévergondage s'accompagne du raffinement de l'art et des conversations, Colette s'est laissé une nouvelle fois séduire par la chanson de Sappho.

Natalie Barney, avec son regard de chasseresse, la jauge immédiatement. Elle a le coup d'œil exercé et rapide. Ses maîtresses, longues, minces, élégantes, ont toutes une allure spectaculaire. Le corps de Colette, encore pimpant, vers 1903 ou 1904 (la date est incertaine), ne répond pas à ses habituels critères esthétiques. Elle remarque la finesse du buste, mais les hanches sont larges, les cuisses lourdes, et malgré une jolie chute de reins elle lui trouve le derrière (c'est le mot qu'elle emploie dans ses *Souvenirs indiscrets*), trop « rebondi[11] ». Ce derrière va prendre encore plus de volume et donnera à Colette, dix ans plus tard, l'impression de flotter « comme une baleine » dans les eaux de Rozven… Au tout début du siècle, charnu et sans doute encore appétissant, il fait partie de sa panoplie de séduction, quand elle danse sur une scène de cabaret.

Liaison ? « Demi-liaison », selon une précision de Natalie ? C'est assez mystérieux. Dans la liste de ses *mille e tre* maîtresses, établie à la fin de sa vie et confiée à son biographe[12], Natalie Barney fait le compte de ses liaisons, qui sont nombreuses, mais note deux « demi-liaisons » : Armande de Polignac et Colette. Sans autres explications.

L'Amazone est une don-juane. Elle n'a jamais une seule maîtresse à la fois. Même du temps de Liane de Pougy ou de Renée Vivien, ses grandes amours, il y a toujours eu autour d'elle une constellation d'étoiles, souvent venues de loin. La très rousse Eva Palmer, sa compatriote, aux cheveux presque rouges, qui rêve d'être actrice. L'arrogante Ilse Deslandes, dont Maurice Barrès était également épris. Ou Armen Ohanian, la danseuse de Shamaka, qui excitait les sens en faisant sonner les grelots de ses chevilles – son seul ornement quand elle dansait nue. Colette est d'une autre nature. Sa fraîcheur, ses rondeurs, son bel appétit font diversion dans le cercle des excentriques diaphanes, anorexiques ou éthérées au sens propre qui grouillent autour de Natalie. Ce qui a frappé Barney, ce qui l'a retenue auprès de Colette, c'est un regard qu'elle n'avait encore jamais croisé et qui a balayé en un instant tous les autres regards présents à la soirée. Colette, écrit Barney, « ce bel œil pers aux paupières fendues en longueur, laissant couler un regard qui n'avait pas besoin d'être séduisant pour séduire[13] ». Elle a tout de suite perçu l'exception.

Pour Colette qui n'est encore que le scribe de son mari Willy, la rencontre avec Natalie est capitale. Épouse soumise et frustrée, trompée allégrement avec des jeunettes qui lui ressemblent, privée de toute existence, jusque sur la couverture des livres qu'elle écrit pour Willy, Colette vit mal sa soumission. Alors qu'elle commence tout juste à prendre conscience de son insatisfaction, de son mal-être, voici qu'une femme lui offre l'image parfaite de ce qu'elle n'est pas, de ce qu'elle pourrait être : une femme affranchie d'entraves. Disposant de son destin. Vibrante, passionnée, mais si parfaitement indépendante que même l'amour ne peut l'enchaîner.

Selon Jean Chalon, biographe de Natalie mais aussi de Colette, les deux femmes ne se sont pas liées tout de suite. Pourtant elles se tutoient. Dans leurs lettres, les formules révèlent une sympathie immédiate et chaleureuse. Mais dès 1904, la chaleur monte en degrés : « Flossie charmante (...) Flossie inattendue et charmante (...). Mes yeux avaient oublié ce qu'est une créature, jolie des pieds à la tête, comme toi. »

Les lettres sont joyeuses, joueuses : « Flossie incomparable (et que d'ailleurs je ne cherche nullement à comparer), où te voir et quand ? Réponds-moi. »

Les formules de politesse, plutôt lestes : « Willy te baise les mains, et moi le reste », écrit Colette au bas d'une de ses lettres.

Ou bien : « Je t'embrasse sans aucun respect. »

Enfin, ce court billet. Il ressemble à une promesse : « Viens, je serai seule[14]. »

Un après-midi, à Neuilly, 25 rue du Bois-de-Boulogne, où Natalie louait avant la guerre une villa dans un jardin, il y eut une grande fête. De la musique et des danses, mais aussi du théâtre. Colette récita du Pierre Louÿs, avec Eva Palmer : *Dialogue au soleil couchant*. Eva, en bergère rousse, et Colette, en pâtre brun, étaient en tuniques grecques « fort courtes » selon Colette, chaussées de cothurnes romains qui mettaient en valeur leurs jambes nues, et portaient sur la tête des couronnes de fleurs comme à Tahiti ! L'une avait un fort accent américain, l'autre un non moins sonore accent bourguignon : cette association folklorique ne servait pas vraiment la poésie de *Dialogue au soleil couchant* !

Au point que Pierre Louÿs, qui avait assisté à une précédente représentation chez Natalie, lors d'un après-midi mixte – il y en avait parfois ! –, avait peiné à se reconnaître : « J'ai eu l'impression de m'entendre interpréter par Mark Twain et par Tolstoï », déclara-t-il avec humour. Colette, sous l'effet du trac, roulait les *r* encore plus qu'au naturel, et le poète avait feint de croire qu'elle était russe !

On vit alors apparaître, comme un songe, du fond de la pelouse éclairée, un cheval blanc qui approchait lentement. La musique et les rires des femmes, leurs bavardages, leurs joyeux murmures se turent aussitôt. Harnaché de turquoises, le cheval traversa le salon dans un profond silence. Une cavalière le montait. C'était Mata-Hari, la future espionne. Une Mata-Hari complètement nue. Elle se laissa longuement contempler, avant de mettre pied à terre et de s'envelopper d'un sari. Colette remarqua sa peau étrange de sirène, pas très belle, à reflets bleus.

Willy, en tant qu'époux de Colette, avait tenté par tous les moyens d'assister à ce rendez-vous. Il se disait prêt, si on l'invitait, à se déguiser en femme et même à raser sa moustache ! Mais Natalie Barney lui refusa l'entrée du gynécée : l'apparition de la cavalière nue, suivie de danses et de jeux, elle la réservait exclusivement à ses amies. Comme dans l'île enchanteresse, l'homme était banni des plaisirs de Lesbos.

« Les femmes seules savent aimer, écrit Pierre Louÿs. Reste avec nous, Bilitis, reste. Et si tu as une âme ardente, tu verras ta beauté comme dans un miroir sur le corps de tes amoureuses[15]. »

En 1914, Colette ne voit plus Georgie Raoul-Duval. Elles ne se sont pas réconciliées, depuis *Claudine en ménage*.

Liane de Pougy, mariée au prince Ghika en 1910, se prépare à entrer dans les ordres. Renée Vivien est morte, en 1909, au retour d'un dernier voyage à Lesbos. Natalie, toujours très amie avec Élisabeth de Clermont-Tonnerre – son inséparable Lily –, file maintenant le parfait amour avec Romaine Brooks. Une artiste peintre américaine, comme l'était la mère de Natalie, Alice Pike Barney. Conforme à son code de la beauté saphique : longue, mince, rêveuse et dangereuse, Romaine a cependant été aimée des hommes, notamment de Gabriele D'Annunzio.

À la déclaration de guerre, Natty – pour Natalie – a refusé de retourner aux États-Unis. Elle n'a pas voulu quitter la France. Après un rapide séjour en Normandie, elle a décidé de rester chez elle, à sa nouvelle adresse : un vieil hôtel particulier au cœur de Saint-Germain-des-Prés, 20 rue Jacob. Des boiseries XVIIIe, des sofas soyeux, des tableaux, des livres. Le chalet des Jouvenel, en comparaison, semble bien rustique, avec ses bonnes odeurs de cuisine, son écureuil et ses chats. Au fond du jardin de la rue Jacob s'élève un élégant édifice construit par le maréchal de Saxe pour l'une de ses maîtresses, à laquelle il a consacré ce Temple de l'Amour. Natalie a préféré le dédier à l'Amitié : infidèle en amour, elle se veut en effet fidèle en amitié. « Quand je la donne, c'est pour toujours », dit-elle. On prend parfois le thé entre femmes dans le Temple de l'Amitié.

En faut-il plus pour être heureuse ?

L'effort de guerre, dont on leur rebat les oreilles depuis le mois d'août 1914 ? Natalie Barney ne veut pas en entendre parler. Elle ne sera ni infirmière ni ambulancière.

Les hommes veulent s'entre-tuer ? Libre à eux.

À Lesbos, dans l'Antiquité, les femmes ont toujours su vivre en paix. Pourquoi ne pas les imiter ?

« Allons à l'amour comme ils vont à la guerre » : l'Amazone est une pacifiste de la première heure. Et elle a décidé d'appliquer son programme à la lettre avec toutes celles qui voudront la suivre.

Quelle femme ne préfère pas l'amour à la guerre ?

Pour quelle femme n'est-il pas la seule croisade qui en vaille la peine ?

Au chalet de la rue Cortambert, saturé de féminité, cette vieille sagesse est au cœur de chacune.

Elles n'en sont pas moins nostalgiques d'un bonheur perdu : contrairement à l'Amazone et à ses amies de la rue Jacob qui se déclarent exclusivement « pour femmes », les compagnons de leur vie, appelés sur le front des armées, leur manquent chaque jour davantage.

Que ne donneraient-elles pas, les unes et les autres, pour retrouver leur homme ? – surtout Colette, qui rêve toutes les nuits des bras câlins et de la peau si douce d'Henry de Jouvenel.

12

Colette ne s'est pas contentée de brèves excursions à Lesbos. Elle y a longuement séjourné, juste avant d'épouser Henry de Jouvenel, ayant été pendant cinq ans la maîtresse de Mathilde de Morny – la dernière fille du duc de Morny. Une maîtresse officielle puisque cette liaison de femmes, loin d'être secrète, a défrayé la chronique dans la France entière. La propre mère de Colette en a été informée, à Châtillon-Coligny.

Dans le milieu interlope que fréquentent les Willy au début du siècle, Mathilde de Morny est une figure à la fois prestigieuse et scandaleuse. Par son nom, sa fortune, non moins considérable que sa généalogie, par son panache, elle attire à elle la lumière des projecteurs. Côté prestige : un pedigree royal, où se mêlent « par la main gauche » Morny, qui fut le demi-frère de Napoléon III, Joséphine de Beauharnais et la reine Hortense, mais aussi Louis XV et le prince de Talleyrand-Périgord.

Par sa mère, une princesse russe, née Sophie Troubetskoï, Mathilde de Morny est apparentée aux tsars et serait même, dit-on, la petite-fille de Nicolas Ier. Ce n'est pas tout. Lorsque Morny est mort, sa veuve, encore jeune, s'est remariée avec un grand d'Espagne, de sorte que Mathilde, qui n'avait que trois ans à la mort de son père, a été élevée au palais de l'Escurial, avec les enfants d'Isabelle II. Le duc de Sesto, second mari de sa mère, qu'elle appelle toujours affectueusement Papa, fut gouverneur de Madrid et le tuteur d'Alphonse XII.

Côté scandale : des manières rebelles. Un anticonformisme affiché. Une volonté farouche de ne pas obéir aux codes imposés. D'une voix douce, avec une parfaite civilité, Mathilde de Morny revendique le droit de vivre comme elle l'entend. Il lui a fallu lutter pour imposer sa personnalité, trop longtemps réprimée. Si elle y est parvenue, elle est encore loin d'en avoir fini avec les préjugés. Colette fait sa connaissance au Cercle des arts et de la mode, en 1905. Cercle créé par Mathilde de Morny pour promouvoir les arts et la mode, mais aussi offrir de fastueuses réceptions dans le bel hôtel du 44 avenue Victor-Hugo qu'elle réserve à cet usage. Willy, qui ne manque jamais une occasion de s'amuser, avait entraîné là son épouse, timide et récalcitrante. Les deux femmes se sont aussitôt accordées – Colette avait alors trente-deux ans, Mathilde dix de plus.

De haute taille, Mathilde de Morny a été très belle autrefois, avec des boucles d'un blond cendré et un corps sculptural. Elle a encore un teint de lis qui la rend « aussi pâle qu'un marbre antique ». Ses yeux sont beaux, profonds et mordorés, tels que les décrit Colette. Mais elle fume le cigare et, lorsqu'elle fait la connaissance de Colette, elle a déjà coupé ses cheveux au ras des oreilles. C'est un chevalier d'Éon, une créature vraiment androgyne, dont Colette s'est éprise. Les épaules carrées, musclée comme un fort des halles, Mathilde de Morny cultive la ressemblance avec le sexe opposé. Dans le style dandy, ses vestons taillés sur mesure à Londres, ses chemises et ses cravates de chez Charvet, ses chapeaux feutre à plume de faisan et ses cannes à pommeau font sensation. La poitrine comprimée sous une bande de caoutchouc pour avoir le buste plat, les bottes rembourrées de papier journal pour donner à ses petits pieds, qu'elle a fins et délicats, une taille honorable, Mathilde de Morny ne se contente pas de se costumer en homme. Elle voudrait être un homme, et réussit si bien à passer pour tel que la plupart des gens se laissent abuser.

Jusqu'à la guerre de 1914, toute femme qui se produit en public habillée en homme est punie par la loi. Le port du pantalon, strictement prohibé aux femmes dans la vie civile, n'est toléré au-dehors que pour qu'elles puissent enfourcher une bicyclette – cas d'exception. Même le peintre Rosa Bonheur, toujours accoutrée en homme chez elle et dans son atelier, revêtait une jupe pour sortir. Mathilde, elle, porte le pantalon au quotidien, à toutes les heures : au début du siècle, elle le cachait sous un manteau de type pèlerine, confortable sur le siège d'un tilbury. Ou sous une jupe à pressions, facile à dégrafer, une fois parvenue à destination, la porte refermée derrière elle, pour se retrouver en un tournemain dans la tenue qu'elle préfère.

Quand Colette fait sa connaissance, Mathilde de Morny affiche des goûts virils jusqu'à la caricature. Elle pratique la boxe, la musculation, l'escrime. Férue de mécanique, membre de l'Automobile Club de l'Île-de-France, elle conduit elle-même sa rutilante De Dion de couleur rouge – comme autrefois ses tilburys. Dans son adolescence en Espagne, elle a eu pour modèle la Fragosa, légendaire torera qui combattait les taureaux à pied en habit de lumière, et s'est exercée à cet art dangereux qui requiert du courage et de l'audace. Excellent cavalier, chasseur émérite, ses parties de chasse au renard avec son cousin le prince Orloff sont largement commentées dans la presse. De même que ses duels : maniant aussi bien le pistolet que l'épée, elle ne craint pas de défier les plus fines lames, les meilleurs tireurs de son temps, et est sortie victorieuse de tous ses combats.

Comme un homme, Mathilde de Morny collectionne les maîtresses : Liane de Pougy figure à son palmarès, de même que Natalie Barney – Colette est en pays de connaissance. Mathilde a même séduit une autre de ses relations, plus lointaine, Augusta Holmès, l'ex-épouse de Catulle Mendès (lui-même ex-compagnon de Marguerite Moreno), lequel s'est vengé en écrivant un roman au titre ravageur, tout inspiré de sa personne – *Méphistophéla*[1]. Sous le nom de baronne Sophor d'Hermelinge, « long nom seigneurial et pâle », Mendès la met en scène dès le premier chapitre, le buste droit et les rênes vers le menton, revenant du Bois dans une voiture à deux places, « fardée d'un maquillage funèbre, comme la traînée d'un linceul ».

À la date de leur rencontre, Mathilde de Morny venait tout juste de divorcer, au terme d'un mariage catastrophique, ordonné par sa mère, avec le marquis de Belbeuf. Elle n'a pas eu d'enfants – comment aurait-elle pu en avoir, tant la « dégoûte » elle aussi, comme Natalie Barney, le corps des hommes ? Depuis la mort de Jacques de Belbeuf, elle continue de porter son titre de marquise, à un détail près. Elle préfère qu'on lui donne du « Monsieur le marquis ».

Dans les gazettes, on l'appelle communément Oncle Max.

Pour Colette, cet Oncle Max, moqué et décrié dans le monde, répond au doux nom de « Missy ».

Dans ses lettres, que Mathilde de Morny conservera jusqu'à sa mort, Colette l'appelle « mon petit Missy », « mon petit Missy adoré ». Mais aussi « mon trésor », « mon amour chéri », « ma chérie chérie », « mon cœur chéri », alternant le féminin et le masculin. Enfin, on ne peut pas s'en étonner, « mon velours » – Missy n'ayant pas seulement une voix de velours, seule entorse à son apparence virile. Mais cette peau douce que Colette aime caresser et qu'elle recherche chez les êtres, humains ou animaux, des deux sexes.

Il n'y a pas que son épiderme pour la retenir. Aimable et paisible, incapable de médisance, tous les témoignages concordent pour souligner ses qualités de cœur et d'intelligence. Missy était une femme généreuse et d'une exquise courtoisie. Sacha Guitry, qui la considère comme une mère et l'aimera toute sa vie, le dit mieux que personne, avec admiration : ce grand seigneur fut une grande dame. Il la tient en plus haute estime que son frère aîné, Charles-Auguste, le duc, qui préférait au frac et aux tenues de chasse si prisés de sa sœur, toutes les occasions de revêtir un tutu de danseuse étoile.

La nature de Mathilde était mélancolique, Colette s'en plaignait quelquefois. Sans doute, influencée par son enfance triste, a-t-elle toute sa vie cherché l'affection qui lui a cruellement manqué : sa mère la détestait, ne la trouvant pas assez belle. À cause de son nez trop long, la duchesse l'appelait, sans tendresse, « le Tapir ». Missy a surtout souffert d'habiter un corps de femme, d'endurer des misères et des humiliations de femme, alors qu'elle aimait les prouesses physiques, la vie à grandes guides, la liberté, l'action. De nos jours, elle aurait peut-être fait appel à la chirurgie, non pas seulement pour s'amputer des seins, à la manière des amazones, ou des ovaires – opération à laquelle elle aurait eu recours[2] –, mais en vue de changer radicalement de sexe : être un homme était son vœu le plus cher.

De l'amour, Colette avait surtout connu les déceptions. Son premier mari la trompait. Georgie Raoul-Duval l'avait trahie, Natalie Barney, délaissée pour d'autres maîtresses. C'est Missy qui lui a révélé la force et la douceur d'une liaison de femmes.

Ce ne fut pas un simple compagnonnage. L'association de deux solitudes. Mais un véritable amour, sensuel et tendre, tel que Colette en a rêvé, sans le connaître, jusqu'à trente ans passés. Le mariage la trouvant insatisfaite, c'est dans les bras de Mathilde qu'elle a entrevu la grâce d'une entente parfaite, communion idéale où se rejoignent l'âme et le corps. « Il n'y aura jamais trop de crépuscule ménagé, de silence et de gravité sur une étreinte de femmes, écrit-elle. Deux femmes bien éprises n'évitent pas la volupté, ni une sensualité plus éparse que le spasme, et plus que lui chaude. C'est cette sensualité sans résolution et sans exigences, heureuse du regard échangé, du bras sur l'épaule, émue de l'odeur de blé tiède réfugiée dans une chevelure, ce sont ces délices de la présence constante et de l'habitude qui engendrent et excusent la fidélité[3]. »

Cet amour, qu'on dit « outrageant pour l'amour », selon les mots de Colette, de nature à faire scandale et propre à choquer la société, n'a rien à envier aux autres amours : à en croire Colette, il pourrait même être un modèle de tendresse et de volupté. Comme les Dames de Llangollen, qui s'aimèrent cinquante ans durant, sans un seul nuage, dans un village perdu de Cornouailles, au nez et à la barbe des bien-pensants – légende qu'elle racontera au bord des larmes dans un de ses livres[4]. Elle l'aurait volontiers écrit, cet amour outrageant, avec une majuscule.

La situation arrangeait bien Willy, qui s'était alors offert une maîtresse de vingt ans, Marguerite Maniez, en laquelle il voyait une seconde Colette, plus fraîche et plus docile. La première commençait non seulement à vieillir – défaut capital pour ce noceur – mais à le défier : Colette renâclait, voulait signer ses livres et les concevoir de bout en bout, en un mot s'était mise sérieusement à l'agacer. Il avait déjà rebaptisé la blonde jeune fille, Meg Villars, d'après son propre nom de Gauthier-Villars, pour les besoins de la scène. Comme s'ils étaient mariés ! Meg allait danser et jouer la pantomime à son tour, guidée par ce pygmalion qui poussa le vice jusqu'à vouloir qu'elle écrive, elle aussi… Mathilde de Morny tombait à pic, alors qu'il avait envie de s'éloigner de Colette pour façonner la petite Meg. Il aurait bien voulu malgré tout la garder dans son « atelier », au milieu des écrivains qui lui servaient d'assistants, de nègres, les Tinan, les Toulet, les Curnonsky et une bonne dizaine d'autres, parmi lesquels elle avait depuis longtemps sa place. Un arrangement à la Willy, où chacun se voit attribuer une tâche selon une organisation implacable, digne d'un chef de famille nombreuse. Il n'est pas étonnant que ses protégées et même ses protégés l'aient appelé Papa !

Mathilde de Morny a pris soin de Colette avec une attention, une affection de tous les instants qu'elle a réservées à toutes ses maîtresses. Et Colette a pu savourer auprès d'elle un sentiment neuf, auquel elle aspirait depuis longtemps : la sécurité d'un amour constant. « Je sais que j'abuse, lui écrivait-elle, mais vous savez bien que je n'ai que vous dans la vie, et que si j'ai des doigts écrasés, du chagrin ou une chaussette perdue, je n'ai pour tout cela qu'un cri : "Missy". »

Il arrivait qu'elle vouvoyât Mathilde de Morny, mais elle la tutoyait le plus souvent. L'intimité a très vite été parfaite entre les deux femmes ; l'une, la plus âgée, étant une sorte de mère vigilante, inquiète, cherchant le meilleur pour son enfant ; l'autre, la petite fille insupportable, odieuse parfois, ayant un insatiable besoin d'être rassurée. Colette signait ses lettres « ton enfant » (« ton enfant insupportable », « ton odieux enfant ») ou même « ton faux enfant » et, quand elle voyageait pour aller jouer des spectacles en province, elle ne manquait jamais d'ajouter à la fin de sa lettre une formule enfantine, du genre « je suis sage », « je voudrais bien être avec toi », « je me languis de toi », sans oublier bien sûr de l'embrasser et même de la rembrasser, « je te rembrasse de toutes mes forces » ou « de tout mon cœur ».

« Et vous, embrassez-moi bien, comme dans la voiture qui nous emmenait à la gare. »

Dans ses effusions, Colette inclut les chiens de Missy, ou plutôt les chiennes, une nichée de bouledogues : Dorée, Mirette, Nelle, Flossie (comme Natalie Barney !) et Poucette, le bull-terrier de Colette, qu'elle ne pouvait pas emmener en tournée. « J'embrasse la famille chien », écrit Colette ; ou bien « j'embrasse la famille chiennes », c'est selon.

Missy, devenue le soutien financier de Colette, l'avait installée dans un appartement que la romancière habitait encore, lorsqu'elle a rencontré Henry de Jouvenel : le rez-de-chaussée sur cour du 44 rue de Villejust[5] (à quatre numéros de l'immeuble où habitèrent successivement Berthe Morisot puis Paul Valéry et leur famille)... Colette y a vécu avec la chatte Prou et Toby-le-Chien. Poucette restait chez Missy, dans son hôtel particulier de la rue George-Ville, à distance d'un pâté de maisons. Au 2 rue George-Ville, Colette rejoignait son amie, plus souvent qu'à mi-temps, elle avait sa chambre rose à côté de celle de Missy, toute bleu et argent.

Missy l'entretenait. Mais pas seulement. Elle prenait soin de son bonheur. Elle se préoccupait de sa carrière. Elle veillait surtout à son épanouissement. C'est de l'ère Missy, propice et généreuse, que datent les premiers livres de Colette entièrement libres. Écrits hors du contrôle de Willy, bien qu'elle les signe encore Colette Willy, parus en feuilleton dans *La Vie parisienne* avant d'être édités, *Les Vrilles de la vigne* et *La Vagabonde* (trois voix au Goncourt en 1910) – parmi les chefs-d'œuvre de Colette – sont nés de ces années épanouies et heureuses. Plusieurs des nouvelles qui constituent ces recueils sont d'ailleurs dédiées « à M. » – par un reste de discrétion. « Si tu entendais les gens de lettres me parler de *La Vagabonde*, je crois que tu serais contente, certainement plus que moi, mon chéri », écrivait alors Colette à son ange gardien. Elle a aussi refondu en un seul volume remanié, sous le titre de *L'Ingénue libertine*, les deux romans *Minne* et *Les Égarements de Minne*, conçus du temps de Willy, mais auxquels sa signature en propre allait donner un nouvel élan. Comme tout ce qu'elle a entrepris sous des ondes devenues bénéfiques.

Un bon ange veillait non seulement sur la romancière, mais sur la comédienne. Missy louait pour Colette des théâtres, achetait les costumes, finançait les décors. Elle assistait aux répétitions puis, escortée d'un bon nombre d'amis qu'elle invitait pour soutenir la pièce et assurer la claque, elle prenait place au premier rang de la loge d'où elle jetait des bouquets à sa protégée. Elle lui a offert des leçons particulières avec un professeur de théâtre, Georges Wague, qui dispensait son enseignement rue Pigalle. Mime éblouissant dans le rôle de Pierrot, il fut aussi, à plusieurs reprises, à Paris comme en province, son partenaire sur scène. Missy assistait aux leçons, accompagnait Colette à ses cours de danse, où l'apprentie comédienne s'essayait à des jeux de faune ou de bohémienne. Déhanchements, entrechats, mouvements de poitrine ou de bras, rondes lascives demandent de la technique et furent travaillés avec application, sous l'œil admiratif et complice de sa compagne.

Durant la seule année 1906, Colette n'interpréta pas moins de cinq rôles différents, dans cinq théâtres parisiens où elle remporta chaque fois un vif succès. C'est ainsi qu'elle fut « frénétiquement applaudie » aux Mathurins, dans *Le Désir, l'Amour et la Chimère*, spectacle écrit par un ami de Missy – Francis de

Croisset. Dans une robe imitant une peau de bête, pourvue d'une longue queue qui s'enroulait autour de sa taille, comme jadis ses tresses, elle provoqua du délire dans la salle en laissant voir des cuisses au naturel, sans s'encombrer du maillot de couleur chair que les danseuses portaient habituellement pour paraître nues sans l'être totalement.

Colette, soutenue par Missy, enchaînait les audaces et n'avait plus peur de personne : dans *Pan* de Charles van Lesberghe, au théâtre Marigny, où elle jouait Paniska, ou dans *La Romanichelle* de Paul Franck à l'Olympia, elle a toujours eu au music-hall des rôles déshabillés – quoique jamais entièrement – et provocants. Il en est un pourtant où, pour une fois, elle ne montre pas un centimètre de peau nue, en dehors du visage et des mains : dans *Aux innocents les mains pleines*. Une fantaisie en un acte, assez salée et signée Willy, au cours de laquelle un gigolo, qui est tout de même vicomte, s'entiche d'une petite grue qu'un barman lui a présentée. Or, Colette ne jouait pas la grue (mot employé dans le livret)... elle jouait le vicomte ! Et le vicomte gigolo devait embrasser sa partenaire goulûment sur la bouche. Missy, relayant Georges Wague, avait été mise à contribution. Elle assura les cours de maintien lors des répétitions : quel meilleur professeur Colette aurait-elle pu avoir pour apprendre à se montrer à l'aise en frac, en jouant de ses boutons de manchettes ou en faisant des moulinets avec sa canne ? Mais aussi en prenant dans ses bras une femme pour la renverser avec l'élégance d'un séducteur, fût-il Oncle Max ?

Le public entrait en transe au moment du baiser sur la bouche, hurlait, trépignait, jetait de méchants quolibets.

En janvier 1907, c'est à visage découvert et précédées d'une rumeur hostile que les deux amies se produisirent ensemble au Moulin-Rouge, dans un spectacle intitulé *Rêve d'Égypte*. Ce fut un énorme scandale. Du jamais vu dans toute l'histoire pourtant joyeuse et débridée de ce cabaret de la Butte Montmartre, où la Goulue et Nini Pattes-en-l'air les avaient précédées, levant haut la jambe pour danser le french cancan !

Missy était elle-même l'auteur de ce *Rêve d'Égypte* où – résumé succinct – un explorateur (Missy) ressuscite une momie (Colette), qui sort de son sarcophage pour l'embrasser. Sur les conseils pernicieux de Willy, le Moulin-Rouge avait inscrit les noms des deux actrices en toutes lettres sur l'affiche, mais ce qui allait de soi pour Colette Willy choquait bien davantage venant d'un grand nom de l'aristocratie. Son pseudonyme – Yssim, anagramme de Missy – fut vite décrypté. D'autant que la direction du théâtre, aggravant le délit, fit figurer en haut de l'affiche les armes des deux familles, les Morny et les Belbeuf réunis.

Le second frère de Missy – Serge de Morny – vint en personne, accompagné de ses amis du Jockey, pour siffler et faire du tapage afin d'empêcher les deux comédiennes de jouer. Dès le lever du rideau, ce fut un hourvari. On leur lança toutes sortes de projectiles, non seulement des tomates et des œufs, mais des gousses d'ail – finesse de l'allusion –, tout en les couvrant d'injures. Missy et Colette tinrent bon : elle réussirent à jouer la pièce jusqu'au bout. Missy, avec une dignité impassible qui impressionna les critiques.

Dans la salle, Willy, que la petite Meg accompagnait, fut pris à partie et lui aussi hué. Des « Cocu ! Cocu ! » fusaient de toutes parts. On dut l'évacuer. Il y eut des coups de poing et de canne, des plastrons déchirés, des chaises brisées. Dès le lendemain, le préfet Lépine fit interdire *Rêve d'Égypte*. Missy se retira. On effaça son nom de l'affiche. Le spectacle fut rebaptisé sans peine *Songe d'Orient*. Georges Wague reprit le rôle de l'explorateur. Et Colette demeura la jolie momie plantureuse.

C'est Willy qui paya le prix fort : *L'Écho de Paris*, dont il était une plume régulière, le mit à la porte. Il y perdit sa principale source de revenus.

Pendant quelques années, jusqu'à leur rupture, Missy accompagna Colette dans ses tournées en province. Elle fut à ses côtés à Bruxelles comme à Monte-Carlo. Elle aimait la coiffer, la maquiller, l'aider à s'habiller. Le théâtre continuait de la fasciner et Colette de la surprendre dans ses rôles les plus indécents. Missy suivait ses progrès et venait soutenir ses performances, applaudissant à tout rompre ou bissant sa compagne qui provoquait le public en montrant un sein, parfois les deux, dans *La Chair* – le plus grand succès de sa carrière.

Quand elles étaient séparées, Colette, désolée de voyager seule, la réclamait ou se plaignait de son absence. La dure vie d'artiste de music-hall, avec ses repas à trois sous avalés à la hâte et ses séjours dans des hôtels miteux, lui pesait : « mon amour, je me sens tout seul » (au masculin), « je voudrais bien être avec toi », sont des formules fréquentes dans ses lettres. Elle lui demandait souvent de la rejoindre : « J'ai pu avoir, au dernier moment, la chambre qui communique avec la mienne, il s'en est fallu de peu que je ne l'aie pas, les gens qui l'occupent ne voulaient pas décamper ! » Mais elle s'offrait aussi quelquefois, grâce à la générosité de Missy, une chambre dans un palace, pour se consoler d'être abandonnée. Tout en comptant les jours qui les séparaient : « Encore sept jours à tirer… encore cinq jours…, encore trois… Mon Dieu, ce que je donnerais pour t'entendre me gronder un bon coup ! »

Colette, en 1909, écrivait à une vieille amie, à propos de Missy : « Je n'ai qu'elle au monde, car maman se fait très vieille et je vis loin d'elle[6]. » Sido allait bientôt mourir. Mathilde de Morny, qui a refusé la maternité naturelle, fut pour Colette une seconde mère. « Ta vieille mère » : ainsi Missy signe-t-elle souvent les lettres qu'elle adresse à sa fille chérie. Mais elle n'est pas seulement une mère et Colette sait tout ce qu'elle lui doit : « Tu me donneras la volupté, penchée sur moi, les yeux pleins d'une anxiété maternelle, toi qui cherches à travers ton amie passionnée l'enfant que tu n'as pas eue[7]. »

C'est un plein amour, longtemps ressenti par les deux femmes. Mélange de sensualité et d'affection, fait d'attentions constantes, construit sur la confiance : « Il n'y a vraiment que le mot amour qui puisse servir pour dire la complète, la complexe et exclusive tendresse que j'ai pour vous. »

Toutes ces années de son union avec Mathilde de Morny, Colette a porté autour du cou un collier en or gravé de ces mots : « J'appartiens à Missy. »

13

Union paisible, quasi conjugale. Les deux femmes s'équilibrent, l'une dans son rôle de mère incestueuse, l'autre jouant à la petite fille, comme du temps de Willy, mais avec une partenaire autrement fiable et bienfaisante. Grâce à Missy, Colette commençait à reprendre confiance en elle. Elle travaillait maintenant à son compte : plus question d'œuvrer pour autrui. Entre 1905 et 1910, de premiers livres, entièrement d'elle, la révèlent au public, qui découvre son talent d'écrivain et en viendra à la classer, en 1910, parmi les rares femmes « dignes d'entrer à l'Académie française », selon une enquête d'opinion. Mais c'est d'abord à elle-même qu'elle se révèle : Colette est née de ces années irrégulières, partagées entre Lesbos et le music-hall. Ne quittant les bras de Missy que pour jouer ses mimodrames, à Paris, en province, au cours de tournées harassantes qui la mènent de Dijon, à Lyon,

Marseille, Bordeaux, Clermont-Ferrand – un record de trente villes lors d'une tournée Baret –, elle écrit le soir, après le spectacle, les après-midi étant consacrés aux répétitions. Entre deux lettres à Missy, sous la lampe, naissent ces histoires merveilleuses dont Colette a le secret. Elle s'échappe grâce à elles, loin d'un bonheur qui la fuit.

« Il n'y a pas que le bonheur qui donne du prix à la vie[1]. »

La volupté d'écrire, était-ce un mirage ? Ou bien sa véritable voie ?

Il lui semblait que l'horizon s'éclairait, même si elle se sentait encore fragile, incertaine, si peu sûre d'elle. « Le printemps était venu sur ma route, l'exubérant, l'éphémère, l'irrésistible printemps du midi. »

Sauf lorsque Missy la rejoignait et prenait soin d'elle, il lui fallait travailler dur. Les cachets des théâtres étaient modestes, d'autant qu'un acteur devait alors régler ses frais de voyage, hôtels inclus, fournir ses costumes et ses accessoires. Colette, séparée de son mari qui ne l'entretenait plus depuis 1906, gagnait à peine de quoi se nourrir. Grâce à Missy, elle pouvait s'offrir le superflu : des voyages en première classe ou des repas au lit dans sa chambre d'hôtel. De temps en temps, il lui semblait qu'il lui fallait davantage : « Profitant de la présence rassurante de Missy, je me suis payé une bonne attaque de grippe, écrit-elle à un camarade de route. Quand Missy est là, je m'offre tous les luxes[2]. »

Le music-hall, avec ses plumes et ses paillettes, ses mélodies joyeuses et son public effervescent, qu'elle adorait charmer, cachait une réalité plus sordide : les loges minables et glacées en hiver, les horaires épuisants avec les retours à minuit vers l'hôtel, la boîte de maquillage qui pèse au bras, l'attente sous le brouillard, le sandwich avalé à la va-vite avec un verre de bière. La troupe, composée de gars paumés et de ces filles perdues mais fières que Colette décrit dans *La Vagabonde*, offrait un réconfort précieux dans les mauvais jours. L'apprentissage du métier fut rude : sans Missy pour la réconforter, lui donner des preuves de son attachement, mais aussi sans eux, ses compagnons de galère, ses sœurs, ses frères, le temps d'une tournée, elle n'aurait pas eu le courage de continuer. Mais ils étaient tous là, dans la dèche et le froid, unis contre la solitude : la petite Jadin, ses bas troués, ses robes à quatre sous, sa « personne têtue penchée en gargouille », le pauvre Bouty, « qui balade partout son entérite chronique et sa bouteille de lait cacheté », Stéphane-le-Danseur, qui couche pour payer ses cravates, et l'ami Georges Wague – maître ès pantomimes, qui veillait sur sa couvée dépareillée.

Au cours de ces années besogneuses, Colette a formé avec Missy un couple stable et monogame. Les incartades, autorisées d'un côté comme de l'autre, ne tiraient pas à conséquence. Colette eut quelques aventures. Avec l'accord de Missy, elle prit même un amant, un jeune amant : Auguste-Olympe Hériot[3], treize ans de moins qu'elle. Un beau garçon, à la peau fraîche et douce, selon son goût. Le cheveu et la moustache d'un noir lustré, des épaules de boxeur, un air sûr de lui, il lui faisait une cour assidue et flatteuse. Ce fils de famille, héritier (pour moitié) des magasins du Louvre, menant une vie aisée sans avoir à travailler, était à l'évidence un excellent parti. L'un de ces garçons sans véritable attache, séduisants et dispersés, qui évoluaient sous l'aile protectrice de Missy – leur mère à tous, leur « maman » –, il occupait une place privilégiée parmi ses « fils » chéris, quoique le préféré restât Sacha Guitry. Sa réputation déjà ancienne de séducteur remontait à Liane de Pougy. Il avait également eu pour maîtresse Charlotte Lysès, avant qu'elle n'épouse Guitry… Le clan de Missy est soudé de vrais liens de famille.

À cause de la différence d'âge, Colette a pour la première fois ressenti combien le temps avait passé. Calculant qu'elle aurait presque pu être une mère pour Auguste, elle se sentait maternelle dans sa relation avec lui. Du coup, Missy reculait dans l'ordre des générations : « Grâce à lui, tu deviens grand-mère, lui écrivait-elle. Car il est mon fils et m'appelle "ma mère" ou "maman", comme ça on ne dira pas que je vois des gigolos[4]. »

Il n'en demeure pas moins un amant. Colette fait part à Missy de ses prouesses sexuelles, sans aucune gêne, puisque Missy est toujours prête, avec son grand cœur, à admirer le garçon : « Le petit, écrit Colette, témoigne d'une conception particulière du rôle d'une mère, et en ferait un rôle bougrement compliqué. »

1910 – année du divorce de Colette et de Willy. Survenu après les chaos d'une séparation à épisodes, marquée de plusieurs tentatives de recollage, il était désormais officiel et définitif. Colette tournait la page. Auguste Hériot tombait à point pour la distraire – Missy, apparemment, n'y suffisait plus. Elle se laissa aimer. Le garçon la comblait de compliments, de bouquets de fleurs, mais l'irritait. Elle le trouvait enfant gâté, capricieux, jaloux, plus que bête. Un vrai « serin », tel l'oiseau jaune des îles Canaries, sans un brin de cervelle ! La plupart du temps, c'est ainsi qu'elle l'appelle devant Missy : « le petit serin ». Il lui arrive aussi de l'appeler, moins poétiquement, « l'andouille ».

En chatte, avec un instinct félin redoutable, elle n'en aurait fait en temps normal qu'une bouchée. Mais ses blessures n'avaient pas cicatrisé. Willy l'avait trop fait souffrir – elle en voulait depuis à l'engeance masculine tout entière. « Lorsque je donne la main à mon amoureux, écrit l'héroïne de *La Vagabonde* (qui n'est autre qu'elle-même), le contact de sa longue main, chaude et sèche, me surprend et me déplaît. (...) Je ne consentirais pas à nouer sa cravate... ni à boire dans son verre. C'est que... ce garçon est un homme. Malgré moi, je me souviens qu'il est un homme. »

Or, les hommes, à cette heure, elle s'en méfiait. Elle s'en gardait.

Dans sa liaison avec Missy, Colette donnait des signes de lassitude. Ce jeune amant allait-il profiter de la situation et la ramener vers ceux dont elle n'aurait pas même daigné nouer la cravate ?

Sa propre mère, Sido, mise au courant de cette nouvelle fréquentation, la poussait à épouser Auguste Hériot. L'existence dissolue de sa fille l'inquiétait. Elle connaissait Missy et l'appréciait, lui trouvant toutes les qualités nécessaires pour la remplacer auprès de Colette. Mais elle aurait préféré pour son « soleil d'or » un destin plus conforme à ses vues que cette vie de bohème, assortie d'une alliance entre femmes. Un tel prétendant lui semblait une occasion à ne pas manquer. Son Minet chéri devrait se montrer raisonnable : enfin, voyons, disait-elle à sa fille, une telle fortune ! L'assurance d'être pour toujours à l'abri du besoin, d'écrire, de vivre, sans souci du lendemain ! Allons, « mon pauvre trésor ».

Missy, étrangement, plaidait elle aussi en faveur d'Auguste. Le fils gâté et magnifique, qui serait un jour, pour partie, le modèle de Chéri – mais Missy ne vivrait plus alors avec Colette et ne voudrait même plus entendre parler d'elle –, elle ne le voyait pas comme un rival. Plutôt comme un allié, un frère d'armes en quelque sorte. Se sentait-elle fatiguée ? Impuissante à combler Colette ? Avait-elle si peur de la perdre ? Ce mariage à demi incestueux entre ses deux « enfants » ne répondait à aucun machiavélisme de la part de Missy. C'était un projet, à demi désespéré, dicté par un instinct de survie, pour garder Colette, sa Colette qui s'éloignait. Elle sentait que leur relation battait de l'aile. Il lui fallait trouver un moyen de la retenir, quitte à la partager – un compromis nécessaire.

Missy avait reconnu dans sa compagne la part d'une féminité exigeante, réclamant sa moitié. Elle sait que Colette aime les hommes, malgré les blessures et la méfiance qu'ils lui ont laissées. Hériot, c'était la carte à jouer pour ne pas la perdre.

D'autant que le jeune homme – vingt-quatre ans en 1910 –, malgré son physique avantageux, n'était peut-être pas aussi viril qu'il en avait l'air : « Il est enfantin et prévenant, écrit Colette, et me fait des confidences qui consistent à m'avouer que les femmes le barbent terriblement et qu'elles veulent toujours coucher avec lui, quand il serait si content d'être leur camarade[5]. » Son intuition se voit peu à peu confirmée : « Au fond, écrit-elle à Missy, sans laisser planer l'ombre d'un doute, au fond, il aimera toujours mieux les hommes, je le pensais bien. »

Hériot a une autre passion, qui se révélera profonde et durable : pour tous les engins à moteur, au premier rang desquels les avions. Colette remarque qu'il leur voue un amour plus sensuel qu'à toutes ses maîtresses. Elle doit se forcer pour venir l'admirer sur le champ d'aviation, où près de Dijon, en septembre 1910, sur un ciel bleu laiteux, il fait joujou avec « un monoplan élégant qui a une queue de pigeon ». « C'est merveilleux », dira Colette, qui aurait préféré d'autres divertissements. Elle écrit sa déception à Missy chérie : « J'aimerais mieux qu'il fasse ça après mon départ » – « ça », c'est-à-dire voler, plus haut, toujours plus haut ! Plus irritant encore, un des acteurs de la troupe, venu lui aussi admirer Hériot, commence d'après elle, qui a le coup d'œil vif, « à s'allumer sur le beau petit[6]... ».

À l'automne 1910, elle part passer quelques jours avec lui, à titre d'essai, à Nice, à Monte-Carlo, puis, en novembre, en Italie, découvrant avec lui Rome, Naples et Capri. Mais elle s'est tellement ennuyée durant ce périple, où tout aurait dû l'émerveiller, que le courage lui a manqué. Quitte à décevoir et sa mère et Missy, elle a décidé de « s'offrir le luxe » – son expression – d'être déraisonnable, donc de ne pas épouser Hériot. Elle ne parvient pas à l'aimer assez ! Lors de ce séjour, dans des paysages pourtant si romantiques, elle n'était d'ailleurs pas seule à seul avec Auguste, tels de classiques amants en voyage de noces. Curieusement, ils étaient trois, escortés l'un et l'autre par l'une de ces créatures ravissantes, effrontées et usées à vingt ans, que nourrissent les music-halls : une certaine Lily de Rême. Une petite actrice, demi-mondaine, amoureuse de Colette au point de ne plus la lâcher. On ne sait si elle était là pour pimenter un climat plutôt morose, ou parce que Colette craignait de ne pouvoir supporter la seule compagnie d'Hériot.

Trio désaccordé de ces trois esseulés, à la recherche de l'amour impossible, sur la Riviera : une femme mûre entre deux jeunes gens devenus pour leur aînée des poids encombrants. Elle s'en plaignait dans des lettres à un vieil ami : « Ces deux enfants, amoureux de moi, sont singuliers par le seul fait qu'ils m'aiment. Je les gave. Je les fais dormir. Mon amour-propre se satisfait maternellement de leur appétit et de leur mine fraîche. Mais je ne suis pas bien contente[7]... » Les deux « enfants » en fait l'exaspéraient. Elle renvoya Hériot à Missy et, profitant de ce répit – Hériot, écrit-elle, « fait pendant ce temps des mamours à Missy[8] » –, elle partit pour la Tunisie avec Lily. Mais le voyage fut un désastre : « Lily impossible ! c'est terrible !... Quand je pense qu'elle me propose un voyage aux Indes, j'aimerais mieux crever[9]. » Au final, mais avec beaucoup de difficultés, elle se débarrassa de l'un comme de l'autre, pour retrouver Missy. Sa Missy. Ou ne faudrait-il pas dire « son » Missy ? Le bon, calme et triste Missy. Malgré son incurable mélancolie, héritée de son enfance, Missy, fidèle et guettant le retour de l'enfant prodigue, était encore son plus sûr recours.

La rencontre de Colette, en guise de coup de foudre, avec Henry de Jouvenel changea la donne du jour au lendemain. Aussitôt réconciliée, sans qu'elle ait à réfléchir, avec le sexe opposé, vu depuis des lustres comme un ennemi sournois et redoutable, Colette croyait ne plus jamais aimer… Ne plus jamais pouvoir aimer… Elle fut la première étonnée de ce qui lui arrivait. Surprise avec une subite violence, alors qu'elle n'espérait plus rien, ce fut fini en un instant avec Missy.

« Chatte échaudée retourne à la chaudière », dit un personnage de *La Vagabonde*[10].

Après une longue route à Lesbos, c'est avec bonheur que Colette reprit le chemin des bras de l'homme. Homme qui aimerait toujours mieux les femmes, cela au moins était parfaitement clair.

Il y eut des deux côtés, au moment de rompre, des comptes à régler. Missy, qui avait accepté et même encouragé la liaison de Colette avec Hériot, récusa Jouvenel. Reconnaissant en lui un rival, contre lequel elle ne pouvait pas lutter, elle se voyait renvoyée à son infériorité de femme – elle qui était un homme, dans sa tête. Aussi préféra-t-elle se retirer dignement, sans chercher à la reconquérir : « glaciale et dégoûtée » selon Colette.

Hériot fut plus difficile à décrocher. Il poursuivit Colette partout, jusqu'en Suisse où elle était allée cacher son tout nouvel amour. Quant à Jouvenel, il eut à affronter la colère d'Isabelle de Comminges – sa Panthère, aux rouges griffes acérées. Elle menaçait de le tuer, lui, et de tuer sa rivale : elle prenait des cours de tir au pistolet, à cette fin, chez Gastinne-Renette ! Colette eut quelque temps un garde du corps à sa porte, en 1911.

Dans ce branle-bas, il y eut un intermède, digne d'un de ces vaudevilles dont Colette a tant de fois été la vedette sur la scène de l'Apollo ou du théâtre Royal. L'amant repoussé – Auguste Hériot – et la maîtresse quittée – Isabelle de Comminges – devinrent amants. Consolation ? Vengeance ? Le Serin et la Panthère partirent ensemble pour Le Havre, qu'ils étonnèrent « par des soulographies notoires[11] » (Colette) avant d'embarquer, pour une croisière de six semaines, sur l'*Esmerald*, le somptueux yacht d'Hériot. Ils se délièrent au retour, aussi vite qu'ils s'étaient liés.

La Panthère, qui ne manquait ni de style ni de panache, écrivit à Missy dont elle partageait le chagrin : « Il faut rire de cette garce de vie, pour qu'elle ne nous entende pas pleurer[12]. »

À la déclaration de guerre, en août 1914, Colette vivait son bonheur tout neuf en Bretagne, au manoir de Rozven – la Rose des vents –, l'un des endroits qu'elle préfère au monde. Avec Henry, ils se baignaient nus, bronzaient au soleil, gazouillaient avec l'enfant qui leur était né. Quand la fraîcheur tombait, ils allumaient un feu dans leur chambre. Colette se sentait enfin « amarrée[13] ». Pour ces vacances familiales, les premières depuis bien longtemps, elle avait curieusement invité une amie, Musidora, à venir partager les délices de l'été. La longue silhouette de Musi en maillot de bain noir passait et repassait sur la terrasse, tel un voluptueux fantôme.

Pourtant ce manoir de Rozven où la ramènent ses rêves, maintenant qu'elle doit vivre à Paris sans Henry, ce manoir devenu inaccessible depuis la guerre, c'était un cadeau de Missy. Et elle y a été heureuse, avant Henry.

Ensemble, longtemps, les deux femmes ont passé leurs étés dans la Somme où Missy louait une villa, au Crotoy. Mais un jour, alors que Colette jouait l'un de ses spectacles, Missy est venue seule en Bretagne et a découvert Rozven. Elle est tombée en arrêt devant le site : entre Cancale et Saint-Malo, neuf hectares de lande donnant sur une anse de mer verte, au milieu des genêts, des fleurs sauvages. Un petit bois, des rochers, un bout de plage où la mer déverse des coquillages, elle a aussitôt aimé ce bout du monde, promesse d'une vie parfaitement libre, à l'abri des regards. La maison, aux vastes proportions, offre une façade sévère, en pierre grise, mais elle domine l'océan, du haut d'une terrasse fleurie de rosiers et de rhododendrons. Missy, séduite, décida aussitôt que Rozven serait « leur » maison – non pas seulement la sienne. Une manière de sceller leur union.

Elle dut batailler pour l'acquérir, car la propriétaire, la comtesse du Crest, refusait de traiter avec une femme habillée en homme... C'est Colette, à la demande de Missy, qui dut se porter officiellement acquéreur et signer l'acte d'achat. Mais c'est Missy qui en sous-main apporta les fonds.

Pendant que Colette se produisait sur scène à travers la France, la marquise se lança dans des travaux pharaoniques. Elle décora avec passion la vieille maison. Elle y fit apporter des meubles de famille. Ce devait être un nid d'amour. À force d'entendre parler de Rozven, devenu le principal souci de Missy, Colette, un peu agacée, avait surnommé sa maîtresse « mon petit Seigneur de Rozven » ou « mon Seigneur de Rozven ». Missy en était bel et bien le maître de maison. Elle, l'enfant indocile, qu'on accueillait et qu'on chouchoutait à chacun de ses brefs passages, se contentait d'être en visite. « Ta Colette de Rozven » : Colette adresse ainsi ses lettres à Missy, en se référant à une héroïne d'Alphonse Daudet, Colette de Rosven (*s* au lieu de *z*), inspirée par la cruelle mère de sa compagne, la duchesse de Morny, peut-être même décalquée sur son modèle, dans son roman *L'Immortel*[14]. Colette n'est jamais restée longtemps à Rozven, du temps où elles vivaient en couple.

Des photos jaunies montrent les deux femmes dans le jardin. Colette, en tenue de plage, dévêtue à son habitude, se tient aux pieds de Missy, dans une attitude de chatte amoureuse. Missy, debout, en pantalon et bottes de cuir, la tête nue avec ses cheveux si courts, la contemple d'un air tendrement protecteur – image dont les lettres se font l'écho.

« Je t'aime, mon amour chéri, de toutes mes forces », lui écrit Colette.

Cette phrase, elle la destine maintenant à Henry. Dans les mêmes termes. Avec la même ferveur.

Quand Mathilde lui offrit le domaine, pour son trente-neuvième anniversaire, ce fut un cadeau de rupture. Colette, éprise d'Henry de Jouvenel, aurait voulu garder l'amitié de Missy. Elle lui dit qu'elle ne voulait pas la perdre et serait toujours son « amie ». Missy, blessée, refusa l'amitié et préféra ne plus jamais la revoir.

Par une ultime élégance, elle écrivit à Henry de Jouvenel pour lui demander de prendre soin de Colette. « Je vous confie Colette[15] », ce sont ses derniers mots.

Favorisée par l'acte de propriété, Colette garda la maison, le domaine, et même un premier temps les meubles de famille, hérités des Morny, des Belbeuf. Mathilde de Morny eut, semble-t-il, du mal à les reprendre – Colette marchandait. La marquise s'exila dans une villa voisine, baptisée « Princesse », mais elle ne devait jamais l'aimer autant que Rozven. Bientôt elle quitta définitivement la Bretagne. C'est un autre seigneur qui prit sa suite dans la maison du bonheur, où, apparu en hôte auquel on réserve la meilleure hospitalité, il n'eut aucune peine à établir sa suprématie : le Seigneur Sidi – Henry de Jouvenel… de Rozven. Ainsi qu'il l'avait écrit à Missy, en réponse à sa belle lettre de départ : « Toutes nos vies se retrouvent bouleversées ensemble. Il n'y a qu'à se laisser faire. »

Vainqueur provisoire de ces amours pour femmes, il ne semble pas s'être offusqué des liaisons homosexuelles de Colette. Assez large d'esprit pour s'éprendre d'une femme qui aime les femmes, mais pas seulement les femmes, il a repris à son compte le conseil du duc de Morny, père de Missy : ce séducteur expérimenté disait choisir ses maîtresses de préférence parmi les femmes qui avaient déjà des maîtresses.

Jouvenel n'a pas non plus pris ombrage du statut social incertain de sa future épouse, actrice de music-hall, de ses rôles osés au Moulin-Rouge ou dans d'autres cabarets tapageurs. Il l'a laissée poursuivre sa carrière comme elle l'a voulu. Durant sa grossesse, malgré un ventre et des kilos qu'elle ne pouvait cacher, Colette a continué à jouer les « *Chattes amoureuses* ». Et il était dans la salle pour l'applaudir.

Il trouve séduisantes, sans doute excitantes, toutes ses provocations. Les interdits ne le gênent pas plus que les commérages. Sa vie personnelle l'a déjà prouvé. Ses convictions politiques et sociales, son syndicalisme, son dreyfusisme militant également : il entend vivre libre, sans s'encombrer des habituels préjugés. Quant aux salons mondains, où les langues se déchaînent, il les fuirait plutôt, comme des lieux rétrécis. Il leur préfère les salles de rédaction, les tribunes politiques, les théâtres, les cabarets, tous les lieux où l'on s'échauffe. Les audaces de Colette, sa sensualité, son regard l'ont immédiatement conquis.

Cet homme viril, réputé pour son pouvoir de séduction, ce noceur, amoureusement incontrôlable, aime les univers de femmes. Quand il se trouve dans un milieu composé exclusivement d'hommes, ce qui est le cas depuis qu'il est parti pour le front, il en a la nostalgie. La féminité lui est indispensable, au quotidien.

Colette connaît son penchant, sa faiblesse. Elle en joue en amoureuse, consciente d'avoir un atout dans son passé « pour femmes ». Peut-être même est-il pour Jouvenel un indéniable charme, ce passé au parfum de transgression, qui n'a pas réussi à la retenir, mais l'a aidée à être ce qu'elle est désormais. Une femme épanouie, sensuelle, « laissant à chaque lieu de mes désirs errants, mille et mille ombres à ma ressemblance, effeuillées de moi[16] ».

III

LA SOLITUDE AVEC LES HOMMES

14

Les journées passent maintenant « singulières et tristes comme des journées d'exil », selon Marguerite Moreno, porte-parole de leur humeur changée. La mélancolie gagne peu à peu la rue Cortambert, où les femmes finissent par tourner en rond, lasses d'attendre la fin promise du conflit. Jusqu'à quand la guerre, qui ne devait durer que quelques semaines, va-t-elle se prolonger ? Elles ont beau s'appliquer à vivre sans penser à demain, l'excitation des premiers jours s'est évaporée, l'ennui s'installe, l'atmosphère du chalet s'alourdit de sombres pressentiments.

On ne sait à peu près rien du front, sinon que les hommes y livrent des combats incertains, sans remporter de victoire décisive. Ils contruisent des tranchées pour résister aux assauts de l'ennemi et préparer leurs ripostes. On soupçonne à juste titre les bulletins officiels de ne livrer aux civils que ce qui doit l'être. Des cartes géantes, représentant les territoires où sont engagées les troupes, ont été installées sur les monuments publics, pour que les Parisiens puissent suivre les opérations ou du moins, comme le pense Moreno, « pour qu'ils s'imaginent pouvoir les suivre ». Toutes sortes de rumeurs se répandent, le Kronprintz aurait été blessé, le général von Emmich se serait sucidé… Les informations manquent, quand elles ne sont pas erronées. Les lettres circulent mal. L'imagination amplifie l'inquiétude. Mais la réalité a de quoi perturber le petit nid douillet. Moreno, qui tient son journal pendant le torride mois d'août 1914, sait maintenant que quatre millions d'hommes sont engagés, sur un front qui s'étend sur trois cents kilomètres.

La guerre ne sera pas seulement longue. Elle sera une vraie guerre : les premiers hommes sont tombés. La liste de ces premiers morts sera rendue publique le 20 août : « Quelle semaine pour les femmes ! » écrit Moreno. Les épouses, les mères pleurent d'angoisse. « Colette crâne, remarque-t-elle, elle feint une aisance qui est pénible. » Sans doute préférerait-elle plus d'abandon.

La vie à l'arrière s'organise peu à peu, les activités reprennent. Il y a même des distractions : le 14 août, on a fêté les noces de laine (sept ans de mariage) de Sacha Guitry et de Charlotte Lysès. Charlotte est une grande amie de Marguerite, qui fut son témoin lors de la cérémonie, en 1907. On a évoqué des souvenirs de Honfleur où le mariage a eu lieu, mais on a surtout, hélas, parlé de la guerre. Pour se consoler, assure Moreno, les invités « se sont jetés sur les plats en affamés. Le menu était excellent et les vins parfaits ». La peur de manquer et la peur tout court aiguisent les appétits. Mais désormais, la gaieté sonne faux. Les plaisirs les plus innocents sont gâchés par cette menace qui plane au-dessus des têtes : comment ne pas trembler pour ceux qu'on aime et qui risquent leur peau pour la patrie ?

Le 5 septembre, Charles Péguy est tué, à Villeroy. Le 22, c'est au tour d'Alain-Fournier, fauché près de Verdun. Pouvoir mettre un nom sur ces jeunes morts… On commence à voir dans Paris beaucoup de femmes en noir, mais personne ne peut encore soupçonner que le deuil va frapper toutes les familles, presque sans exception. Entre elles, les femmes préfèrent commenter indéfiniment de misérables bribes d'actualités mineures, glanées ici ou là, pour tenir la mort à distance. Certaines rumeurs prêtent à sourire. Pour garder le moral, on cultive l'humour et la légèreté. Francis de Croisset, l'auteur dramatique dont on jouait *L'Épervier* au théâtre de l'Ambigu, au printemps, s'est porté volontaire pour combattre. L'armée lui a réquisitionné son automobile et lui fait maintenant porter des courriers à pied. « Il est désolé », selon Marguerite. Rue de la Paix, les boutiques des joailliers sont fermées, à l'exception de celle de Léo Weill, au numéro 4. Léo

Weill, grand ami de Sacha Guitry qui habite tout près[1], ne vend plus rien dans sa superbe joaillerie, mais il y accueille généreusement toutes les cocottes de Paris : « Perles au cou, brillants aux doigts, elles y font des cocardes tricolores, vendues ensuite au bénéfice de la Croix-Rouge[2]. » D'autres nouvelles sont plus alarmantes : Tristan Bernard, l'auteur des *Pieds nickelés*[3], a ses trois fils au front – ce dont il est fier, il se compare du coup au vieil Horace ! Quant au sculpteur Maillol, il a reçu une dépêche d'un ami allemand : « Mon cher Maillol, lui a écrit l'Allemand, enterrez vos statues, nous serons à Marly avant la fin août. » L'ennemi se rapproche.

L'automne frais, ensoleillé, surprend les femmes dans une torpeur inédite. Paris a son calme habituel, malgré de premiers bombardements. L'un d'eux arrache le toit de l'hôtel particulier où habite Isabelle de Comminges – l'ex-compagne d'Henry de Jouvenel. Une sourde inquiétude mine la capitale. Les gens voient des espions partout. La nuit lève des cauchemars. Les quatre amies partagent la même cruelle sensation d'inutilité. Dans le cocon de la rue Cortambert, jusque-là préservé, l'attente est devenue insupportable.

Musi est la première à partir. Le cinéma l'appelle. Louis Feuillade, qui n'a pas encore reçu son ordre de mobilisation, tourne des films à Marseille. Elle l'y rejoint pour jouer dès fin août dans *Les Fiancés de 14*, dans *L'Union sacrée* et dans *Bout de Zan et l'espion*. Sous la conduite de Gaston Ravel, toujours pour la Gaumont, elle enchaîne six courts-métrages, dont *Les Leçons de la guerre*, *La Petite Réfugiée* et *L'Autre Victoire*, en compagnie de Lise Laurent, Delphine Renot et Jean Signoret (l'acteur marseillais n'ayant aucun lien de parenté avec Simone Signoret, qui deviendra comédienne sous le nom de jeune fille de sa mère). Le cinéma tire parti des circonstances et fait de la guerre un sujet central : on projette des films de propagande qui vantent l'union nationale, le courage des soldats et des civils, le moral des troupes et celui de l'arrière. Musidora participe à sa manière à l'effort national.

Elle devient marraine de guerre. Elle entreprend une correspondance suivie avec plusieurs « poilus » des tranchées de Champagne et de la frontière belge et restera en contact épistolaire avec eux durant de longs mois. Selon son biographe Patrick Casals, elle devait conserver jusqu'à sa mort soixante-dix-sept de leurs lettres. Ces pauvres poilus n'ont pas grand-chose à lui dire mais trouvent du réconfort à lui écrire, puis à la lire, elle les aide à supporter l'enfer quotidien. Elle leur raconte des anecdotes de sa vie parisienne, des souvenirs de ses passages au music-hall, tout ce qui peut les distraire. Ces échanges épistolaires véhiculent gaieté et câlineries.

Ils l'appellent « Mademoiselle », parfois « ma jolie amie ». Ils s'amusent à la courtiser. Certains portent son image en médaillon sur le cœur. L'un d'eux, le lieutenant G. B., secteur 56, plus fin lettré que les autres, lui avoue qu'il se récite la nuit les noms des neuf muses de la mythologie, mais que c'est elle qu'il imagine dans chacun de ces rôles, habillée à la mode antique, Musidora en Clio, en Terpsichore, en Melpomène, en Thalie…

Un autre, capitaine commandant la 102e batterie du 27e régiment d'artillerie, SP143, sous le charme de cette jolie femme entrevue sur un ancien programme du Palais-Royal, déclare, persuadé de mourir bientôt, que sa lettre est « vraisemblablement, en même temps que la première, la dernière dans laquelle il me sera permis de joncher le tapis sous vos pieds de gerbes d'hommages infiniment respectueux ».

La mort veille sur toute cette correspondance, destinée à faire oublier aux hommes la boue des tranchées, la solitude et surtout le danger. Ils s'épanchent auprès de Musi, ils l'idéalisent, ils sont heureux de ces parenthèses de civilisation et presque de bonheur. Ils le lui disent, sans rien attendre en retour qu'un peu de douceur, réduits à rêver ce visage, avec ses yeux profonds et noirs.

Vers la fin novembre, Marguerite Moreno décide d'aller à Nice où son mari la rejoint. Ils y ont quelque espoir de jouer sur des tréteaux de province : rien de bien concret. Marguerite espère surtout que le climat de la Côte d'Azur, doux à l'automne, sera propice à la santé de Jean Darragon, qui souffre d'un grave emphysème. Peut-être aussi d'un état vaguement dépressif. Trop dynamique elle-même pour rester confinée à ses côtés en garde-malade, elle offre ses services à l'hôpital de la ville, installé dans l'ancien hôtel Majestic, qui déborde de blessés. Elle n'a évidemment pas reçu de formation médicale, mais devant l'afflux des patients, aucune aide n'est négligeable. La voici dans un nouveau rôle : infirmière, affectée au service de chirurgie du docteur Étienne. Ce rôle, d'autres comédiennes, romancières ou femmes du monde le prennent très au sérieux parmi ses amies. Ayant adopté le voile blanc de la profession, ces novices s'efforcent d'être à la hauteur d'un défi aussi physique que moral. Élisabeth de Gramont, duchesse de Clermont-Tonnerre, racontera dans ses Mémoires combien la tâche fut éprouvante : au service de la Croix-Rouge, elle accueille les convois de blessés, rapatriés à l'arrière, en gare d'Aubervilliers-La Courneuve et leur donne les premiers soins sur leurs brancards. Elle œuvre dans le concert des plaintes et des hurlements. Un jour qu'elle essaie d'ôter délicatement une gaze ensanglantée qui couvre le visage d'un des soldats : « Dites donc, vous n'êtes pas ici pour faire de l'aquarelle ! » aboie le médecin-major, qui arrache le pansement d'un coup sec. Elle fait part dans ses lettres à Natalie Barney de cette routine insupportable, où force est de constater que la sensibilité diminue. Il faut se concentrer sur les gestes pour « faire du bon travail », comme elle le dit elle-même, voire « de l'excellent travail », quitte à le voir devenir « entièrement machinal ». C'est tout ce qui importe. La poétesse Lucie Delarue-Mardrus, avec son amie Jacqueline Fontaine, que la guerre a surprises en Normandie, apportent leurs services à l'hôtel Royal, à Deauville. Comme beaucoup d'hôtels, le Majestic à Nice, ou l'Astoria aux Champs-Élysées où Élisabeth de Gramont de retour dans la capitale va bientôt trouver à se rendre utile, le Royal a été transformé en hôpital. Jacqueline est médecin. Mais Lucie, surnommée « princesse Amande », et qui vit à son ordinaire à cent mille pieds au-dessus des réalités, éprouve plus d'une fois l'envie de s'enfuir.

À Nice, avec son habituel enthousiasme, Marguerite Moreno qui, contrairement à Élisabeth, n'a pas été préparée au métier d'infirmière, déploie son énergie à aider les malheureux soldats. Elle n'est pas douée pour faire les bandages, sa maladresse la rend peu apte à nettoyer une blessure. Et elle renverse les plateaux-repas. Mais elle fait montre d'un courage de fer : elle assiste le chirurgien pendant les amputations, tenant la main des hommes et leur proférant des paroles d'encouragement. Elle sait les réconforter sur leur lit de souffrance, avec sa bonne humeur, sa drôlerie. Il lui arrive de réciter aux hommes des poèmes de Mallarmé ou de Catulle Mendès. Ou de leur lire une page merveilleuse de Marcel Schwob. Elle sait d'expérience que la poésie aussi fait du bien. Elle est aimée des soldats.

Pendant près de huit mois, à Nice, au milieu des blessés devenus sa famille, elle ne s'accorde aucun répit, aucun repos. Joviale, jamais abattue malgré la fatigue qui la trouve écroulée sur une chaise, à la fin de ses rudes journées, elle affronte gaiement la détresse et envoie à Colette, restée au chalet, le récit de son expérience. L'horreur est présente, entre les lignes : « Je continue ma besogne, parmi mes amputés des jambes, qui sont gais, mes amputés des bras, qui sont tristes. Au bout de peu de temps, mes sans-jambes dessinent, écrivent, fabriquent des petits jouets, se traînent par terre en culs-de-jatte, font mille blagues. Tandis que les sans-bras deviennent sombres : c'est une grande humiliation, peut-être la pire, pour un homme, que de ne plus pouvoir faire pipi tout seul. »

Annie de Pène, de son côté, subit le contrecoup de sa mésentente avec Gustave Téry. Le ménage va si mal que l'un et l'autre songent à divorcer. Annie trouve un dérivatif dans le travail. Paradoxalement, alors que la France et son propre couple traversent une épreuve, elle s'épanouit dans son métier. Elle a maintenant dans la presse une réputation de compétence et de sérieux : ses enquêtes, ses reportages, ses chroniques sous forme de nouvelles, ses contes vont marquer les esprits. On reconnaît enfin son talent. La voici journaliste à plein temps. À *La Vie parisienne*, à *Excelsior*, à *L'Œuvre*, ses articles sont accueillis favorablement : ils livrent des témoignages et donnent la parole à ceux qui souffrent, aux mères et aux enfants comme aux soldats. C'est, dans cette période d'épais brouillard et de tourmente, la voix de la compassion. *L'Éclair*, qui a bien perçu son originalité, va bientôt lui confier la responsabilité d'une rubrique. À la fin du mois de novembre, Annie décide de se rendre en observateur dans les tranchées. Envoyée spéciale de *L'Œuvre*, elle veut y rencontrer les soldats, les interroger, rassembler leurs témoignages. Elle envoie du front ses papiers au journal : ils seront rassemblés en brochure et publiés en 1915 sous le titre *Une femme dans la tranchée*. En octobre 1914, elle a le courage de traverser les lignes pour rejoindre La Panne, dans les Flandres, de l'autre côté des tranchées de l'Yser. C'est le jour de la Sainte-Élisabeth, les Belges fêtent l'anniversaire de leur reine. Surnommée « la Reine infirmière », pour son dévouement aux blessés, l'épouse d'Albert Ier jouit d'une grande popularité, non seulement en Belgique mais en France. Annie, non sans panache, apporte à la reine Élisabeth un bouquet de fleurs apparu comme un miracle dans l'automne glacial et le fracas des armes[4] !

« Je vous ai plainte et admirée pour ce voyage, lui dira Henry de Jouvenel, admiratif. Mais vous avez une nature d'héroïne : on ne peut rien là-contre[5]. » Annie de Pène est un des premiers « reporters de guerre » et concurrence Albert Londres, envoyé spécial pour *Le Matin*.

Ayant signé avant-guerre un recueil des *Plus jolies lettres d'amour*[6], elle ne néglige jamais, même dans ses articles écrits sur le front, la part sentimentale de la vie – on la reconnaît facilement à ce trait qu'elle a d'ailleurs en commun, là encore, avec Colette. Il y a toujours dans ses articles une femme malheureuse en amour, un homme partagé entre deux femmes, ou une rivale inquiétante qui subjugue l'homme aimé. Elle évoque des drames conjugaux, des tiraillements et des disputes, des souffrances d'amour auxquelles la guerre n'a pas mis fin. Dans les tranchées, les hommes pensent à leur épouse, à leur amante – souvent aux deux à la fois. Les lettres apportent le souvenir vivant de l'une ou de l'autre. Quel sera le dénouement, quand le soldat reviendra ? Sera-t-il le même homme ? Et comment retrouvera-t-il la femme ou les femmes de son cœur, quand le conflit sera fini, si du moins il finit un jour ?

Bien des articles d'Annie sont le miroir de sa propre angoisse – on y lit sa peur de perdre Gustave Téry. Ou celle de ne plus savoir l'aimer. Car Téry, ce mauvais caractère, aime une autre femme, elle en a la certitude… Colette essaie de la rassurer. Bien qu'elle partage ce sentiment de peur, cette affreuse sensation de vivre sous la menace d'une Gorgone. Les lecteurs, et particulièrement les lectrices de *L'Œuvre* ou d'*Excelsior*, apprécient ces chroniques d'Annie de Pène où l'on sent battre un cœur. Où la vie circule douloureusement. Où une femme souffre, au nom de toutes celles qui n'ont pas le talent de le dire. L'auteur leur apparaît comme une femme simple, à leur image. Une femme à l'amour déçu.

Colette trouve les articles « épatants ». Depuis ceux d'*Une femme dans la tranchée*, elle conclut toutes ses lettres à Annie, quand l'une ou l'autre s'éloigne, par l'expression virile : « Debout au 75 ! » – allusion au canon, de calibre 75, fleuron de l'artillerie française.

« Debout ma Muse ! Debout au 75 ! » est pour elles toutes un signe d'entraide et de ralliement. Il vient remplacer le baiser, qui parfois l'accompagne et se pose, léger, sur l'engin redoutable.

Colette, en octobre 1914, devient veilleuse de nuit au lycée Janson-de-Sailly, transformé en hôpital. À deux pas de la rue Cortambert, elle monte la garde, de sept heures du soir à huit heures du matin : « C'est un terrible métier », ainsi qu'elle le raconte à Musidora. Elle a la charge d'une salle où huit grands blessés réclament « tous » les soins. Dans l'intervalle, elle surveille les fourneaux à gaz pour assurer la provision d'eau bouillie qui sera utile le lendemain aux chirurgiens. De retour dans son chalet douillet, à huit heures, « le bain, le lit prennent un prix ! ».

« Trois heures… C'est le moment le plus obscur et le plus calme, dans le dortoir du collège-hôpital. Sous l'électricité en veilleuse, les huit blessés sont endormis. Endormis, mais non silencieux. Le pleurétique geint régulièrement, d'une voix douce, comme une femme. Celui qui a la mâchoire et l'œil éclatés dit, de temps en temps, "Oh !" avec l'accent de l'effarement, du scandale. Un mince jeune homme blond, amputé de la jambe depuis quatre jours, gît sur le dos, les bras ouverts, et son sommeil semble avoir renoncé à la vie. Un barbu, le bras pris dans le plâtre, cherche dans son lit, en soupirant, la place où il souffrirait le moins. Cet autre, la gorge bandée, râle ?… non, il ronfle, en étouffant à demi[7]. »

Au jeune homme blond amputé de la jambe, qu'elle voudrait consoler, l'apprentie infirmière parle de son père, le capitaine Colette, qui fut unijambiste – il avait perdu la jambe gauche, durant la campagne d'Italie, en 1859. Et pourtant il marchait, menait une vie normale, et, cet argument étant le plus à même de rassurer « le pauvre enfant », il avait séduit sa mère.

« C'est vrai, qu'il a trouvé à se marier tout de même ? Oui ? Avec une jolie femme ? C'est vrai... ? Comment qu'elle était sa femme ? Dites voir ?...[8] »

On confie bientôt à Colette des attributions de jour, moins lourdes que celles de nuit, on a plus de courage le jour. Elle devra aider aux pansements, à la toilette, aux repas. Trois nouveaux blessés, en piteux état, prennent place dans le dortoir, mi-octobre. Moins armée, semble-t-il, que Moreno pour affronter le spectacle de la souffrance, Colette ne va pas tenir longtemps dans l'atmosphère d'éther et les plaintes déchirantes des blessés. Chacun de ces hommes, dont la jeunesse est fracassée, la renvoie à sa principale torture : le sort d'Henry de Jouvenel, qui se bat à Verdun. Elle songe qu'il pourrait être là, parmi ces amputés, ces gueules cassées, ces mourants. Elle ne pense qu'à lui dans cette vision d'apocalypse. Légèrement blessé à un pied en octobre – en sautant dans un fossé pour éviter les éclats d'un obus qui a fauché un camarade, tout à côté de lui –, il a aussitôt été reversé au front.

Son frère Robert, quelque temps auparavant, a été blessé – au pied lui aussi –, mais comme Henry il est retourné se battre. Les frères Jouvenel auront-ils toujours de la chance ? Colette a peur pour eux et trouve « les heures longues ».

Aussi s'est-elle vite remise au travail : elle sait bien qu'elle sera plus utile au journal qu'à l'hôpital. *Le Matin* va publier ses textes au rythme d'un par semaine : une dizaine entre octobre et décembre. *L'Aube*, *La Tête*, *Renouveau…* Ces courts récits ont trait à la vie des civils, hommes, femmes, enfants, réduits à attendre, dans une impuissance totale, que l'Histoire se fasse sans eux. Colette est de leur côté, amie, solidaire, sûre que leurs pensées à tous se dirigent vers les mêmes confins, la Marne, l'Argonne, la Somme… Sa lampe, couverte du même papier que celui sur lequel elle écrit, diffuse une lumière sous-marine dans sa chambre. Aucun passant dehors, nulle âme qui vive. Qui pourrait deviner, derrière les rideaux tirés du 57 rue Cortambert, qu'une femme veille, mais rêve aussi, au rythme fiévreux de sa plume, en communion avec ces soldats, proches et lointains à la fois, qui, là-bas, tentent de survivre ?

15

Soixante-quatre jours… Quatre-vingts jours… Cent vingt jours… Si longues, les heures, qu'à la fin Colette n'y tient plus. C'est bientôt Noël. Elle décide d'aller rejoindre Henry de Jouvenel à Verdun.

Vers la mi-décembre, après avoir jeté en toute hâte quelques affaires dans un sac, elle monte dans un train de nuit où elle réussit à trouver une place assise parmi la foule serrée des passagers. Elle l'appellera « le train noir » car, à partir de Châlons et jusqu'au terminus, il roule sans lumières, « comme à tâtons, retenant son asthme et son sifflet ». Les vitres sont recouvertes de papier bleu foncé, pour éviter au convoi de servir de cible. Personne ne parle dans le wagon, chacun se méfie de son voisin. Colette, passagère clandestine, a enfreint le règlement qui interdit les visites des épouses à leurs maris soldats. Elle baisse la tête pour éviter qu'on ne la reconnaisse – et si ce gradé ou bien cet officier d'ordonnance était venu l'applaudir, qui sait, à l'Olympia, à l'Athénée, ou bien à Bordeaux, à Dijon ? Tant d'hommes l'ont vue et bien vue, lors de ses innombrables spectacles ! Elle craint de croiser un confrère journaliste en reportage sur le front des armées ou une amie d'autrefois, envoyée comme infirmière. « Alors, on va rejoindre son mari, ma petite dame ? » lance un médecin-major, au moment du départ. Elle rentre les épaules, ferme les yeux, fait semblant de dormir. Mieux vaut ne pas se faire repérer. Si les prostituées – les « poules » – sont tolérées par l'état-major, on renvoie les épouses dans leurs foyers : « La poule, assure un général, est une distraction nécessaire, tandis que l'épouse amollit le cœur du soldat[1]. »

Après treize heures de voyage, parvenue à sa destination finale – Verdun, tout le monde descend ! –, il y a encore le quai à remonter, engorgé de troupes, et, juste avant de sortir, le contrôle de gendarmerie à passer. Elle envie les Verdunoises, panier au bras, qui rentrent chez elles et saluent le gendarme, figure familière pour la population du bourg. Va-t-il lui demander son laissez-passer ? Et l'arrêter comme une voyageuse illicite ? Pis, la réexpédier à Paris, en constatant qu'elle n'a pas les papiers requis ? Colette se sent déjà prise en faute, clandestine au milieu de la foule. Mais elle a de la chance : le gendarme ne lui prête aucune attention. De plus, elle est débrouillarde : elle sait où aller.

Dans le train, elle a fait la connaissance des Lamarque, un jeune couple de Verdunois. Lui, un sous-officier, « couleur de blé mûr », Vercingétorix – est-ce son véritable prénom, ou celui que méritent ses blondes moustaches ? Elle, son épouse depuis peu, Louise, « brune comme une châtaigne », insouciante et chaleureuse. Ils ont tout de suite éprouvé de la sympathie pour Colette, et réciproquement. De sorte qu'en chuchotant elle leur a avoué ce qu'elle venait faire à Verdun… Les Lamarque lui ont sans hésiter offert de venir loger chez eux. Ils habitent hors les murs de la citadelle, dans une villa avec un jardinet, au 15 bis rue d'Anthouard. Sans enfants, ils disposent d'une chambre pour les amis. Le lit n'est pas très grand…, assez pour des retrouvailles amoureuses. Colette va partager la vie des Lamarque, aider à la cuisine, prendre ses repas avec ses hôtes, en pensionnaire. Le bruit de la canonnade oblige souvent à hausser la voix. Le front est à cinq ou six kilomètres, tout au plus. Il faut apprendre à vivre avec le tonnerre qui gronde en permanence. Des lueurs d'aurore éclairent à plusieurs reprises l'intérieur de la maison.

Davantage que la peur, c'est la faim qui torture les habitants de la rue d'Anthouard. À Verdun, se nourrir est un souci quotidien, pire qu'à Paris. La pénurie est radicale : le lait et la viande, les légumes et les fruits, et bien sûr le beurre – or, Dieu sait si elle l'aime ! – ne se trouvent plus au marché. Il faut préparer le pot-au-feu sans le bœuf, le miroton sans les oignons, la crème sans les œufs, le café sans le café. Les repas exigent des trésors d'imagination. Louise raconte qu'en ville elle doit courir d'un commerce à l'autre pour s'approvisionner. Le marchand de pianos vend un jour des sardines, le papetier des saucisses, la brodeuse des patates et « ce cochon de tapissier » (dit Vercingétorix) de la margarine qui fait encore plus regretter le bon beurre. « Manger, manger, manger…, écrit Colette. Eh oui ! Il faut bien. Le gel pince, la bise d'est creuse[2]… » Pourtant, elle ne sort pas de la maison.

Colette suit à la lettre les recommandations de ses hôtes : ne pas sortir en plein jour, ne pas se montrer à la fenêtre, surtout ne pas se faire repérer. Nul ne doit la voir, ni soupçonner sa présence. Le risque majeur étant la présence d'officiers, dans la maison d'en face. Pour revoir Henry, Colette doit accepter de vivre cloîtrée, derrière des persiennes closes.

La situation n'est pas neuve et correspond même assez à l'un de ses fantasmes préférés : la voilà enfermée au harem, une nouvelle fois ! Elle n'est pas seule dans ce cas. D'autres épouses attendent patiemment, comme elle, dans une inactivité d'odalisques, leur visiteur du soir. Sidi viendra… Les soldats sont encore libres d'aller et venir, du moins quelques privilégiés, munis d'autorisations spéciales, comme Jouvenel. Son statut de rédacteur en chef au *Matin* et ses solides appuis politiques lui ont permis d'obtenir des dérogations qu'il met à profit pour rentrer dormir en ville, et, plus sérieusement, écrire des articles qui seront publiés dans son journal, quoique sans sa signature, dans la rubrique « Au hasard de la guerre ». À Verdun, les grandes batailles n'ont pas encore commencé, à l'automne 1914 elles ne mobilisent pas toutes les forces vives. L'horreur est cependant en marche.

Attaques et contre-attaques se multiplient. Les Allemands sont les premiers à creuser des tranchées pour se protéger de la mitraille – un article de Jouvenel en rend compte, à la date du 1er octobre. Les bombardements ne connaissent pas de répit. « Ça tape sur l'Argonne » : Vercingétorix en vient à prononcer cette phrase comme une rengaine. On sait que de nombreux villages sont détruits. Maisons, écoles, églises, fontaines ne sont déjà plus que ruines.

Verdun n'est pas épargné. Les avions allemands, qu'on appelle des Taube (des pigeons), lâchent régulièrement des bombes sur la ville, tôt le matin ou en début d'après-midi : Colette relève les heures. Le fracas l'étourdit. Après ce violent « orage » – c'est le mot qu'elle emploie pour décrire le déchaînement du feu –, elle aperçoit entre les lames des persiennes le jardin ravagé du voisin, le hangar écrasé. Vercingétorix se lamente sur le sort des chevaux dont il a la charge pour l'armée : parqués non loin des opérations, il craint qu'ils ne soient blessés ou tués. Colette ne va pas le contredire, elle a toujours pensé que les bêtes valent bien les hommes.

Louise, sortie imprudemment à la mauvaise heure pour faire les courses, réchappe d'une grêle d'éclats. « Que c'est agaçant, que c'est agaçant ! dira-t-elle à Colette. Croyez-vous que j'ai été obligée de m'abriter sous la porte cochère des X..., avec qui nous sommes très en froid[3] ! » Pour dompter la peur, l'humour n'est pas en reste. Cachée derrière les jalousies, Colette aperçoit un jour dans sa rue un défilé de prisonniers allemands, « jaunis de fatigue et de crasse ». L'un d'eux, un gamin, tire la langue à une dame qui se trouvait là.

À la nuit tombée, quand plus une ombre ne bouge, elle ose aller faire quelques pas le long de la Meuse. En faisant bien attention à ne pas rencontrer une patrouille. Les réverbères éteints, elle se guide à la lueur des étoiles et à celle de la citadelle fantôme, si proche et qui paraît si lointaine. Sous un pont, elle aperçoit les eaux couleur de ténèbres de la rivière et s'attarde devant leur débit furieux. De retour en ville, elle devine derrière les portes verrouillées et les volets fermés la présence clandestine de ces épouses qui vivent cachées, dans l'espoir de revoir leur mari.

« Les plus hardies sortent un peu, entre six et huit, comme des chauves-souris[4]. » Ces prisonnières bénévoles sont pareillement vouées à la claustration volontaire et aux plaisirs secrets du harem. « On connaît ici ces amoureuses, retournées à une vie orientale ; si on les nomme tout bas, on ne les trahit guère[5]. »

C'est à Annie de Pène, sa sœur en confidences, que Colette écrit d'abord. Elle lui raconte son voyage, son installation à la cloche de bois puis sa vie verdunoise dans les moindres détails. Elle le fait à mots couverts, au cas où la censure aurait l'idée de contrôler sa lettre et sans jamais prononcer le nom de Verdun. Pour brouiller les pistes, elle lui dit qu'elle est à Castel Novel… Annie ne va pas se méprendre : Colette a informé ses trois amies de sa destination. « Castel Novel » n'est qu'un code pour protéger sa part de bonheur. Car elle est heureuse en pleine guerre, heureuse malgré les bombardements, les privations et l'enfermement. Oui, heureuse, car elle a retrouvé Sidi, son Sidi, sa Sultane…

« Annie, mon Annie perpétuelle et chérie… » Le ton de ses lettres à son « Annie d'enfance » témoigne de son excitation. C'est qu'elle a retrouvé sa Raison-de-vivre. Une Raison-de-vivre dont elle a été trop longtemps privée. La guerre ? Le danger ? Les bombardements des Taube ? Elle s'en moque. Elle leur trouverait même du charme tant elle se plaît ici. « Le bruit du canon, la nuit, est une chose qui ne m'inquiète pas, au contraire. Il éveille une idée de protection, d'activité, qui calme au lieu d'agiter[6]. » La maison tremble, les vitres tintent, quand les Allemands bombardent, Colette a « un gong dans l'estomac, un tam-tam dans les oreilles », mais loin d'avoir peur, de se blottir dans un coin, de descendre se cacher à la cave, elle regarde comme un spectacle du 14 Juillet « les aurores qui s'allument et s'éteignent dans la même dixième de seconde » et s'exclame devant leurs « jolies lueurs roses ». « Quelle belle canonnade, Annie ! C'est magnifique ! »

Son enthousiasme a de quoi surprendre. Le 20 décembre, elle note que huit cents hommes sont blessés, en un seul jour.

Mais le soir ramène Henry dans ses bras. Cela seul compte : puisque la mort peut tout vous prendre en un seul jour, pourquoi ne pas profiter de la vie, quand il en est encore temps ?

Il y a dans ses lettres une gaieté qu'elle assume. Pas de paroles hypocrites, pas de langue de bois entre amies. À Annie, elle s'adresse avec des mots d'enfant – une enfant avertie – pour dire son plein contentement, sa joie sans réserve. La maison, le monde peuvent s'écrouler. Qu'importe ! Elle a retrouvé son homme.

Annie de Pène a dû s'étonner, comme nous, de l'emploi du temps du couple à Verdun, et surtout de celui du lieutenant de Jouvenel. Colette le lui expose dans une lettre : « Il est ici le soir à neuf heures et demie... On le réveille à sept heures et demie pour qu'il ait le plaisir de déjeuner et de se rendormir jusqu'à neuf heures moins le quart. À cette heure-là, on devient sérieux, il appartient à la Citadelle et moi au balayage, au seau de toilette, au tub. »

Sauf exception, lorsque Henry est de garde, la nuit, à la Citadelle, ce rituel est maintenu de décembre 1914 à février 1915. Rythmé de chaudes étreintes, dans le lit délicieusement trop étroit, Colette vit à Verdun une lune de miel d'une saveur inattendue, sans doute exaltée par les circonstances. Elle en goûte chaque instant la chance. Elle en mesure le privilège : faire l'amour, quand la guerre fait rage. Être heureuse, pleinement heureuse, quand la mort frappe à la porte.

« Je goûte le calme des gens qui ont atteint leur but dans l'existence, écrit-elle à Annie. Et le canon bat les secondes, d'une bonne pulsation qui rassure. »

Les nouvelles qu'elle donne à Annie, de manière régulière, quasi quotidienne les premiers temps, sont excellentes : surtout sur le plan de la sexualité. « Il [Jouvenel, évidemment] est ici le soir à neuf heures et demie, écrit Colette. Et comme disait Louis XIV à Madame de Maintenon – Je ne vous en mets pas plus long. »

Inspirée par ses nuits d'amour, elle en profite pour demander à cette amie dévouée de faire refaire en son absence le sommier de son lit à Paris ! Qu'on remette donc des ressorts neufs à son grand sommier (car le lit conjugal est grand, rue Cortambert) « à la place de ceux qui sont anémiés… ».

Les « Debout au lieutenant ! » sont un petit jeu qu'elle aime bien quand Henry rentre au bercail.

Pour ses amies, le message est clair : Colette est bien, là-bas à Verdun. « J'y suis très bien », elle le répète d'une lettre à l'autre avec délice, sans rougir de « frôler le chapitre de la grivoiserie ». Elle se réjouit au contraire de sa bonne fortune amoureuse et de pouvoir la partager avec ses amies chéries.

Tout serait parfait en somme, si l'on pouvait manger de bonnes choses comme autrefois. Colette, qui connaît la gourmandise de Sidi, au moins égale à la sienne, voudrait le contenter à table, comme au lit. Les deux plaisirs s'équilibrent et sont même indissociables, ce qui est ennuyeux quand on est amoureux en temps de pénurie alimentaire ! Aussi réclame-t-elle de l'aide auprès de ses amies.

Comment Annie de Pène se débrouille-t-elle pour faire parvenir rue d'Anthouard du boudin et des truffes ? Ce sera pour les Jouvenel et leurs hôtes le festin providentiel de Noël 1914.

Annie récidive quelques jours plus tard avec un poulet farci de sa préparation, dont on ne sait comment il a pu arriver à bon port. Jouvenel s'en est régalé à en avoir les larmes aux yeux – il faut dire que depuis cinq mois au régime militaire, le poulet farci d'Annie a de quoi le ravir. Il en développera une fixation, selon Colette, au point de se montrer jaloux de Gustave Téry, qui a la chance, quand une permission le ramène chez lui, de manger ce mets qui lui met l'eau à la bouche… « Il ne faut pas qu'elle épouse Téry, dit-il à Colette, c'est lui qui aurait tous les poulets farcis ! »

Véritable cordon-bleu, Annie dispense de précieux conseils culinaires à Colette, qui n'est pas aussi experte qu'elle aux fourneaux et se désespère dans ses lettres de ne pas savoir accommoder les misérables courses du jour. Catherine Pozzi disait méchamment que Colette ne savait pas faire griller deux côtelettes… Elle aurait été étonnée d'apprendre qu'Annie de Pène lui enseigne comment faire un bœuf en daube (avec du porc ou du poulet, quand le bœuf manque) et des « craquelins » (biscuits de Bretagne) qui ravissent la maisonnée. Pour le régal d'Henry, que cette nourriture propre à réjouir les papilles change de la popote des soldats, qu'est-ce que Colette ne ferait pas ? Elle ne le sait que trop, ayant depuis toujours confiance en ce conseil millénaire : pour garder un homme, il faut avant tout satisfaire son estomac !

Pour autant, elle ne néglige pas d'autres moyens de lui plaire. Le temps ne lui manque pas pour se baigner, se parer, se faire belle. Ayant par étourderie oublié à Paris sa boîte de maquillage, sa « boîte à z-yeux » comme elle l'appelle, c'est à Musidora qu'elle la réclame. Tu sais, ma boîte carrée en argent… Vite, vite que « le petit Musi » la lui envoie, elle contient des trésors : son « koheul », son « bâton de raisin » (joli nom de son crayon à lèvres), sa poudre de riz, ses fards à joues et à paupières. En bref, c'est Colette qui le dit, « l'indispensable » ! Et qu'elle y joigne son bonnet de bain en caoutchouc… « Mon petit Musi, j'y suis. Je n'ose dire comme un autre militaire "j'y reste"… Je n'ai le temps de rien te dire – ni que Sidi est magnifique, ni rien. Sauf que j'ai oublié la boîte carrée en argent[7]… »

Aussi miraculeusement que le boudin et les truffes d'Annie, la boîte parviendra à destination.

« Ah… mon petit Musi, je ne suis plus qu'une sorte de chiffon mou et amoureux qui t'embrasse tendrement[8]. »

Les allusions érotiques ne manquent pas dans les lettres de Colette à ses trois amies. « Sidi est beau. Sidi est bien-portant. Sidi est éreintant, écrit-elle à Musidora. Sidi dort, avec moi, dans un lit d'un mètre 15 de large. Des initiatives hardies ont porté, aujourd'hui, cette largeur jusqu'à un mètre 25. On s'étale. »

Curieusement, c'est souvent de manière indirecte, à travers Henry de Jouvenel, que Colette exprime le climat spécial qu'elle a connu à Verdun en 1914 et 1915 : une sensualité au zénith.

À Annie, dit-elle, « il baise les belles mains aptes à toutes les nobles besognes, des confidences jusqu'au poulet farci… », points de suspension.

Ses hommages ne sont jamais autres qu'« irrespectueux » – « Sidi, dit Colette, vous couvre d'hommages d'où seul le respect est banni. »

Partant de là, il lui mord les doigts, « au lieu de les baiser ». Et Colette ajoute ce trait à la fin d'une lettre : « Sidi est à cheval, je ne sais si je peux, dans cette attitude, l'offrir à votre sollicitude. »

Marguerite Moreno n'est pas en reste. Sidi « baise ses chevilles » qu'elle a fort fines, lui envoie au lieu de ses amitiés ses « manifestations érotiques », ou même « l'étreint dans ses fortes mains de pêcheur » (évocation nostalgique du temps des vacances à Rozven). Quand il lui baise les mains, ce n'est pas plus respectueusement que celles d'Annie. « Hommages irrespectueux » demeure sa formule habituelle pour toutes les amies de sa femme.

Il les embrasse toujours « militairement » – c'est sa façon. Commentaire de Colette, à l'intention de Marguerite comme de Musidora : « entends-le comme tu voudras »...

Musidora, que Colette considère comme sa fille aînée et n'appelle jamais autrement que « ma petite fille » ou « ma petite fille chérie aimée », a droit, à cause de son jeune âge, à un petit jeu érotique tout spécial : Sidi, avec la bénédiction de Colette, « se laisse voluptueusement tirer la moustache, les oreilles, et toutes ses sensibles extrêmités ».

À Verdun, grâce aux lettres, le harem est toujours soudé autour du Seigneur Sidi qui règne en maître sur ses quatre femmes. Bien que séparées physiquement, elles demeurent unies comme aux premiers jours par la pensée et par les sentiments. Quant aux jeux de chat à chattes – ces animaux familiers continuant de hanter les maisons que Colette habite –, ils sont la plus agréable des diversions dans un univers fermé, étouffant, où la vie n'a jamais eu autant de prix.

16

Il faut aussi, hélas, travailler… *Le Matin* attend les articles que Colette a promis d'envoyer : ses impressions sur le vif. Le récit de son voyage clandestin à Verdun restera quelque temps dans sa valise, pour éviter d'alerter la censure sur son séjour en zone militaire. Mais d'autres sujets viennent naturellement sous sa plume pour nourrir ses chroniques : le ciel où les Taube, pareils à de grands oiseaux menaçants, font leurs rondes quotidiennes, à heures fixes, les aurores roses sur la citadelle, le bruit familier, « presque rassurant », du canon qui tonne en permanence, et même le petit bout de fenêtre, qui encadre sa vision du monde : une rue grise, un jardinet sans fleurs. L'hiver est glacial, il gèle maintenant hors les murs.

Tandis qu'Annie de Pène traverse les lignes plus à l'est, descend dans les tranchées, s'aventure jusqu'en Belgique, un bouquet de fleurs à la main et le stylo à plume dans l'autre, Colette demeure plusieurs semaines au secret, dans son harem. C'est de l'intérieur de la maison que son regard capte le monde. Encore ne le voit-elle qu'à travers une meurtrière : entre les lames de ses persiennes. Mais entre ces lames, tel un photographe embusqué, elle peut saisir une silhouette, un visage, une courte scène de la vie à Verdun. Des instants fugitifs, que d'autres auraient trouvés insignifiants, prennent grâce à elle une intensité, un sens inattendus. Et tous, vus par ses yeux, font aimer la vie. C'est sa marque, cet amour de la vie. Son signe distinctif. Comme la fleur de lys sur l'épaule de Milady, un tatouage indélébile, qui permet de la reconnaître quoi qu'elle écrive. Même la guerre ne pourra le lui enlever.

« Je me sens à la fois très près et très loin de la guerre », écrit-elle de Verdun à Musidora. Est-ce superstition, manière de conjurer le sort ? Ou volonté de garder le moral au beau fixe, devant un spectacle aussi peu réjouissant ? Jamais elle n'évoque la possibilité d'une bombe qu'un avion allemand lâcherait sur la maison de la rue d'Anthouard – alors même que le voisin a été touché. Jamais non plus elle ne veut penser qu'Henry pourrait être tué ou gravement blessé lors d'un assaut, comme le fut son père lors de la campagne d'Italie, à Melegnano. Elle reste légère, presque joyeuse, dans chacun de ses reportages, que *Le Matin* publie dans sa rubrique des *Contes des mille et un matins*. Comme si la vie était un perpétuel conte de fées.

Malheureusement pour les finances de Colette, comme pour celles d'Annie de Pène, les publications ne peuvent être aussi régulières qu'avant la guerre, les journaux paraissant cahin-caha, à cause de la pénurie de papier. Il sera bientôt presque aussi rare que le beurre, ce dont Colette se lamente dans plusieurs lettres. Que ce soit Annie ou Colette, quand l'une d'elles obtient de sa rédaction une rame de papier vierge, elle en fait aussitôt profiter sa compagne, de sorte que les feuilles volent, blanches encore, de l'une à l'autre – Annie et Colette sont plus que jamais liées par le métier d'écrire.

Mais enfin, un jour, à Verdun, Colette n'y tenant plus sort à l'heure interdite, sans le camouflage protecteur que lui offre la nuit. Elle prend le risque de marcher longtemps, en dehors de la ville. Louise Lamarque l'accompagne et la guide à leurs risques et périls sur la route de halage. Promenade mélancolique et à peu près déserte au long de l'eau. Des peupliers nus, des prés blanchis par le gel, et sur le canal des péniches belges où jouent des enfants « aux cheveux pâles ». Ce paysage bucolique n'est troublé que par la présence de fusiliers marins, postés en sentinelles. Dans le tonnerre familier, qui n'en finit jamais, Louise parle des guinguettes qui se trouvaient là autrefois et où, le dimanche après-midi, avec son mari, ils venaient boire du vin blanc, chanter, danser. Quand tout à coup retentit une détonation sèche. Les deux femmes lèvent le nez. Un « Aviatik » allemand (nouveau nom des Taube) tournoie au-dessus de leurs têtes. Très vite, rejoint par un avion français, puis par d'autres – amis ? ennemis ?, elles peinent à les reconnaître – c'est une nuée d'oiseaux noirs, bleu et argent qui se livrent dans le ciel un combat sans merci. « Ils sont vautours, tiercelets, hirondelles déliées, enfin mouches[1]... » Devant le spectacle qualifié de « magnifique », les deux femmes en oublient le danger ! Sans la présence des sentinelles qui leur intiment l'ordre de s'abriter, elles seraient restées bouche bée à regarder le vol fou des avions et à compter les déflagrations, qui éclatent « comme des roses blanches ». Elles courent alors se réfugier sous une passerelle en fer et voient tomber à leurs pieds, dans des gerbes d'eau, des éclats de mitraille : « une grêle singulière, écrit Colette dans sa chronique, une grenaille chaude... ». Sur le chemin du retour, les promeneuses, miraculées, constatent l'élagage brutal des arbres et s'étonnent de voir des enfants chercher on ne sait quels trésors dans les trous creusés par les obus.

Tout de suite après ce baptême du feu, Henry de Jouvenel emmène Colette faire une tournée des villages aux alentours de Verdun. À Rampont, qui a perdu la moitié de ses maisons, des femmes et des vieux entonnent des chants de Noël dans l'église,

« debout et bien vivante ». Le vent glacé s'engouffre dans la nef, par les vitraux béants. Colette reconnaît un cantique de son enfance mais ne se joint pas au chœur. Elle préfère observer au-dehors une ronde d'enfants : sortis soudain des caves où ils vivent cachés, ces orphelins rient de joie devant les oranges, le chocolat et les poupées. Des cadeaux que l'armée, en guise de Père Noël, leur distribue.

À Auzeville, elle visite une maison pillée et s'indigne que les Allemands aient volé tous les livres. Dans l'école en partie incendiée, noire et glacée, les enfants et l'instituteur, qui est aussi le maire, se serrent près du poêle improvisé dans une lessiveuse. Le colonel d'un régiment qui campe dans ce village fait jouer pour elle un air d'opéra, puis *La Marseillaise*, qu'on lui jette, dit-elle, « comme une gerbe officielle ».

Entre Montfaucon et Vauquois, elle peut observer sans lorgnette le feu rose du départ d'un projectile – « on voyait même quelques éclatements ».

Le plus terrible l'attend à Clermont-en-Argonne, jadis une belle petite ville couronnée de pins, et fière de ses jardins. Il n'en reste plus rien – « rien qu'une dentelle grossière de murs ajourés, d'arches rompues et penchantes, de portes béantes, ouvertes sur le ciel ». Mais là encore, elle assiste au miracle des enfants qui jouent dans les ruines, insouciants et rieurs. En haillons et des sabots aux pieds, ils courent, ils sautent, ils rient même, oublieux du froid et du malheur. C'est à Clermont qu'elle a la soudaine vision de la guerre – la vraie –, celle dont on parle à Paris n'étant qu'une gravure d'Épinal aux couleurs émoussées. Voici la sienne, telle qu'elle s'est gravée dans sa mémoire – à un siècle d'écart, on peut en voir les images et entendre les sons, qui n'ont rien perdu de leur force : « Une surprenante rumeur mêle, dans cette rue villageoise, le pas des chevaux, le halètement des automobiles de ravitaillement, les cris d'hirondelles de cent enfants heureux, et la basse profonde du canon, qui ne nous a pas quittés depuis ce matin, qui nous suit, assidu comme le bruit du vent ou le ressac de la mer[2]. »

Après cette excursion sur le terrain militaire, elle retourne ensuite à son harem, laissant à Annie le privilège, si l'on peut dire, de descendre dans les tranchées, de parler aux « poilus » – mot tout neuf –, de visiter les campements. Fraîche et pimpante, le cheveu court, le sac en bandoulière contenant ses armes : son carnet, son crayon, elle affiche sa bravoure. Colette prend moins de risques et reste à distance. Cela ne l'empêche pas d'être un excellent reporter : par ses dons d'évocation et, surtout, par son extraordinaire pouvoir de communier avec ce qui l'entoure, de trouver dans l'air, le feu, l'eau, la terre même, le sens de l'humain, elle saisit toujours un point de vue original, inattendu. Dans ses brefs reportages, elle permet aux lecteurs de voir, d'entendre, de sentir avec elle, de trembler, de s'émouvoir. Mieux que si nous étions, comme Annie, descendues nous aussi dans les tranchées où les soldats affrontent le premier et terrible hiver de la guerre, la vie est là, sous sa plume. La vie, ce bien précieux et menacé.

Par ses chroniques, Colette veut surtout apporter son soutien à une population qui souffre en silence et n'a pas les moyens de se plaindre : les marginaux, les oubliés du conflit. Si elle parle beaucoup des enfants dans ses *Heures longues*, si elle leur donne la première place parmi les victimes, elle prête aussi sa plume aux femmes pour défendre les plus fragiles, les plus démunies. Les mères, qui n'ont plus un sou pour nourrir leur couvée, et qui viennent chercher un peu de soupe et du pain, quelques vêtements chauds, auprès des associations caritatives – on les appelle alors des « œuvres ». Mais aussi les jeunes filles, violées par l'ennemi, enceintes, qui se voient montrées du doigt, insultées par tout un village et qu'on veut faire avorter. Colette s'en indigne, au nom de la vie, toujours la vie, dans le chapitre qu'elle leur consacre : « le monstre… prisonnier impérieux de ses flancs… », elle tient à rappeler qu'il est avant tout « un nouveau-né, rien qu'un nouveau-né avide de vivre, un nouveau-né avec ses yeux vagues, son duvet d'argent, ses mains gaufrées et soyeuses comme la fleur de pavot qui vient de déchirer son calice… ».

Elle dédie bien sûr des chroniques aux bêtes, et plus particulièrement aux chiens : braves et héroïques, ils figurent eux aussi parmi les victimes de l'hiver 1915. Chiens abandonnés, errants, qui attendent l'improbable retour du maître. Chiens sanitaires, dits aussi chiens de guerre, bergers, fox-terriers, bouviers des Flandres, briards, tous dévoués, zélés et d'un courage exemplaire. Tel Turco, le berger qui vient de la Brie et la regarde avec tendresse de ses yeux veinés d'or. Après des exploits en Argonne, Turco s'apprête à rejoindre un autre régiment du côté d'Arras. Ou ce petit fox anonyme, « gros comme un lapin, qui, après avoir trouvé cent cinquante blessés à la bataille de la Marne, s'égara et sut revenir à son maître à travers les lignes ennemies ». Colette poursuit, navrée : « Celui-là a déjà reçu sa récompense : il est retourné au front, dans les Vosges. »

Il ne faut attendre aucun chant patriotique de la part de Colette. Aucune analyse des batailles ou de la stratégie militaire. Tout cela au fond l'indiffère. C'est un regard de femme, profondément troublée par l'horreur et l'absurdité des combats, qu'elle livre aux lecteurs du *Matin* – bientôt de l'*Excelsior* et d'autres journaux qui, séduits par la vérité et la vivacité de ses récits, à l'encontre des idées reçues et de la langue de bois imposée par la censure, vont lui ouvrir leurs rubriques. Cette femme en guerre contre la guerre place plus haut que tout au monde et sur le même plan, sans aucune hiérarchie dans l'ordre des valeurs : le sourire d'un enfant, les larmes d'une mère ou le bon regard d'un chien.

En mars 1915, les autorités militaires s'émeuvent de sa présence et viennent la chercher rue d'Anthouard. Elle est chassée. On doit à Louis Pergaud, l'auteur de *La Guerre des boutons*, alors soldat à Verdun, le récit de son expulsion. Il la raconte dans une lettre à son camarade Lucien Descaves : « Notre gouverneur que ne tourmente plus guère le démon amoureux et qui ne tient pas à ce que ses soldats et ses officiers dépensent avec leurs épouses des énergies qui ne sont dues qu'à la Patrie a été informé de cette infraction à la règle. Et le lendemain, pan, pan ! Il n'y a pas de rédacteur en chef du *Matin* qui tienne ; à la porte, l'intruse ! Cette pauvre Colette a dû vider les lieux et c'est tout juste si elle ne fut pas reconduite à la gare, flanquée de deux gendarmes[3]. » Moins d'un mois après, le 13 avril 1915, l'écrivain, lui aussi ami des animaux, auteur d'histoires de bêtes, *De Goupil à Margot* – prix Goncourt 1910 – et d'un très beau roman dont le héros est un chien de chasse (*Le Roman de Miraut*), tombera devant Verdun, à Marchéville. À l'âge de trente-trois ans.

Loin d'Henry de Jouvenel, Colette se morfond dans un Paris qui lui inspire maintenant des chroniques douces-amères : un dialogue entre une vieille dame et une petite fille qui imite à merveille les grognards de la territoriale postés aux portes du bois de Boulogne (inspiré par la verve de Bel-Gazou, de passage dans la capitale, chez sa grand-mère). L'agitation des mondaines, de retour de la campagne, qui voudraient retrouver la belle vie d'antan. La mode, qui pousse les Parisiennes à se déguiser en petits soldats, avec des capotes de drap gris-bleu, à deux rangées de boutons, cols et bonnets de dolmans, ou même en gabardine beige, façon anglaise... Enfin les astuces de la population, qui défie le couvre-feu et les zeppelins, et cache ses lanternes en fer-blanc, la nuit, sous de gros parapluies pour rendre visite à ses voisins.

Peu à peu, la vie reprend à l'arrière, c'est ce qu'indiquent les récits de Colette, où il est de moins en moins question de la guerre et de plus en plus de l'appétit de vivre. C'est même une sorte de frénésie qui s'empare des gens. Comme si les civils, n'en pouvant plus des privations, des lumières éteintes avant la nuit et de l'inquiétude mortelle qui plane sur la ville, avec la publication des noms des morts qui s'allonge de jour en jour, n'avaient plus qu'une envie : se divertir, s'amuser, pour tout oublier. Les spectacles recommencent. En avril, *La Jalousie*, pièce en trois actes de Sacha Guitry, marque la réouverture de la saison théâtrale, interrompue depuis la guerre. Jouée aux Bouffes-Parisiens, avec l'auteur et son épouse, Charlotte Lysès, dans les rôles principaux, elle est assez courte pour finir à onze heures, juste avant le couvre-feu. Colette, grande amie du couple, assiste à la générale et remarque que dans la salle « les hommes se comptent de l'œil ». « Nous y sommes tous venus, écrit-elle, poussés par le même empressement, retenus par la même appréhension, et traduisant notre trouble par le même mot vague : "C'est drôle, ça me fait quelque chose…" » Devant cette histoire d'amour et de jalousie, chacun nourrit le même désir d'un retour à la banalité, quand un couple pouvait s'aimer sans autres complications que l'amour lui-même.

Au mois de mai, obstinée comme on la connaît, Colette est de retour à Verdun ! Second séjour rue d'Anthouard. « M'y voilà encore une fois, écrit-elle à Annie de Pène. C'est le harem. Je suis là derrière mes jalousies. J'y suis très bien. » Elle retrouve l'atmosphère familière, ses gentils hôtes, sa chambre au lit étroit. Fidèle au rendez-vous, le canon « bat les secondes, d'une bonne pulsation qui rassure », tandis que le long de la Meuse les arbres ont des rameaux verts. Dans le jardin du voisin, toujours contemplé entre les persiennes, le printemps timidement montre son nez. Colette donne des nouvelles de la chienne, qui a engraissé. Et de la chatte, qui a maintenant deux petits. « C'est charmant », écrit-elle, comme si la guerre n'existait pas. Quant aux retrouvailles avec Henry, elles sont toujours sous le signe d'une sexualité active et épanouie. « Je m'occupe follement de Sidi », écrit-elle à Musidora. Mais pour tromper la censure, elle dit qu'elle est à Marseille… ce dont Musi, fort au courant, n'est évidemment pas dupe.

Cette fois, Colette repart très vite, de son propre chef. *Le Matin* l'envoie en reportage en Italie – le pays d'où son père, le capitaine Colette, revint en héros. Il en avait rapporté des chansons milanaises qu'il chantait à ses enfants, le soir, à la veillée. L'Italie vient de déclarer la guerre à l'Autriche, en ce mois de mai 1915, et de se ranger du côté des Alliés.

Voici Colette à Rome d'abord, logée à l'Albergo Regina, via Vittorio Veneto, où son voisin de chambre n'est autre que le poète Gabriele D'Annunzio, un futur héros lui aussi. L'auteur de *L'Enfant de volupté*, qui a scandalisé et ébloui l'Italie et la France, s'est engagé avec son habituel panache. Il va bientôt jouer pour de vrai les condottieri et devenir le *Commandante* : un symbole de la fierté et du courage italiens, de son nationalisme aussi. En attendant impatiemment son heure, il lui fait une cour gentille, mais guère menaçante. Ce séducteur, réputé pour sa sensualité dévorante et dévoreuse, préfère les beautés sophistiquées, spectaculaires, comme la Duse, Romaine Brooks ou Marie de Régnier, entre autres princesses captives. Colette n'a pas trop de mal, semble-t-il, à lui résister. Elle préfère se promener seule, d'église en cloître, de ruine antique en musée, appliquant de son mieux la recette que lui a léguée sa mère – « Regarde ! ». Elle s'emplit les yeux des richesses de la Ville éternelle. Parmi tous ses trésors, il y en a de célèbres qu'elle dédaigne : elle « vomit » les basiliques et « déteste » Saint-Pierre et Sainte-Marie-Majeure. Mais elle s'émerveille devant des jardins, des fontaines, des cours de palais, de petites églises méconnues, hors des sentiers battus.

Une escale à Venise, du 30 juin au 4 juillet, le temps de découvrir la cité des Doges et de déambuler sur les Zattere. En prévision de bombardements, les statues sont emmaillotées dans des sacs de sable, le *Colleone* abrité par le toit d'une sorte de chalet normand : Venise n'est plus Venise. Elle s'y ennuie, trouve les nuits longues, n'a plus qu'une hâte : rentrer à Paris. Elle dort à l'hôtel Danieli, où George Sand a soigné Musset, et où elle aurait bien aimé partager son lit avec Henry. Toujours sur le front, son sort l'inquiète. Il pourrait être muté à Calais, où les batailles lui semblent pires qu'à Verdun – c'est ce qu'elle confie à ses amies. Elle écrit ou téléphone aux relations d'Henry, des hommes politiques tel Anatole de Monzie, pour supplier qu'on le maintienne dans son unité. Ou demander qu'il soit muté vers une zone moins dangereuse. « Je m'occupe follement de Sidi, écrit-elle à Musidora… Que de paroles, que de téléphones, que de démarches… et peut-être pour rien ! Quoi de nouveau pour toi ? »

Sur Venise, qui a inspiré tant de ses contemporains – Henri de Régnier, Maurice Barrès… –, Colette ne laisse pas de récit immortel. Dans moins d'un an, en mars 1916, D'Annunzio, après avoir survolé Pola et Vienne, et bombardé de nuit les bouches de Cattaro, y tombera avec son avion. Chute qui le laissera aveugle pour de longs mois.

De brèves escales à Milan, puis à Lugano, ne la retiennent pas plus longtemps que Venise. Et voilà Colette, le 14 juillet, de retour à Verdun, en passe de devenir sa résidence principale. Elle retrouve les bras d'Henry, dans une nouvelle maison éloignée de la ville. « Une maison sur la colline… dans les arbres à mi-côte. Un petit bois, Annie, pour s'y reposer et même s'y promener, avec la prudence du serpent, car les alentours sont peuplés de militaires. Mais enfin c'est la verdure, un isolement un peu périlleux, avec l'obligation de ne pas parler ni rire trop haut, de passer rapidement dans les endroits découverts, de n'admirer la très jolie vue qu'en s'abritant derrière les battants d'une croisée. » En somme, « la prison idéale ». Il fait très chaud à Verdun, cet été-là, la vie passe, plutôt heureuse puisque Henry est toujours vivant. Au fond, cela seul a de l'importance, serrer dans ses bras le corps vivant de l'homme qu'on aime.

Il y a bien quelques défauts dans cette existence amoureuse : le canon qui domine tout et produit de tels effets qu'elle préfère n'en pas parler. « Ce terrible bruit sonne dans l'estomac », écrit-elle à Annie. Pour la première fois, ce « terrible bruit » la dérange – elle le trouvait magnifique il y a quelques semaines. Et puis, il y a des mouches, beaucoup de mouches, contre lesquelles il n'y a pas d'autre moyen de se défendre qu'en utilisant des tue-mouches : « tu sais, les petits balais métalliques américains, les *fly-killers*, comme nous en avions à Rozven ». Colette charge Musidora, préposée aux missions urgentes, d'aller lui en acheter au magasin du Louvre, « rayon ménage ».

« Paie-les, on n'envoie rien contre remboursement ici », lui écrit-elle. Musidora, déjà mise à contribution pour la « boîte à z-yeux » jugée de première importance, qu'elle avait dû lui envoyer dare-dare à Verdun, devra cette fois lui faire parvenir par colis postal cette drôle d'arme de guerre : le *fly-killer* pour dames. Ce qui, de la part d'une amie des bêtes, est pour le moins surprenant.

17

Les femmes n'habitent plus à temps plein le chalet. Du moins s'y retrouvent-elles plus rarement ensemble. Dès la fin de l'année 1914, il y en a toujours une absente, ou deux, ou trois. Les riverains du quartier voient souvent les persiennes fermées. Colette, à Verdun et à Rome. Annie de Pène en reportage vers les frontières de l'Est. Moreno infirmière sur la Côte d'Azur. Musidora tourne des films du côté de Nice et de Marseille. Lorsqu'elles reviennent les unes et les autres à Paris, leurs dates ne coïncident pas ou bien elles sont trop occupées par leurs professions respectives pour recréer autour d'elles l'atmosphère ludique, si parfaitement déconnectée de la réalité, qui fut la leur il y a quelques mois à peine. Colette et Annie écrivent, Moreno cherche des rôles qui s'avèrent difficiles à décrocher, Musidora court les studios de cinéma : ces activités leur prennent beaucoup de temps et les empêchent de se retrouver aussi souvent qu'elles le voudraient. Sentimentalement, Henry de Jouvenel reste le souci constant de Colette qui n'a qu'une idée en tête : par tous les moyens, aller le rejoindre. Moreno, soucieuse de l'état de santé de Jean Darragon, préfère le tenir éloigné de Paris où son emphysème ne manque pas d'empirer. Annie de Pène, qui a retrouvé sa fille, Germaine Battendier[1], l'héberge villa Herran, son domicile parisien, proche de la rue Cortambert, où elle la dorlote, dans l'espoir de compenser une trop longue absence. Gustave Téry ne montrant ses moustaches que lors de rares permissions, la mère et la fille ont tout loisir d'être enfin l'une à l'autre. Elles se sont tant manqué ! Quant à Musidora, elle fréquente d'autres cercles d'amis et d'amies...

Les liens entre les quatre femmes demeurent solides. Malgré l'éloignement physique, le dialogue se poursuit à travers un échange de lettres incessant. La vie commune au phalanstère a soudé entre elles quatre une complicité que ni le temps ni les multiples occupations de leurs vies ne peuvent altérer. Colette, « Macolette », est celle vers laquelle convergent les nouvelles, celle qui rassemble et unit ses amies éparses. C'est par elle que le phalanstère se prolonge, au-delà du chalet accueillant, élargi maintenant aux souples frontières de leurs destins d'aventurières.

Musidora, la « petite fille chérie » de Colette, donne bien des soucis à sa « vieille mère » qui la croit à la dérive et voudrait davantage la protéger des démons qui la font courir sans but. Peut-être est-ce parce que Colette s'est elle-même éparpillée entre des vies diverses, parce qu'elle a goûté à des plaisirs défendus, à des gourmandises coupables, qu'elle se montre si préoccupée de rappeler à la raison cette jeune femme délurée et incontrôlable – Musidora lui renvoie l'image de ce qu'elle a été dans sa folle jeunesse.

Lorsqu'elle est à Paris, Musi voit beaucoup Pierre Louÿs. Un peu trop au goût de Colette ? Sans être la maîtresse en titre – rôle dévolu à Claudine Roland puis à la sœur de celle-ci, Aline –, Musidora fait partie du cercle rapproché du poète et compte comme une des présences féminines les plus assidues à son domicile, au hameau de Boulainvilliers. Mimi Barthe, Marie Roger, Paule Rolle, Maryse Damia… Combien de papillons de nuit autour de Louÿs, quand il écrit ? Elles forment autour de lui, à la lumière des lampes à gaz, un harem exclusivement nocturne. Ce sont toutes de belles créatures brunes, piquantes, comme il les aime. Elles le stimulent et l'excitent avec leurs battements d'ailes. Il sort quelquefois les filles, à tour de rôle, au restaurant, au cabaret ou dans des bars d'hôtel, ce qui achève de le ruiner. Criblé de dettes, il s'obstine à mener une existence de grand seigneur, exclusivement consacrée à l'art et à l'amour. Il goûte les plaisirs interchangeables. Jusqu'en 1919 au moins,

Musidora avec son corps de panthère et ses yeux noirs, parmi les plus beaux de ceux qu'il photographie, demeure une des préférées. Il vient l'applaudir quand elle se produit au music-hall, et l'emmène dîner après le spectacle. Il continue de lui prodiguer de tendres conseils et encourage sa carrière d'artiste : un rôle qui rappelle celui que tenait Missy il n'y a pas si longtemps auprès de Colette, quand elle jouait la pantomime.

Autour de Louÿs, les femmes ne sont pas seulement brunes et piquantes. Souvent elles s'amusent entre elles. Ces Bilitis sont toutes adeptes du culte de Sappho.

C'est chez Louÿs que Musidora s'est liée dernièrement avec Yvonne Villeroy-Got. Cette comédienne, à la veille de la guerre, appartenait encore à la troupe du théâtre Réjane (aujourd'hui Théâtre de Paris), rue Blanche, mais elle a choisi depuis, elle aussi, de se tourner vers le cinématographe, plus rémunérateur que le théâtre et qui offre en ce temps-là plus de rôles. Grande fille longiligne, de la même taille et du même gabarit que Musi, elle forme avec elle un de ces couples gémellaires qui enchantaient Willy au début du siècle. Colette, bienveillante, la nomme « la charmante Villeroy-Got » (jamais Yvonne !) et demande des nouvelles dans ses lettres, quoique cette amitié la laisse circonspecte. Son intérêt pour la dénommée V.-G. paraît un peu forcé. « La charmante Villeroy-Got me dit que tu commences à en avoir un peu assez du ciné, est-ce vrai ? Raconte-moi donc ça. »

Musidora n'a pas pour autant rompu avec le graveur Pierre Labrouche, amant, compagnon et camarade. Colette, qui éprouve plus de sympathie pour le peintre que pour Villeroy-Got, dîne quelquefois avec lui en l'absence de Musi, comme pour rétablir la balance et pallier les infidélités de son amie.

La vie sentimentale de Musidora se complique de liaisons annexes, qui semblent beaucoup inquiéter Colette. Les noms se sont perdus, le passage de ces météores laisse une trace d'ombre dans les lettres de Colette, qui n'en finit pas de se faire du souci. C'est ainsi qu'à la mi-juin 1915 elle met sa cadette en garde contre un homme, d'après elle peu recommandable, « un être dépourvu d'intelligence mais non d'instinct », qu'elle lui conseille vivement de laisser tomber. Colette a fait sa connaissance, sans dire comment il s'appelle, chez un autre ami de Musidora, l'écrivain Paul Leclerc, un des fondateurs de *La Revue blanche* – Toulouse-Lautrec a fait son portrait[2]. « Endormi d'opium et mouchant de la cocaïne », l'homme en question, amant anonyme, lui a fait la plus mauvaise impression. En mère aimante, elle essaie de l'éloigner du péril.

Colette se préoccupe également de son histoire avec Suzy, cette fille « droguée et blennoragique », hébergée trop longtemps au phalanstère : elle n'a pas disparu de la vie de Musi. Pour Colette, parfaitement saine, qui ne se drogue qu'à l'ail, à l'oignon et au chocolat, l'usage systématique de certains produits, comme l'alcool ou les opiacés, est un crime contre la nature. Contre la vie. Elle craint la contagion. Mais à tort : car Musi, moins vulnérable qu'il n'y paraît, se porte comme un charme et, dans le monde interlope aux parfums de perdition qu'elle fréquente, reste le bon petit « Paulot », adoré de son père. Sa fraîcheur, son énergie intactes, elle garde la tête sur les épaules.

Avec une vingtaine de films de propagande enregistrés depuis l'été 1914, où elle a tenu des rôles qui n'ont pas marqué l'histoire du cinéma, Musidora est en passe de se lasser, comme le suppose Colette, d'un travail monotone, répétitif et sans beaucoup d'éclat. Elle s'ennuie même sérieusement, depuis que Louis Feuillade a été appelé sous les drapeaux. Son réalisateur préféré – l'un de ses amis les plus chers – se morfond sur le front des opérations, dans le Nord, près de Zuydcoote. Pourvu du grade de maréchal des logis, chargé d'un travail de « commis-livreur en chef, qui n'occupe que les membres du cheval ou les pédales du vélo, mais s'arrête net au seuil de la pensée[3] », il est tellement malheureux et déprimé qu'il croit sa carrière finie. En mars 1915, il se plaint à Musidora de n'avoir plus aucun tonus ni aucune imagination, lui qui en avait à revendre ! Il se sent incapable d'écrire le moindre scénario. Une spécialité où il s'est pourtant illustré jusque-là avec brio, inventant les scenarii à la pelle, avec force rebondissements. « Ma pauvre Musi, il faut absolument que tu m'écrives longuement, et que tu m'envoies de tes photos en 13x18. Tu dois être la dame de la Croix-Rouge pour blessés du cafard[4]. »

Pendant son exil à Zuydcoote, Pathé et Hollywood sont en pleine expansion, tournent des films qui gagnent les faveurs du public et empêchent Léon Gaumont de dormir : L.G., ainsi qu'on l'appelle, ne trouve aucun remplaçant digne de succéder à ce réalisateur hors pair, plein de fougue et de talent, qui goûte les grandes chevauchées héroïques mais au cinéma. Musidora, en attendant son retour, se morfond dans des courts-métrages insignifiants, tandis que se profilent des concurrentes dangereuses, à la tête desquelles Pearl White, la blonde ingénue des *Périls de Pauline*. Cette icône de Hollywood au visage de poupée, lèvres en accent circonflexe et coiffure crantée, a déjà conquis le public français. Sur le point de devenir « le symbole sexuel de toute une génération » selon Robert Desnos[5], Pearl White est une des toutes premières stars, sinon la première – encore que certains cinéphiles préfèrent évoquer le nom de Theda Bara (pseudonyme de Theodosia Goodman). Comment rivaliser ? Comment briller enfin de tous ses feux ?

Par chance, Louis Feuillade, tombé malade et démobilisé, peut reprendre le chemin des studios dès l'été 1915. Ce qui lui rend aussitôt la santé et le moral. Pas une minute de repos ne lui est concédée : son directeur, L.G., le charge de préparer un grand coup pour contre-attaquer la domination de la société concurrente, Pathé, qui tourne en grand secret *Les Mystères de New York* : un film en plusieurs épisodes, avec la sublime Pearl White dans le rôle de l'héroïne. Or, le premier épisode, « La main qui étreint », est annoncé comme une véritable bombe pour le mois de décembre.

En à peine quatre mois, Feuillade va imaginer et écrire le scénario d'un *serial* – le mot existe déjà ! –, embaucher les acteurs, tourner des flots de pellicule... et il sera fin prêt, le 4 décembre 1915, pour proposer au public parisien, le même jour que *Les Mystères de New York*, « La main coupée » – premier des dix épisodes annoncés du film vedette de la Gaumont : *Les Vampires*. Un coup de maître ! Avec Musidora dans le rôle-titre.

Musi, dans un collant de soie noire, fine et transparente. Sa jolie tête ovale enfermée dans une cagoule de la même soie. L'un et l'autre dessinés par Paul Poiret, dont elle devient la muse. Ce rôle la propulse aux sommets du septième art. Son corps apparaît parfaitement galbé dans une gaine légère qui ne cache rien de son anatomie. Ses belles cuisses, son ventre plein, ses seins ronds et charnus et tout le reste vont aussitôt emballer le public. Pour paraître plus élancée, elle porte le collant avec des escarpins à talons hauts... C'était d'une grande audace et d'un érotisme inédit. À la fois élégante et lascive, Musidora pouvait compter sur son regard aux longs cils noirs, des plus hypnotiques, et sur ses formes pulpeuses, des plus appétissantes, mais aussi sur la grâce sensuelle de ses mouvements, pour faire entrer les spectateurs en transe. Son rôle, de bout en bout provocant, allait au rebours des séductions habituelles. Car Musi ne jouait pas du tout une ingénue, une amoureuse, ni une femme fatale – type Pearl White, si convenue avec ses mèches platine et son sourire éclatant –, mais une souris d'hôtel : une méchante femme qui vole et tue, avec un parfait naturel. Même ses compagnons vampires, Venenos, Satanas et le grand Julot, la craignent : elle peut les déchiqueter dans un baiser. Gracieux bandit, assassin femelle, cette buveuse de sang répand la peur. Mais aussi le désir, violent et cru. Il y a des scènes qui font frémir.

Voici le vol noir des Vampires.
Gorgés de sang, visqueux et lourds,
Ils sont les sinistres Vampires,
Aux grandes ailes de velours,
Non pas vers le Mal,
Vers le Pire !

Le lancement publicitaire du film, rédigé par Louis Feuillade en personne, ne laisse aucun doute sur le climat de ce noir *serial*, dont la violence, d'après les critiques, reflète le climat où vivent alors les gens – le cauchemar de leurs nuits hantées par la guerre. Elle les en délivre, le temps d'un épisode. D'où l'immense succès populaire des *Vampires* – mille mètres de pellicule, dix épisodes d'une quarantaine de minutes chacun[6] pour une durée totale de sept heures vingt – qui vont remplir les salles jusqu'en juin 1916. Toute une génération « sevrée de joies légitimes et nécessaires », selon Robert Desnos, en aura « la cervelle agitée » et « les sens en fusion »[7].

Musidora raconte elle-même dans ses Mémoires[8] comment Feuillade l'a embauchée, l'été précédent : en lui offrant de choisir entre deux rôles – celui de l'ingénue ou celui de la méchante femme…

« Je vous donne à choisir, dit-il. L'ingénue meurt au premier épisode. La méchante femme est de dix épisodes.

— Sans hésiter, je répondis : "La méchante femme." C'était un an de travail assuré. »

Dans le film, elle se nomme Irma Vep – anagramme de Vampire. Mais très vite elle devient « la » Vampire. Puis comme c'est trop long à dire : la « vamp ». Son nom est trouvé. Sa légende commence.

Colette va certainement aller voir *Les Vampires* – le contraire serait étonnant, tout le monde à Paris verra des épisodes des *Vampires* entre décembre 1915 et juin 1916… Mais on ne peut que le supposer, la correspondance ne mentionne à aucun moment leur tournage ni leur programmation et c'est à peine si, dans ses lettres à Musidora, Colette évoque le « succès » du feuilleton, sans du tout prendre la mesure de son emprise phénoménale sur le public. Les lettres sont-elles perdues ? C'est probable. Musidora les égarera-t-elle au cours de sa vie syncopée, elle qui garde pourtant religieusement tout ce qui lui vient de sa « mère chérie » ? Il ne semble pas vraisemblable que Colette, toujours si préoccupée de la jeune femme, ne suive pas les étapes de son ascension, ni, par le menu, les péripéties d'un tournage où Musidora va prendre tous les risques et prouver son excellence professionnelle. « Tout ce qui m'intéresse, écrit Colette, c'est-à-dire si tu as du succès, si tu es contente… » Voilà tout ce qu'on peut relever comme commentaire de sa part. Au moins le « succès », décidément le mot est faible, a-t-il de quoi la rassurer : Musi occupée, gagnant sa vie, pour quelque temps à l'abri du besoin, sinon des tentations, Colette respire.

A-t-elle aimé, un peu, beaucoup, passionnément, la voir jouer les vampires ? Rien hélas ne permet de le savoir… Musidora a pourtant dû lui raconter le piquant et la drôlerie de ce qu'elle a vécu auprès de Louis Feuillade et de son équipe. Comme elle ne cache jamais rien à Colette et aime partager avec elle ces petits secrets qui font le charme de la vie, elle a dû au contraire lui en parler à cœur joie. Comment

Colette ne se serait-elle pas intéressée à son maquillage charbonneux, elle qui est capable de réclamer sa « boîte à z-yeux » à Verdun, en 1914 ? À son costume, si peu conventionnel, ce collant de soie qui la fait paraître plus nue que nue, elle qui s'est exposée si audacieusement sur scène avant la guerre ? Et à sa façon de jouer, où elle se montre naturelle et vraie, appliquant à la lettre non seulement les consignes de Feuillade mais celles de « Macolette », qui a toujours prêché le naturel et la vérité de la vie contre les artifices et les poses ?

Est-elle allée la voir dans sa loge numéro 8, à la cité Elgé ? Ou Musi lui a-t-elle fait le récit des difficultés, souvent cocasses, rencontrées sur un parcours de sportive de haut niveau : comment enfiler ce collant de Poiret, tout d'une pièce, qui tient le corps serré des pieds à la tête ? Et la quantité de khôl qu'il a fallu appliquer sur ses paupières, au ras des cils, pour lui donner ce regard immense, fiévreux, que tout Paris contemple sur les affiches dessinées par Harford ou Guy Arnoux.

Il est impossible que Musidora n'ait pas partagé avec Colette, malgré ses déplacements en Italie et à Verdun, son implication physique au cours des épisodes. Car elle va devoir affronter des dangers réels et refusera d'être doublée dans les scènes les plus périlleuses. Feuillade, qui déteste les trucages, ne ménage pas ses acteurs. Il a à cœur de coller à la réalité. Aussi tourne-t-il de préférence en plein air, dans des rues, des jardins publics, des gares, devant des immeubles en pierre de taille de l'avenue Junot ou de l'avenue du Général-Langlois, pour privilégier toujours « le vrai » – il exècre le côté théâtre du cinéma de cette époque et, de manière générale, tous les décors en carton-pâte. Ce qui lui plaît, ce qu'il lui faut, c'est de la vie toute crue. Une idée qui est du pur Colette.

C'est ainsi que Musidora va se hisser sur un train en marche (un vrai train) et s'y tenir jusqu'à la gare de Brunoy, au risque de dégringoler. Là elle doit sauter sur le quai, en souplesse. La cascade n'en est qu'à ses débuts : à Brunoy, Feuillade lui demande de prendre place sur le ballast, sous un wagon (une scène que Pearl White jouera, presque à l'identique, dans un film futur). Pour filmer sa performance, les appareils de prises de vues furent fixés très bas, tout le long de la voie. Au signal de Feuillade – un coup de sifflet ! –, le train s'ébranle et, lentement, tandis que Musi reste couchée sur les rails, le convoi passe sur son joli corps – cinquante-deux wagons ! Le temps dut lui paraître long ! Après quoi, elle bondit sur ses pieds pour reprendre le cours de ses aventures.

Jamais elle ne se dérobera au moindre exercice. À croire que le danger ne lui fait pas peur ! Ficelée sur une route, une auto roule à pleine vitesse pour l'écraser et s'arrête au dernier moment… un freinage à hauts risques ! Ou bien elle se jette par la fenêtre, du haut d'un immeuble (épisode 6, « Les yeux qui fascinent »). Un drap tendu à bras d'hommes la réceptionne dans la rue ! D'autres actrices auraient protesté. Pas elle.

Pour un autre épisode, Feuillade, jamais à court d'idées, émet le vœu qu'une bombe (une vraie bombe) éclate dans le décor d'un (vrai) cabaret, au cours d'une scène d'ambiance – et quelle ambiance ! L'artificier a prévenu Feuillade qu'il pourrait y avoir des dégâts. Mais le réalisateur, pour que les acteurs jouent le mieux la surprise, ne leur dit rien… Quand la bombe explose, le décor s'écroule, pulvérisé. Des vitres et des coupes à champagne volent en éclats, provoquant des blessures. Musi se retrouve à demi assommée, le poignet luxé.

« Pour une bombe, c'était une bombe !… Pour une réussite, c'était une réussite !…, raconte Musidora. Feuillade rayonnait : "Les blessés auront triple cachet", hurlait-il. Tous auraient voulu être blessés. J'entendis : "C'est toujours les mêmes qui ont de la veine[9] !…" »

Au dixième et dernier épisode, « Les noces sanglantes », Irma Vep meurt d'un coup de pistolet en pleine poitrine – ce qui est une manière radicale d'en finir avec le feuilleton. Elle meurt d'ailleurs dans une robe ordinaire, à jupons, et non dans son somptueux collant de vampire, qui lui va si bien – les spectateurs ont dû en être déçus. Mais là encore, Louis Feuillade a tenu à ce que cette fin rocambolesque d'Irma Vep soit aussi vraisemblable que possible. L'arme à feu, bien réelle, était chargée à blanc. Et il avait fait donner quelques leçons de tir à la jeune élève du Conservatoire, Mlle Zouzou Lagrange, chargée de débarrasser le monde de la cruelle Irma. Mais Mlle Zouzou, dans le rôle de la gentille épouse d'un journaliste, a le trac, sa main tremble. Elle tire trop tôt, et en visant le cœur ! Musidora reçoit une déflagration en pleine poitrine. Les seins criblés de petite mitraille (heureusement à blanc !), elle souffre et saigne. Feuillade est ravi : sur la pellicule, ses grimaces de douleur n'en sont que plus convaincantes. Ce dernier épisode, Musidora restera toute sa vie persuadée qu'il aurait pu lui être fatal : par un excès de perfectionnisme et poussant jusqu'à l'extrême son exigence de réalisateur, Feuillade a été tenté de filmer une véritable exécution en direct ! Et pendant quelques secondes, il l'a regardée mourir pour de bon devant la caméra.

Si Louis Feuillade est amateur de vérité, Musidora n'est pas en reste. Loin de gesticuler, comme le faisaient presque tous les acteurs de son temps, elle reste sobre dans l'interprétation. Comme elle le dit elle-même à un journaliste, « le geste oui, la gesticulation non ». En cela, elle ne fait qu'appliquer les conseils de style de Colette : de même que l'écrivain choisit le mot juste et élimine les épithètes inutiles, l'acteur doit saisir l'expression, le mouvement exacts, et se garder d'en rajouter. Le « trop » est l'ennemi de l'art. C'est en cela que Musidora innove – elle fera école. Elle essaie toujours, comme Colette, d'être au plus près de la vie. Ses œillades, ses mouvements lascifs ont je ne sais quoi de captivant, encore aujourd'hui.

En 1916, la saga cinématographique se poursuit avec un nouveau feuilleton, appelé au même succès que *Les Vampires*, dans lequel Musidora va à nouveau déployer son talent. Louis Feuillade lui en confie le principal rôle féminin : elle va jouer Diana Monti, dans *Judex*. Et ainsi confirmer sa place parmi les étoiles, au firmament du septième art.

Interprété par René Cresté, qui dans sa cape noire aux agrafes d'argent, sous son chapeau à large bord, va déchaîner les passions dans les salles obscures, Judex est un justicier, un redresseur de torts, qui punit les méchants et vient en aide aux faibles. Il a une belle carrure, un clair regard, une âme pure et désintéressée – ce qui change évidemment des *Vampires*. Plus pervers en revanche, le rôle de Musidora : son héroïne, Diana Monti, une aventurière de haut vol, se grime en institutrice pour séduire un banquier – je passe sur les mille et un détails de l'histoire. À la sortie du « Moulin tragique », le cinquième épisode (il y en aura onze, avec un prologue !), un critique s'exclamera, enchanté :

« Ah ! voir Musidora en caleçon de bain… On sortirait de prison pour moins que ça ! »

Ce caleçon est un maillot noir d'une pièce, audacieusement échancré pour une époque où les femmes se baignent – quand elles se baignent – très peu déshabillées. C'est dans ce costume de scène, d'une simplicité minimale, qu'elle se jette par une trappe dans les eaux d'un fleuve ! L'un des morceaux les plus applaudis du film ! À Rozven, où Musidora passait ses vacances, l'été 1914, près de Colette et de Jouvenel, elle portait le même maillot noir pour aller nager – quand elle daignait le porter. Maillot non pas dessiné par Poiret mais acheté au magasin du Louvre, qui décidément fournit tout – cette fois, rayon lingerie.

Tourné à Sainte-Maxime, au château des Tourelles, de juin à octobre 1916, le feuilleton – cinq heures de représentation au total – va lui aussi connaître un énorme succès. *Judex* deviendra si populaire que la Poste éditera des timbres à l'effigie du personnage. Musidora y acquiert pour sa part un véritable statut, en confirmant non seulement ses qualités de cascadeuse mais son talent d'actrice. Dans *Judex*, on lui reconnaît certes une plastique harmonieuse et un visage de madone – certains y voient même une madone de Murillo –, mais on salue son expressivité et son naturel. On souligne la force du moindre froncement de ses sourcils, d'un clignement d'œil, d'une moue de ses lèvres… Tous ses gestes seront étudiés, admirés. Il y aura une ribambelle de louanges pour célébrer Musidora. En voici l'écho dans *Hebdo-Film*, revue spécialisée, créée en 1916, l'année même du tournage : « Devant l'écran où Musidora palpite, rêve ou s'amuse, le spectateur n'a pas l'impression qu'on lui joue la comédie et qu'on cherche à surprendre son goût de la logique et de la vraisemblance… » « Sincère, naturelle…, Musidora pense comme elle vit et vit comme elle pense, d'instinct, sans hypocrisie. »

Combien Colette peut être fière de sa « fille chérie » – cette fille, souvent si dissipée, avec ses mauvaises fréquentations, ses fugues soudaines, ses élans inconsidérés vers les êtres paumés, chiennes perdues sans collier et autres créatures malmenées par la vie. Au cinéma, sur la grande toile blanche, son petit Musi est une véritable reine. En passe de devenir la grande Musidora – la vamp incontestée du cinéma muet.

Comment Colette se serait-elle laissé distraire de tout ce qui arrive à son enfant chérie, elle qui, dans chacune de ses lettres rescapées de cette époque troublée, l'assure de sa tendresse et de son amour ?

Après d'autres séjours à Verdun, assez brefs pour échapper aux autorités, Colette, de retour en Italie en septembre 1916, retrouve Rome, mais surtout Jouvenel… dont l'unité a été envoyée sur le front italien, en Istrie, dans le Carso, au mois d'août. Pour qu'il puisse la rejoindre à chacune de ses permissions, elle se rapproche de lui – tant pis pour les reportages du *Matin* – et réserve une chambre au Grand Hôtel Villa d'Este, à Cernobbio. Vue sur le lac de Côme, où tant d'amants sont venus s'aimer. Ce séjour luxueux, délicieux, paisible, la retient sur ses rivages romantiques, jusqu'à fin octobre.

Loin de Paris, cela ne l'empêche pas de prendre des nouvelles de Musidora, retenue de son côté pour de longs mois dans le Var, avec l'équipe de la Gaumont. Colette s'inquiète de sa santé et de sa vie amoureuse, plus que de sa carrière au cinéma. Elle lui donne le nom d'un spécialiste pour soigner sa sinusite chronique et l'incite à se faire examiner médicalement des pieds à la tête : sans doute un grand état de fatigue nuit-il à ses défenses… Colette n'hésite pas non plus à consacrer une longue lettre à une affaire qui la tracasse : une liaison de Musi qu'elle trouve catastrophique et dont elle voudrait la détacher. Preuve qu'elle prend toujours le temps de se soucier de Musi.

Les trompettes de la renommée n'émeuvent pas Colette. Le succès a beau faire, rien ne peut changer son cœur : Musidora, glorieuse et couronnée, sera toujours son petit Musi, son enfant, sa fille, sa petite, sa chérie, sa fille chérie aimée.

« Je t'embrasse autant que je t'aime, mon petit Musi. » « Mille tendresses, ma chérie. »

Elle l'enveloppe dans ses bras et pose sur son front « une main maternelle. »

18

Musidora se demande toujours ce que Colette ferait, ce que Colette dirait. L'admiration qu'elle lui porte l'aide à se guider dans tous les domaines de la vie. Côté professionnel, bien travailler, y mettre toute sa conscience. Avoir la patience d'aller au bout d'un projet, quel qu'il soit. Et préférer la simplicité, le bon sens, le respect de la vie à toute autre direction. Voilà ce que Colette lui a appris et dont elle lui est redevable.

Côté amoureux, elle s'en remet à son expérience, même si elle ne suit pas tous ses conseils. À la veille de partir pour l'Italie, où elle va demeurer plusieurs semaines, Colette la met en garde contre « le machin », nom donné à sa dernière liaison. L'individu baptisé « le machin » abuse de sa confiance, croit-elle, et l'exploite au-delà du raisonnable. Musidora, très éprise, lui a adressé des lettres compromettantes, sur lesquelles Colette l'engage à revenir. Elle préconise de prendre des distances alors même que la jeune femme a eu l'imprudence d'exiger de son amoureux un choix aussi absurde qu'impossible : l'opium ou moi ! Le gars s'est bien « tordu », dit Colette, à cet ultimatum. À son dîner chez Paul Leclerc, elle a eu tout loisir de l'observer. Son opinion est faite. Aussi incite-t-elle Musi à opter pour « un silence complet ». Voici son plan : « Si ce silence, inattendu, intrigue l'individu jusqu'au point qu'il t'en demande la cause, réponds (carte postale) : "Tant à faire ! sais plus où donner de la tête. Bien gentil m'avoir fait penser à donner des nouvelles." »

On sent qu'elle est elle-même passée par là. Elle connaît les hommes, Colette !

« Alors, raconte ! » Ainsi commence-t-elle toujours leurs conversations quand elles se retrouvent. Musidora la tient au courant de ses dernières amours – un feuilleton à concurrencer les plus folles productions de la Gaumont. Un jour qu'un homme l'a quittée mais qu'elle espère son retour, Colette, un peu brutale parce qu'il le faut : « Tu crois qu'il va revenir, tu te trompes. Quand un homme se détache, c'est fini… C'est fini pour très longtemps. Tâche de comprendre. »

Puis, après une brève respiration, où elle a dû se remémorer un vieux et long passé de chagrins, elle ajoute impitoyable : « Ils ne reviennent jamais. Crois-moi, il n'y a pas d'exemple. »

Là-dessus, elle décroche son téléphone et appelle Anatole de Monzie, l'ami de Jouvenel et le meilleur avocat de Paris, pour qu'il défende les intérêts de Musi. Les peines de cœur ne doivent pas faire oublier les intérêts matériels. Apprends à te défendre, ma fille !

Musidora voue à Colette une amitié sans bornes, que le temps ne va pas altérer. « Il n'y a chez elle ni lieu commun, ni banalité, ni cliché, dira-t-elle. Colette ne parle jamais pour ne rien dire. Elle observe dans le silence et donne à son regard une profondeur qui captive, qui laisse courir la confiance jusqu'à elle. Prompte à saisir, deviner et conclure, elle ignore la lenteur qui pontifie. Ceux qui ont la joie de s'asseoir à son côté ne voient plus les heures s'enfuir. Un rare bonheur vous saisit, vous maintient et vous entraîne. Vous goûtez l'ivresse ; seulement, vous sentez un petit pincement au cœur, au moment de vous séparer d'elle[1]. »

Le cinéma, loin de séparer les deux femmes, va encore les rapprocher. Il sera un intérêt partagé, sinon tout à fait une passion commune. Colette n'a pas attendu de rencontrer Musidora pour découvrir le septième art. Elle en a très vite mesuré les perspectives. Mais Musidora lui a permis d'entrer dans ses arcanes. Elle sait maintenant ce que peut être l'élaboration d'un film – entreprise aussi compliquée qu'un roman. Peut-être davantage car il y faut un esprit d'équipe et le travail de plusieurs professions.

Tout ce qui demeure caché au spectateur durant la projection, les essais de la mise en scène, le recours éventuel aux trucages, la performance des costumiers ou des maquilleurs, la fabrication des décors, le coût de la production, le montant des cachets pour les figurants ou pour les vedettes…, plus rien n'a de secret pour elle, depuis que Musidora en lui racontant par le menu sa vie d'actrice l'a fait entrer dans les coulisses du cinématographe. L'hiver 1916, profitant de son séjour italien, Colette rêve de voir ses *Claudine* portés à l'écran, avec Musi bien sûr dans le rôle éponyme. Elle tente même d'intéresser un producteur italien à ce projet, pour lequel elle se dit prête à écrire le scénario. Mais le film ne se fera pas. Ou plutôt il se fera sans elle. Et sans Musidora. L'été 1918, la saga des *Claudine*, produite en quatre épisodes par les Films Celtic, révélera la jeune Maud Loty[2], presque encore une inconnue, avec sa frange brune, ses joues rondes et son air malicieux. Modèle de Suzanne Valadon et de son fils Utrillo, cette Montmartroise délurée, affamée de luxe, qui se montrera capable de ruiner un maharadjah et finira tragiquement dans le ruisseau, sera la première Claudine du cinéma. On peut le regretter pour Musidora qui semblait prédestinée pour le rôle. Un rôle encore muet[3]…

Ce même hiver 1916, Colette et Musi se retrouvent impliquées ensemble dans *Minne*, un film de Jacques de Baroncelli adapté du roman de

Colette (*L'Ingénue libertine*), mais non par Colette. C'est Baroncelli qui signe l'adaptation. Musi joue Minne, bien sûr. Mais elle ne se contente pas du rôle. Elle prend une large part à la mise en scène – le film lui tient à cœur. De sorte que Baroncelli joue plus d'une fois les assistants réalisateurs, tandis que Musi dirige à sa place... Malheureusement, *Minne* ne sera jamais projeté en salle. En fait, Musidora est impatiente de passer derrière la caméra. Ce vœu, elle ne va pas tarder à l'accomplir. Et elle sera une des premières actrices – sinon la toute première – à réaliser.

Son plus cher désir serait de tourner un film à quatre mains : sur un scénario de Colette, avec des sous-titres rédigés par Colette (on est encore à l'époque du cinéma non parlé). Une occasion lui est donnée en 1917 d'interpréter une autre de ses héroïnes, Renée Néré, dans une adaptation de *La Vagabonde*, film d'Eugenio Perego. Musidora en écrit le scénario. Colette, qui assiste au tournage en Italie, l'hiver 1917, se contente du titre et du rôle de conseillère. On est encore loin d'une création commune, signée des deux amies.

C'est seulement en octobre 1918 qu'elles seront enfin réunies pour le tournage d'un film. Musidora est l'instigatrice du projet qu'elle entend mener de bout en bout. Sur un scénario original qu'elle paie 10 000 francs – une belle somme – à Colette, chargée d'écrire de plus les sous-titres, *La Flamme cachée*[4] raconte l'histoire d'une étudiante, Annie Morin, déchirée entre deux amours. Certaines scènes sont tournées à la Sorbonne. Ce film mettra en valeur une Musidora à la fois actrice et réalisatrice, qui passe tour à tour avec dextérité devant et derrière la caméra. Avec l'aide de Roger Lion pour la mise en scène, et dans les rôles masculins Maurice Lagrenée et Jean Yonnel, elle en est même la productrice, ayant créé à cette fin la « Société des Films Musidora ». Moins pour concurrencer les titans du métier que pour être parfaitement libre. *La Flamme cachée* est sa toute première production.

Colette encourage Musidora dans cette voie ardue. Non qu'elle soit une adepte du cinématographe. On ne la voit pas souvent dans les salles obscures. Mais elle comprend qu'il se passe quelque chose d'important et qu'un art est en train de se développer. Un art qui a partie liée avec la littérature. Les metteurs en scène portent à l'écran des romans qu'ils adaptent avec plus ou moins de réussite. Et les écrivains commencent à avoir envie de faire le travail eux-mêmes, voire d'écrire des textes originaux. Un film l'a particulièrement marquée, en 1915 : *Forfaiture* de Cecil B. DeMille, avec pour principal acteur Sessue Hayakawa.

Musidora, faute d'obenir d'autres collaborations de Colette, mettra en scène, après la guerre, un roman de Pierre Benoit. Puis un roman d'Ernesta Stern. Des romanciers en vue. Elle jouera dans ses films, tout en dirigeant les acteurs, mais aussi les techniciens, de l'éclairagiste au coiffeur, au maquilleur et au décorateur. Elle ne lésinera d'ailleurs ni sur les cachets des comédiens, ni sur le luxe des décors et des costumes : sa prodigalité de réalisatrice-productrice sera maintes fois célébrée dans la presse. Comme jadis au cabaret-théâtre, elle entretient les meilleures relations avec l'ensemble de son équipe, qu'elle traite comme sa famille. Une famille élargie aux amis, aux camarades, et où Colette joue le rôle le plus lumineux : celui de la mère de tous, adorée, respectée, obéie. Notons, pour illustrer ce sens de la famille, que c'est à son père, Jacques Roques, que Musidora demandera d'écrire la musique de ses films.

Il y a chez Musidora le rêve mégalomaniaque d'un cinéma total, où elle tient tous les rôles à la fois. Mais aussi le rêve intime et tendre d'une création en duo, avec Colette pour partenaire, à chacune des étapes, jusqu'au succès final qui les verrait enfin unies et solidaires, célébrées ensemble pour une œuvre signée de leurs deux noms indissociables.

Pour Colette, le cinéma n'est qu'une parenthèse entre deux romans, entre deux articles. Et une source appréciable de revenus : on y est mieux payé que dans la presse ou l'édition. La romancière n'a pas l'intention de devenir scénariste ni dialoguiste. Elle ne sera même que peu de temps critique cinématographique, occupation qui la retient quelques mois, en 1917, comme collaboratrice du *Film* : une revue spécialisée, créée en 1914, dirigée par Henri Diamant-Berger puis par Louis Delluc. Elle n'en reste pas moins curieuse du septième art. Et amateur de ses belles œuvres. Le cinéma – elle l'a elle-même écrit – lui ouvre des horizons. Il lui permet d'approfondir, s'il en était besoin, son sens des images : Colette, scénariste dans *La Flamme cachée*, excelle à faire se succéder les scènes, en créant une logique intérieure à l'intrigue, et en privilégiant le dynamisme des tableaux. C'est ce qui a frappé les critiques. Du coup, les sous-titres deviennent moins nécessaires, ou s'en trouvent considérablement allégés. Le public de cette époque était en effet confronté à des textes longs, pénibles à lire, qui fragmentaient l'action. Les critiques de *La Flamme cachée* vont tous souligner chez Colette un art de la phrase juste et s'extasier sur la concision, la légèreté de ses légendes. Enfin, des phrases qui n'alourdissent pas le spectacle !

« Mme Colette, dont le talent a charmé tant de lecteurs, va conquérir au cinéma tous ceux qui étaient effrayés par la longueur des sous-titres de la plupart des films qu'on présente en ce moment », écrit J. L. Croze dans *Le Figaro*. « Mme Colette semble être entrée dans une voie qui aboutira fatalement à la suppression à peu près totale des sous-titres… Un grand pas aura été fait vers la perfection de l'Art cinématographique. » Colette applique au cinéma la même recette gourmande que dans ses romans : raconter, décrire, faire voir. Privilégier les sensations et bannir les commentaires, toujours abstraits et ennuyeux ! Elle revient sans cesse sur cette leçon de style qu'elle transmet avec autorité à Musidora : « Les auteurs et les metteurs en scène d'un film ne doivent pas se permettre de présenter au public une action qui s'échelonne sur un laps de temps de vingt années, en oubliant de donner de la vraisemblance à leur postulat », lui écrit-elle pour un de ses films précédents. Elle la félicite toutefois sur son « expressivité » et sa beauté. « Tu es très belle, ma petite fille… », « Tu es tout à fait remarquable, mon petit Musi »…

Mais elle reste réservée sur la facture artistique de ses films : elle porte un œil sévère sur chaque production. Son instinct et son expérience de romancière lui permettent d'évaluer, de juger, souvent de refaire dans sa tête la mise en scène ou les prises de vues. Elle ne ménage pas la susceptibilité de sa protégée. Elle trouve, par exemple, « idiote » la fin de *Johannès, fils de Johannès*, d'André Hugon : « Le film lui-même, où tu es très bonne (sans qu'on ait songé à tirer de toi et du personnage que tu incarnes le quart de l'effet utile) a une fin idiote, entre nous[5]… » Elle fait la grimace devant son « costume d'intérieur », quand Musidora est surprise dans sa chambre, lors d'une scène intimiste de *Pour don Carlos*. Alors que sa tenue d'amazone, dans le même film, lui va à la perfection ! Aucun détail n'échappe à son œil. Colette pense souvent qu'elle aurait pu mieux faire, si on lui avait confié la mise en scène : « Il me semble – c'est peut-être pur orgueil de ma part – que te connaissant comme je te connais, et sachant bien les ressources de ton visage et de ton geste, il me semble que, rien que par de simples avis, par des observations entièrement désintéressées, je contribuerais, le cas échéant, à un maximum d'effet que personne n'a tiré de toi[6]… »

De son côté, Musidora, qui vénère Colette, se montre humble et soumise à son égard. Jamais elle ne proteste contre ses remontrances, jamais elle ne se rebelle. Avec une pleine confiance dans sa « clairvoyance », elle se laisse gronder, encaisse les reproches et tâche de suivre les conseils qu'elle reçoit. Il faut dire que les compliments de Colette, toujours chaleureux, viennent à point contrebalancer ses critiques. Ainsi, Colette la félicite pour son interprétation de la dernière scène, dans *Don Carlos* où elle joue la mort de l'héroïne (enterrée vivante) : « Le pâlissement du regard, l'effondrement sur place, ça vaut Hayakawa, naturellement : Hayakawa dans les mains de DeMille… » Les grands acteurs ont sa préférence, et *Forfaiture* reste à ses yeux la référence.

Le rêve musidorien d'unir à l'écran la mère et la fille, dans une histoire dont Musidora et Colette seraient ensemble auteur, réalisateur, scénariste et interprète, et peut-être même aussi décorateur, costumier et maquilleur, ce rêve tourne court. Sauf dans *La Flamme cachée*, où elles vont travailler côte à côte, main dans la main, leurs destins divergent. Chacune suivra sa voie. L'affection profonde qui les lie n'en sera ni amoindrie ni détruite. Leur amour, sincère, désintéressé – ce sont des mots de Colette – survit au cinéma et à la littérature.

« Je t'embrasse, mon petit Musi !… Sois contente ! Sois heureuse ! C'est une façon d'être sage. »

19

Marguerite Moreno a-t-elle ri aux éclats, de ce rire contagieux qui réjouit ses compagnes, lorsqu'elle a découvert dans *Les Vampires* le personnage nommé, comme elle, Moreno ? Juan-José Moreno : un bandit, chef d'un gang rival, as de la cambriole et du coup fourré, capable d'embobiner les vampires eux-mêmes. Ce Moreno, interprété par Fernand Hermann, hypnotise Musidora lors d'un épisode et l'attire très voluptueusement dans sa propre bande, ce qui a le mérite de corser l'intrigue. Musidora entre dans une malle qu'il referme et dont il garde la clef dans son gousset. Les spectateurs, haletants, en sont réduits à se demander ce que va devenir leur sombre héroïne.

Comme Colette et ses amies, Marguerite Moreno appelle le cinématographe le « ciné ». L'apocope ne date pas d'hier. Ce « ciné », phénomène encore neuf, n'a cependant pas pour toutes la même importance. Pôle central de la vie de Musidora, anecdotique tout au plus pour Colette, il est essentiellement alimentaire pour Moreno, qui ne s'y emploie qu'à contrecœur, depuis la fermeture des théâtres et le peu de rôles qu'ils offrent maintenant qu'ils ont rouvert. Le cinéma est un palliatif nécessaire. Marguerite n'éprouve pas pour lui cette attirance passionnée qui fait d'elle envers et contre tout une comédienne de théâtre.

Le « ciné » sauve pourtant le couple Moreno-Darragon d'une mauvaise passe, alors que depuis le début de la guerre, grevés de dettes, les deux comédiens se débattent dans les problèmes financiers. C'est Henri Pouctal qui, en 1915, leur offre de jouer ensemble dans *Debout les morts !*, film coécrit avec Léonce Perret et André Heuzé, leur ouvrant ainsi les portes d'un monde dont ils ignoraient encore tout la veille. Ce premier rôle pour Marguerite, comme pour Jean Darragon, ne sollicite évidemment que leur jeu corporel, sans du tout mettre en valeur ce qui est chez eux un don et le trait distinctif de leur personnalité : leur voix. Mais tels sont les impératifs de l'époque : les premiers acteurs du cinématographe se distinguent par l'expressivité de leurs regards, de leurs gestes, et par ce qu'il est devenu banal de nommer leur « photogénie » – un mot neuf lui aussi mais qui s'est vite imposé à une profession née des sortilèges de l'image et de la lumière. Réalisateur à la fibre littéraire, Henri Pouctal aime porter à l'écran de grandes œuvres de la littérature. Il a adapté avant la guerre *Résurrection* et *Werther* – autrement dit, Tolstoï et Goethe –, mais aussi Alexandre Dumas fils (*La Dame aux camélias*), Balzac (*Le Colonel Chabert*), Pierre Loti (*Le Roman d'un spahi*) et même Georges Ohnet ou Victorien Sardou. Ses goûts sont éclectiques. On s'étonne qu'il n'ait pas fait appel plus tôt à Moreno, alors qu'il a pensé à Sarah Bernhardt pour jouer en 1912 la Marguerite la plus célèbre du répertoire, avec celle de Faust : Marguerite Gautier, la Dame aux camélias. *Debout les morts !*, directement inspiré d'un roman de Blasco Ibáñez (*Les Quatre Cavaliers de l'Apocalypse*), complète ses productions nées de la guerre. De 1914 à 1916, et même au-delà, Henri Pouctal privilégie les sujets liés à l'actualité : *L'Infirmière*, en 1914, *La Fille du Boche* et *La France d'abord*, en 1915, puis *Alsace*, en 1916, célèbrent le courage, l'héroïsme, l'esprit de sacrifice et proposent des histoires édifiantes, propres à exalter la flamme patriotique. Les occasions ne manquent pas d'embaucher Marguerite. Pourtant, Henri Pouctal ne lui réitère aucune autre proposition.

C'est Henri Diamant-Berger qui lui propose un rôle, l'année suivante, dans le premier film dont il est l'auteur, *Paris pendant la guerre* (1916) – le cinéma se veut un témoignage brûlant de ce que vit la population. Ce cinéaste d'à peine vingt ans, qui s'est porté volontaire dès les premiers jours du conflit, est lui-même un héros, décoré de la croix de guerre avec palme et réformé pour blessure, l'année qui précède son film. La guerre n'est pas un sujet qu'il traite à distance. Ce jeune héros, qui a vu la mort de près, décide de porter sa caméra vers l'arrière des combats, dans une capitale-Lumière où la vie des civils continue, envers et contre tout. Moreno y a pour partenaire Jean Signoret, l'acteur marseillais, qui jouera bientôt avec Musidora et sous sa houlette dans *Pour don Carlos*... Les liens professionnels s'entrecroisent et se resserrent d'une année l'autre, entre les amies. D'autant que Colette va bientôt faire la connaissance du jeune Diamant-Berger : il lui demandera d'écrire des critiques cinématographiques pour la revue qu'il s'apprête à fonder, cette même année 1916, avec son camarade Louis Delluc, *Le Film*. Revue où écrira quelque temps Louis Aragon. Colette interrompra rapidement sa collaboration, découragée dira-t-elle par l'insuffisance de la rémunération.

Pour Moreno, les propositions de travail se font rares. Elle devra attendre les années vingt pour que Henri Diamant-Berger lui demande de tourner pour lui dans d'autres films : elle jouera dans six d'entre eux, de 1922 à 1930, incarnant notamment la reine Anne d'Autriche, dans un *Vingt ans après* en dix épisodes, chef-d'œuvre de l'ère du muet. À ses débuts, durant la guerre, Moreno végète. Deux films en deux ans ! Pendant ces mêmes années, Musidora, sous l'aile exclusive de la Gaumont dont elle devient la vedette incontestée, tourne dans treize films en 1915, dont onze sous la férule de son complice Louis Feuillade, et en 1916, l'année la plus éclatante de sa carrière, dans une bonne trentaine, incluant les dix épisodes des *Vampires*, les onze de *Judex*, ainsi que dix créations indépendantes, toujours de Feuillade, des *Jeunes Filles d'hier et d'aujourd'hui* aux *Fourberies de Pingouin* ! Moreno fait évidemment pâle figure à côté. Son passé de tragédienne intimide, sa connaissance des classiques, sa diction magnifique ne lui sont d'aucun secours. D'autant que le théâtre lui aussi la néglige. Alors qu'elle n'aime que la scène et y donnera un jour sa véritable dimension, elle peine, tout comme Jean Darragon, à trouver sa juste place.

Tandis que Musidora s'impose en véritable star, que Colette et Annie se font un nom et une réputation dans leurs professions respectives, Moreno traverse des années difficiles. La guerre ouvre à ses trois amies des perspectives prometteuses, un avenir professionnel plus sûr qu'il n'a jamais été, elle se voit reléguée dans l'ombre : une humiliation, pour celle qui fut Andromaque et Phèdre, et aurait tellement voulu créer la princesse Hérodiade, dans le poème inédit et posthume de Stéphane Mallarmé. Elle donne le change avec sa belle humeur constante, ses traits d'humour et ses plaisanteries. Elle continue de faire rire ses amies, mais elle est une femme blessée, privée d'expression et de lumière, gagnée par la mélancolie. Cela n'échappe pas à Colette, qui lui porte une tendre affection. « Mon âme, ô mon âme, où es-tu ? » « Que fais-tu ? », disent les lettres.

Colette n'ignore rien de son existence aux abois, forcée de courir les maisons de production ou les antichambres des metteurs en scène. Elle qui connaît bien le dur métier de comédienne, sait qu'il n'y a pas plus expressif visage que celui de Moreno. Sa « Malguelite » a une présence immédiate et forte. Et elle mime comme personne.

Mais on lui préfère des filles légères, à l'allure souple, qui n'ont ni son charisme ni sa dimension tragique. Car Moreno est une tragédienne avant tout, même si elle se montre comique dans la vie de tous les jours. Son répertoire n'a jusque-là embrassé que des rôles nobles, ambitieux, taillés à sa mesure. Au cinéma, confrontée à des acteurs qui n'ont ni sa formation ni sa culture, et à des réalisateurs certes exigeants, mais dont le monde lui paraît dérisoire en comparaison du théâtre – ce bel idéal dont Racine et Mallarmé, Mounet-Sully et la grande Sarah hissent haut les couleurs –, elle s'ennuie.

Escortée de Jean Darragon, le chevalier servant, elle traîne son imposante et radieuse personne dans les coulisses d'un art qui l'ignore. Physiquement, elle change. Sa silhouette s'épaissit. Elle qui fut sylphide, si fine, si longue, concurrence Colette dans la prise de poids. Elle prend elle aussi des proportions énormes. Mais elle garde son maintien, son port de tête royal et l'étincelle joyeuse du regard est toujours là. Henry de Jouvenel, cet amateur de jolies femmes, continue de lui baiser « chaudement » les mains et de lui envoyer des hommages enthousiastes, « fort irrespectueux ». C'est dire…

En 1915, elle réapparaît sur les planches, en couple avec Darragon, mais ce n'est qu'un passage fugace, au théâtre du Vaudeville[1], dans une suite de vingt tableaux vivants où elle semble perdue dans l'abondante distribution. *Visions de gloire*, revue signée de Louis Verneuil, ne va pas marquer profondément la carrière de Moreno. Au moins cette pièce lui rend-elle pour quelques soirs les frissons du lever de rideau et le face-à-face charnel avec le public, qui reste pour elle une sensation inégalée.

Louis Verneuil, de son vrai nom Collin du Bocage, descendant d'une lignée fameuse de géographes, en est encore à ses débuts : il deviendra dans quelques années un des rois du boulevard, en concurrence déclarée avec Sacha Guitry. Futur amant d'Elvire Popesco, futur époux de Lysiane Bernhardt, petite-fille de Sarah, puis de Germaine Feydeau, fille de Georges, il aime les fortes personnalités – toute sa vie amoureuse en témoigne. Mais il préfère offrir des rôles à des actrices à la beauté plus évidente, comme Charlotte Lysès ou Gaby Morlay, plus tard « la » Popesco – sa muse et principale interprète –, de sorte que *Visions de gloire*, avec ses tableaux vivants qui évoquent la Grande Guerre, ne sera pour Moreno qu'une escale sans éclat, sur une route dont ses amies elles-mêmes se demandent où elle la mène. La gloire ? Comment y croire, en 1915, en 1916 et les années suivantes ? Alors que Moreno prend de l'âge et marche sans projet vers ses cinquante ans. Les circonstances ne s'accordent pas à son allure toujours conquérante, à son énergie intacte ni à son exceptionnel talent.

Colette, de son côté, est « affolée de travail ». Tout comme Annie de Pène, devenue une des chevilles ouvrières de *L'Œuvre* comme Colette du *Matin*. Des liens de famille unissent désormais ces deux journaux concurrents, puisque *L'Œuvre*, passée au rythme hebdomadaire en septembre 1915, s'est choisi un nouveau rédacteur en chef en la personne de Robert de Jouvenel, le jeune frère d'Henry. Robert, qui a été démobilisé à la suite de ses blessures et rendu à la vie civile, va ainsi travailler avec Gustave Téry, qui garde la direction du journal – les hommes sont toujours aux commandes. Il arrive qu'Annie donne un article au *Matin*, et Colette à *L'Œuvre*, dans un jeu de passe-passe qui reste très familial, tout en collaborant à diverses revues l'une et l'autre. Elles ont du succès : la presse les demande. Elles s'en félicitent car elles courent derrière les « piges » comme Moreno derrière les cachets. Leur vie matérielle est loin d'être fastueuse, la presse ne paie pas bien, elles ont du mal à honorer les factures à la fin du mois. Les soucis d'argent conduisent Colette à mettre en vente ses manuscrits – c'est Annie qui lui arrange l'affaire, en trouvant un client à trois mille francs pour celui de *L'Ingénue libertine*.

Cette activité journalistique débordante s'inscrit pour toutes deux en contrepartie d'une vie sentimentale décevante et chaotique. Rien ne vaut le travail, comme exutoire à un chagrin d'amour.

Il y a longtemps qu'Annie se plaint à Colette de ne pas être heureuse avec Gustave Téry. Mais la situation empire. Annie traverse une crise grave : elle aime toujours son compagnon malgré leurs différends, mais songe à le quitter. Comment sortir de cette impasse ?

En parallèle, Colette commence à souffrir d'un refroidissement dans sa relation avec Henry de Jouvenel. Refroidissement de son fait à lui, car elle-même est toujours aussi éprise. « Il paraît que le ménage Colette-Henry de Jouvenel ne va pas très bien, note cette méchante langue de Léautaud dans son *Journal*. Jouvenel a toujours pour elle une grande admiration littéraire, mais la passion est finie et il ne se gêne plus pour se distraire ailleurs[2]. »

La plus sûre et constante maîtresse de Jouvenel, à partir de 1916, ne figure pas parmi les passades dont il a toujours été coutumier et qu'il n'épargne pas à Colette s'il faut en croire Léautaud, depuis qu'ils sont mariés. Passades dont la guerre ne l'a pas délivré, bien au contraire : la menace d'être tué renforce le goût et la joie d'être vivant. Comme Colette le fera dire à un autre grand séducteur, héros d'un livre futur[3], « quand on se tire de la guerre d'une manière aussi avantageuse, je peux dire aussi banale, avec ces deux cicatrices au bras [Jouvenel a été blessé au pied…], on ne demande, après, qu'à vivre beaucoup, à travailler beaucoup ». La maîtresse de son mari, c'est d'abord la politique : elle le saisit avec violence comme un regain d'amour. Dès septembre 1916, Jouvenel a la chance – grâce à ses amis haut placés – de recevoir une affectation civile, celle-là même qui lui a permis de rejoindre Colette sur le lac de Côme. En janvier 1917, il est dépêché à Rome, parmi les délégués de l'Entente, aux côtés de Briand, de Lyautey, de Philippe Berthelot. Il se passionne pour les débats. Convaincu que la guerre a été mal préparée, mal conduite, il cherche des solutions pour en sortir et demeure persuadé que la diplomatie est la seule réponse possible à l'enlisement et à l'absurdité des combats. Il gardera toute sa vie chevillée au corps cette confiance dans les conférences et les débats internationaux, seuls capables selon lui de réconcilier les puissants instincts nationaux ou au moins de résoudre leurs antinomies. Cette confiance a toutes les caractéristiques d'une mystique.

Renvoyé sur le front après la démission de Briand en mars, Jouvenel est rappelé à la mi-juillet pour devenir le chef de cabinet de son ami Anatole de Monzie, député du Lot, promu sous-secrétaire d'État aux Transports et à la Marine marchande. « C'est moi qui l'ai détourné du journalisme et amené au Parlement », dira Monzie.

Colette se réjouit de voir son mari quitter l'uniforme pour le costume civil : le voilà à l'abri pour quelque temps ! Elle écrit à ses amies qu'elle donnerait cher pour qu'il reste à la maison, loin des tranchées, des baïonnettes et du canon. Mais ses lettres, dans le bonheur lascif de ces brefs séjours volés à la mitraille, laissent entrevoir un désarroi inhabituel. « Sidi n'a pas le temps... », « Sidi ne peut pas... », « Sidi repart... ». Loin d'être des lunes de miel, comme à Verdun, le premier hiver de la guerre, leurs retrouvailles la laissent insatisfaite et comme sur sa faim : Henry n'a plus assez de temps ni d'attention à lui accorder. La politique, cette rivale dont elle n'avait pas soupçonné l'emprise, le lui enlève au moindre prétexte. Conseils, tables rondes, entretiens particuliers, déjeuners ou dîners de première importance, où elle n'est bien sûr pas conviée. Les raisons invoquées ne manquent pas. Et quand il peut enfin passer un ou deux jours auprès d'elle, il est là sans être là. À Rome, elle a la sensation désagréable d'être encore une fois une femme abandonnée. Ce sont pour elle des promenades solitaires le matin dans les jardins Borghèse, des visites d'églises et de musées (à petites doses, car elle se lasse vite). « Sidi me rejoint à midi s'il a le temps », écrit-elle à Marguerite Moreno. L'après-midi, elle rédige *Les Heures longues*, en regroupant les articles qui ont paru depuis le début de la guerre, et en récrivant certains, à la recherche d'une unité de ton. Elle travaille aussi au scénario de *La Vagabonde*, pour Musidora. L'écriture distrait. Mais quand le soir tombe, Sidi tarde à rentrer. Les soirées sont longues à patienter sous la lampe, dans la chambre d'hôtel.

Au moins à Paris, quand Henry est nommé chef de cabinet de Monzie, habite-t-elle leur nid douillet. Elle en sort pour aller au théâtre, dîner chez les uns ou les autres… Quand elle reçoit ses amies au chalet, Henry ne boude jamais son plaisir de les y trouver, quoique ses retours soient aussi tardifs qu'impromptus. Les amies de sa femme sont ses amies, déclare-t-il volontiers. Colette ne peut mésestimer cette chance, tout en évaluant les risques. Henry de Jouvenel, ce séducteur-né, approche en conquérant toute créature aimable du sexe opposé. Il a l'habitude de plaire : comment résister à son œil de velours, à ses belles épaules, à sa façon cavalière et câline de s'adresser aux femmes ?

« Son mari me fait la cour », écrivait déjà, avant-guerre, Lucie Delarue-Mardrus, qui reprochait à Colette d'encourager les tentatives d'approche et de séduction de son époux. « Ces triplices auxquelles Georgie[4] ne m'a pas convertie me tentent moins que jamais. Cependant je suis équivoque et gentille, car Jouvenel dirige *Le Matin* et me téléphone tout. » Lucie Delarue-Mardrus n'aurait sûrement pas succombé aux charmes de Jouvenel, pas plus qu'à ceux d'un autre : elle n'aime pas du tout les hommes. Mais elle n'aime pas beaucoup Colette non plus : « Colette m'embête », écrit-elle dans son journal. « Ce soir, je dîne chez Colette. Il y a toujours chez elle une grue à la clef… » Elle a parfaitement compris que le couple Jouvenel, pour mieux vivre ou pour survivre, a besoin de pimenter le quotidien.

Natalie Barney partage l'opinion de son amie Lucie, mais se montre plus perspicace dans l'observation du couple Jouvenel. Henry de Jouvenel, écrit-elle, « ce grand brun dans la force de l'âge, intelligent et vaniteux, et qui plaisait tant aux femmes – qui tant lui plaisaient – comment l'arrêter et le fixer auprès d'une seule, fût-elle Colette… ? ». Elle évalue l'animal, qu'elle juge indomptable, rétif par nature à ce qu'elle appelle « l'épreuve de la fidélité ». Elle-même, confrontée à ce modèle de donjuanisme, s'est toujours refusée à limiter ses amours à une seule conquête à la fois. Voici ce qu'elle dit dans ses *Souvenirs indiscrets*, qui méritent si bien leur nom : « Quoi de plus naturel que Jouvenel, pendant cette épreuve de fidélité, finit par s'ennuyer d'être privé, non seulement dans sa vanité de mâle, mais dans sa dévorante sensualité, d'un changement de régime féminin ? » On peut faire confiance à Natalie Barney, qui est elle-même conquérante et insatiable, pour reconnaître, où qu'il soit, même chez un homme, ces deux traits familiers : la vanité, la sensualité. Cette séductrice assumée, qui tient le compte de ses conquêtes, considère la fidélité imposée comme un vice, non comme une vertu, et une atteinte odieuse à ce qu'elle a sans doute de plus cher au monde : sa liberté. Si une tendre amitié porte Natalie Barney à éprouver de la compassion pour Colette, qu'elle sent vulnérable et blessée, elle comprend Jouvenel. Infidèle par nature, pour assouvir ses désirs d'homme, il est au fond son frère d'armes. Seule sa mâle attitude, « pleine de suffisance », lui paraît manquer de la plus élémentaire courtoisie.

L'Amazone, qui aime beaucoup Colette, en est navrée.

Témoin, au *Matin*, d'une rapide escarmouche entre les Jouvenel, elle rapporte dans ses *Souvenirs indiscrets* cette scène d'humiliation dont Colette a fait les frais. Henry de Jouvenel, en permission, « de fort bonne humeur, dégagé et plein de suffisance », passe la tête par la porte de son bureau pour dire à Colette de ne pas l'attendre pour le dîner.

« Mais, tu rentreras tôt après ? » demande Colette, interloquée.

Lui, pas fâché d'avoir un témoin en la personne de Natalie Barney : « Non, je crains que cela ne soit trop tard. Ne m'attends surtout pas. »

« Le coup avait porté, résume Barney, et Jouvenel, content de montrer combien on tenait à lui, devant le silence éperdu de Colette, continua à jouir de la souffrance de cet être qui lui était en tous points supérieur, et surtout en amour[5]. »

Est-ce une conjoncture des astres, qui envoient des signaux d'alarme, un soir d'orage, à l'automne 1916 ? Tonnerre, éclairs et pluie se déchaînent. Le toit du chalet de la rue Cortambert se fissure, l'eau coule dans la chambre tandis que Colette, descendue dans le jardin, découvre un tas de pierres et de briques effondrées. Le vieux chalet s'écroule.

En novembre, les Jouvenel, forcés de déménager, s'installent plus près du Bois, dans un hôtel particulier ayant appartenu à Ève Lavallière. La vieille comédienne, que Colette a bien connue, perd la vue et préfère aller vivre à une adresse plus commode, un entresol, aux Champs-Élysées. Colette avait repéré depuis plusieurs mois, au cours de ses promenades, cette jolie villa du boulevard Suchet, enfouie dans un jardin de feuilles et de taillis en désordre, qui semble prolonger en deçà du Bois « le ravin luxuriant et souillé des fortifications[6] ». Par une sorte de prémonition dont elle se dit familière, il lui a toujours semblé qu'elle viendrait y vivre. La maison est plus vaste et plus confortable que la précédente. Colette souhaite en garder la décoration de la Lavallière, marquée par un goût très théâtre : l'escalier rose dont Mamita (Mme de Jouvenel mère) affirme que « ce n'est pas une couleur d'escalier », et la chambre à coucher, entièrement tendue de cretonne noire, rideaux et ciel-de-lit compris. Colette, que ce kitsch amuse et qui n'a de toutes façons pas les moyens de se lancer dans des travaux, ne touchera à rien.

Avec ce déménagement au 69 boulevard Suchet, c'en est fini de la vie de bohème entre filles. En s'écroulant, le petit chalet de la rue Cortambert ensevelit leurs jeux, leurs rires. Il emporte leurs parfums. Personne ne songera à le reconstruire. Ses ruines resteront chaudes quelque temps, avant qu'un promoteur ne vienne en faire table rase. Colette s'en attriste à peine. Pas plus que ses amies, elle ne s'attarde à regretter le passé. La vie est devant soi jusqu'au bout du chemin, pour chacune d'elles.

20

Annie de Pène elle aussi déménage, la même année que Colette. Elle quitte la villa Herran que son propriétaire veut récupérer, pour aller vivre non loin de là, au 15 rue Pétrarque. Colette, qui craignait qu'elle ne s'exile sur l'autre rive de la Seine, la félicite de rester fidèle au XVIe arrondissement. Mieux vaut habiter tout près pour se voir plus souvent : les déplacements sont si difficiles à Paris, pendant la guerre ! Surtout quand on n'a pas de voiture et que la bicyclette n'est pas son sport favori. Pour apporter leurs articles au journal, les deux amies parcourent des kilomètres à vélo. Quant aux théâtres, c'est toute une aventure pour s'y rendre et pour en revenir. Colette s'en plaint dans ses lettres – c'est à pied le plus souvent qu'elle rentre boulevard Suchet, tous réverbères éteints. Plongé dans la nuit noire, le bois de Boulogne est un gouffre inquiétant à la lisière de son minuscule jardin.

Au moins la rue Pétrarque lui garde-t-elle proche son « Annie d'enfance », dans ce périmètre du Trocadéro, entre l'avenue Paul-Doumer et la rue Scheffer, qui leur tient lieu de province. Ce quartier calme et verdoyant, à l'écart de l'agitation citadine, leur rappelle à toutes deux la campagne où elles ont passé leur enfance, dont elles n'ont pas perdu le goût.

Colette et Annie sont devenues l'une et l'autre des personnalités dans le milieu des lettres et du journalisme. Parvenues à l'âge mûr, qui n'est jamais flatteur pour une femme, le temps a marqué leur visage, transformé leur silhouette, mais elles ont pris de l'assurance et conquis une renommée. Colette est célèbre ; Annie, méconnue aujourd'hui, une journaliste estimée. « Mme de Pène a, depuis longtemps, acquis dans la phalange des écrivains féminins une place enviable », écrit Henri Barbusse[1], qui admire sa « virtuosité » et sa « franchise ». Plus que ses romans, qui ont une audience restreinte, ce sont ses articles qui lui valent de s'être fait un nom dans la profession : Annie ne se contente pas de chroniquer la vie des femmes pendant que les hommes sont au front, elle est allée observer les soldats sur leurs zones de combat. Ayant réussi à obenir les autorisations de l'administration militaire, ou les bravant quelquefois, elle en a rapporté des « choses vues » qui brouillent les images d'Épinal entretenues par la propagande et bouleversent ses lecteurs. La censure ordonnée par le gouvernement est sévère. *L'Œuvre*, qui publie la majorité de ses articles, doit pour la plupart les expurger pour se conformer à la consigne donnée de ne pas effrayer les familles, ni décourager les bonnes volontés. Il faut gommer les atrocités. Or, les articles d'Annie de Pène, loin de célébrer l'héroïsme, sont des petits tableaux naïfs et sans emphase où la guerre apparaît telle qu'elle est, cruelle et sans pitié. Dans un hôpital, un jeune soldat, presque un enfant, amputé de la main et du pied, lui demande son avis, sans se plaindre : trouvera-t-il un métier et une épouse, ainsi diminué, à son retour à la vie civile ? Qu'en pense-t-elle ? Un autre, tout aussi jeune, au front depuis les premiers jours, l'uniforme couvert de crasse et de sang : « Aujourd'hui il ne s'est rien passé, on s'est battus toute la journée ! »

Aucun effet de manche, dans son style. Mais un ton de sincérité, presque d'innocence, devant le spectacle de l'horreur. Annie décrit les tranchées, parcourues au pas de gymnastique, dans la boue glacée et l'air irrespirable, avec le courage des grands reporters professionnels qui risquent leur vie pour témoigner. Elle observe, interroge, écoute, provoque les confidences. Ils sont sales, mal nourris, meurtris et jamais en repos, ces jeunes morts en sursis qui sont si heureux de la voir, de parler avec elle et la chargent de messages pour leurs familles. Elle s'étonne qu'ils ne se lamentent pas sur leur sort. Ses récits, même expurgés, sont poignants.

Elle parle aussi des femmes dans la guerre : celles qui cousent des écharpes ou des couvertures pour les hommes au front, mais aussi celles qui désormais travaillent à leur place, les bûcheronnes, les charbonnières, les boulangères, les receveuses de tramways, les porteuses de journaux et même les obusières. À chacune de ces catégories professionnelles, elle consacre des articles empreints d'admiration et de fierté. On devine qu'il est pour elle une vraie conquête, ce sentiment si neuf, si exaltant, qu'il existe une solidarité féminine. Il y a aussi « celles qu'on ignore » : les plus humbles, dévouées à la guérison, à la consolation, au deuil. Et puis celles qui vont aux champs, chargées d'une récolte précieuse : « les Cueilleuses de trèfles à quatre feuilles », dont le seul but est d'envoyer un brin de chance aux malheureux soldats.

Bien qu'Annie n'affiche aucune position politique et ne se revendique pas comme une militante pacifiste, ses reportages, nourris de portraits qui plaident par eux-mêmes, finissent par offusquer les partisans de la guerre à tout prix. Beaucoup déplorent les conséquences de pareils récits, émouvants à en pleurer, sur le moral des civils. Alors que les journaux regorgent d'exemples édifiants qui prônent l'esprit de sacrifice, le dévouement à la patrie, l'honneur d'être blessé ou tué, Annie de Pène cite dans l'un de ses articles ce jeune homme de vingt ans, amputé du bras droit et qui, entendant le discours d'un ministre, désireux de « tendre une main fraternelle » à tous ces guerriers admirables, s'écrie : « On voit bien qu'il lui en reste deux, à lui, de mains ! »

Au même moment, Gustave Téry, de retour à son poste de directeur de *L'Œuvre*, défend avec virulence le parti de la paix. Les articles de sa compagne servent sa politique et ont droit à une place de choix dans *L'Œuvre* : comme ceux de Lucie Delarue-Mardrus au *Journal* qui finiront par composer *Un roman civil en 1914*[2], ils apportent sur la guerre, cette affaire d'hommes, un regard de femmes, plein de pitié, d'indignation et sûr que rien de bon ne sortira jamais de la violence. Lucie Delarue-Mardrus : « La plus affreuse de mes pensées était celle de ces milliers de garçons partis en masse et suivis de voitures de ravitaillement et de voitures d'ambulance. Le ravitaillement, d'accord, c'est la vie qui continue. Mais les ambulances, avec leurs chargements de médicaments, d'antiseptiques et d'instruments de chirurgie destinés à cette jeunesse bien-portante, à cette jeunesse intacte qu'on allait blesser tout à l'heure, me révoltait jusqu'à la rage. L'absurdité de cette guerre, de toutes les guerres[3]... » Des hommes partagent cette rage, cette révolte, commune à presque toutes les femmes.

Comme Jouvenel, quoique dans un style plus polémique, Téry est convaincu qu'il faut trouver une autre solution au conflit que ce pilonnage de tranchée à tranchée et ces milliers de morts. Les reportages d'Annie de Pène sur la condition des soldats, leur misère, leur souffrance, soutiennent son combat d'intellectuel pacifiste, en butte aux censeurs et aux principaux acteurs de la vie politique d'alors – Clemenceau en tête.

Qu'en sera-t-il d'un pays privé de ses forces vives, ayant sacrifié une génération entière ?

L'Action française et *La Libre Parole*, lancées dans une campagne contre ce pacifisme susceptible de menacer l'honneur du drapeau national, dénigrent avec violence tout ce qui pourrait porter atteinte à leur idéal farouchement nationaliste. Dans ce mouvement, soutenu par des idées de revanche et de haine anti-boche, les deux organes s'en prennent vigoureusement à Annie de Pène, visant à travers elle la tête même du journal qui la publie, Gustave Téry. Ils l'accusent de vouloir affaiblir le moral des familles françaises et de faire ainsi le jeu de l'Allemagne. En somme, de trahir la patrie.

Mata-Hari, la belle cavalière qui promenait ses charmes nus avant-guerre dans le salon de Natalie Barney, est fusillée en 1917. Pour crime de haute trahison.

Pierre Bolo, dit Bolo-Pacha, frère de Mgr Bolo, avec lequel Annie a fait ses débuts de journaliste à

Paris, dans la revue destinée aux jeunes filles qu'ils avaient créée ensemble, est lui aussi passé par les armes.

Un pareil sort ne lui sera pas réservé. Mais elle risque sa réputation, son honneur. Deux voyages en Suisse, l'été 1916 puis l'été 1917, dont elle a tiré plusieurs chroniques rassemblées sous le titre « En pays neutre », lui valent en effet d'être calomniée par la presse acquise à l'idée de la guerre à tout prix. « Les Hôtes du palace », « L'Heure chic », « Ici l'on danse » racontent comment on peut encore jouir des délices de la paix dans un pays limitrophe, côtoyer des réfugiés de toutes nationalités, des Autrichiens, des Hongrois, des Russes, dîner, danser avec des inconnus qui sont peut-être, qui sait, des espions... Rien de bien choquant, sinon le fait d'être allée en Suisse : dans une lettre, Colette, inquiète pour son amie, lui conseille de la rejoindre au plus vite à Castel Novel, où, n'ayant pas revu sa fille depuis six mois – Bel-Gazou a déjà quatre ans ! –, elle a décidé de séjourner en famille. Henry, hélas, n'y a fait que passer... « Annie, cette maison sans homme est faite pour vous. Pas de bas, pas de souliers, pas de frisure. Les foins qu'on rentre, les étables pleines... Les taureaux de saillie sont si beaux avec leurs cheveux frisés sur le front. Et surtout la belle campagne qui enveloppe tout cela[4]. » Mais Annie ne vient pas. Colette a beau lui vanter les avantages du paysage et du climat limousins et même la saveur du beurre – toujours le beurre ! –, la journaliste préfère poursuivre son enquête « en pays neutre ». Au retour de sa seconde expédition en Suisse, elle publie une chronique qui relève davantage que les autres de la provocation. Annie y raconte en effet comment elle a franchi par deux fois le poste-frontière, sans autorisation ni passeport. Munie d'abord d'un faux sauf-conduit, rédigé de sa main, puis la deuxième fois, afin de rendre plus crédible sa démonstration, d'un second sauf-conduit, aussi faux mais plus grossier que le précédent – elle l'a griffonné à la va-vite sur une feuille de cahier d'école ! Les gendarmes l'ont chaque fois laissée passer… C'est tout juste si l'un d'eux s'étonne qu'il manque un cachet officiel sur son document !

« Comment la frontière n'est pas gardée » : son article, d'abord censuré, puis publié sur trois colonnes dans *L'Œuvre*, le 2 septembre 1917, est accompagné d'un avis de la rédaction, qui se veut rassurant mais n'a pas effacé toute ironie. « Après enquête, le ministre de la Guerre a pris toutes les mesures nécessaires pour assurer une surveillance rigoureuse de la frontière franco-suisse. C'est dire qu'à l'heure présente il ne serait plus possible de renouveler l'expérience dont on vient de lire le récit. *L'Œuvre* ne peut que féliciter le ministre et se féliciter elle-même de cet heureux résultat. »

C'est à ce moment que la presse nationaliste se déchaîne contre Annie de Pène. Devant la violence des attaques, elle adresse en guise de droit de réponse une « Lettre ouverte au Procureur de la République », qui paraît à la une de *L'Œuvre*, le 25 janvier 1918 : « Comment une femme peut-elle se défendre contre la calomnie ? » Elle y expose et défend son point de vue avec sérénité. Nullement antipatriote, mais convaincue qu'une solution doit être trouvée pour mettre un terme aux souffrances de tant de jeunes Français, elle souligne la valeur objective de son reportage : ce qu'elle livre aux lecteurs de *L'Œuvre*, elle l'a vu et elle l'a vécu. Dire la vérité, cela vaut-il condamnation ?

Face à ses pourfendeurs, que son ami le journaliste Georges Pioch appelle « des gaillards éructants », elle n'a pour arme que sa droiture – Henri Barbusse dit « sa franchise » – et le bien-fondé de ses observations.

La campagne de calomnies se prolonge pendant des mois. Parmi ses défenseurs : Gustave Téry, bien sûr. Les frères Jouvenel, le cadet à *L'Œuvre* et l'aîné au *Matin*. Mais aussi la rédaction des *Hommes du jour*, revue hebdomadaire dirigée par Henri Fabre, qui a pris aussitôt fait et cause pour Annie de Pène. Georges Pioch en fait partie : militant socialiste, antimilitariste, fondateur en 1917 du *Journal du peuple*, futur président de la Ligue internationale des partisans de la paix (en 1931), il va mettre sa plume brillante à son service et devenir l'un de ses champions. Pioch fut l'auteur, avant-guerre, d'un manifeste visionnaire destiné aux conscrits : « Paroles à ceux qui vont souffrir ». Dans l'un de ses articles, le preux journaliste invite sa consœur à cravacher au visage ses détracteurs, dans un autre à leur donner la fessée !

Le samedi 20 juillet 1918, après des mois passés à endurer les insultes, Annie de Pène se voit gratifiée de la une des *Hommes du jour*. Titre paradoxal puisque l'homme du jour, ce samedi-là, est une femme. Sa photo couvre toute la page : petit visage au regard cerné, profond, aux joues rondes et lisses, aux mèches sages. Elle ressemble aux héroïnes qu'elle décrit si bien : innocentes, trop souvent victimes de la méchanceté d'un village ou d'une coterie. Les lectrices de ses romans ont dû reconnaître dans tous ses traits sa Mariette (*C'étaient deux petites filles*), sa Rosine (*L'Évadée*) et les figures charmantes, anonymes, de ses *Confidences de femmes* – son livre le plus connu. C'est le portrait d'une femme encore jeune, résolue, mais fragile, que suggère la photo. Une gentille femme sans complications, devenue soudain une vedette de l'actualité. Et, pour ses détracteurs, une proie à dévorer.

Suit en page 2 des *Hommes du jour* un article élogieux de Henri Barbusse, sur le talent lumineux, la droiture morale d'Annie de Pène. Et un autre de l'ami Georges Pioch. Toujours très politique, il y pourfend « les patriotes professionnels », devenus par leur vindicte, leur folie meurtrière, « les pires ennemis de leur pays », selon une expression déjà utilisée par Anatole France. Pioch souligne qu'il y a de l'honneur à se voir attaqué par ceux-là mêmes dont le langage « sécrète d'inépuisables vilenies ». Et conclut sur l'honneur d'Annie de Pène, « qui peut être tenue pour très enviable... d'avoir été outragée à l'envi par les plus nationaux de nos déments prospérant dans la calomnie et dans l'injure ». En conclusion, il espère les voir un jour « assignés à leur dernière demeure, le tant célèbre Charenton » !

Ce même été 1918, entre la fin juin et la fin juillet, paraît en feuilleton, en page 3 dans *L'Œuvre*, le dernier roman d'Annie de Pène : *Sœur Véronique*. Trente et une livraisons dont le caractère clairement autobiographique ne manque pas d'apparaître aux yeux des amies d'Annie. C'est toujours une petite fille, orpheline de père, cette fois prénommée Laurence, qui raconte son histoire. Elle habite à Bonsecours, ville natale d'Annie, dans la périphérie de Rouen. Sa mère, ruinée, se débat dans les difficultés d'argent et finit par mettre sa fille unique à l'école communale – moins réputée que la pension privée où la bourgeoisie inscrit habituellement ses enfants. Cette école communale, dirigée par une religieuse, dispense pourtant une excellente instruction à des fillettes dont elle ne néglige ni l'esprit ni l'âme (j'emploie le vocabulaire d'Annie de Pène). Elles sont élevées dans une paisible harmonie.

La religieuse, âgée d'à peine trente ans, Sœur Véronique, les guide par la bonté. Toutes les petites filles veulent lui ressembler. Car elle a tout d'une sainte, mais elle est si belle et si triste que son destin intrigue : « Il y a un drame d'amour dans l'existence de cette sœur-là ; elle en sait trop long sur la vie », dit une servante de la maison. Parfaite, adorée de tous, Sœur Véronique subit les visites d'un inspecteur de l'Éducation nationale, venu contrôler son travail et qui se révèle beaucoup moins terrible que sa fonction. Tandis qu'elle prend plaisir à leurs conversations, il tombe sous le charme de sa beauté rayonnante. Les petites filles, de leur côté, ont découvert la longue chevelure rousse de leur directrice, surprise sans le voile, lors d'un brûlant après-midi d'été. Tout serait pour le mieux dans le meilleur des mondes si de méchantes personnes, portées aux ragots, n'avaient observé les visites trop fréquentes de l'inspecteur et révélé ses entretiens seul à seule avec Sœur Véronique. Informé, le curé la réprimande puis la dénonce à la supérieure de sa congrégation. La religieuse subit reproches et remontrances, alors qu'elle n'a rien fait qu'on puisse lui reprocher. Honteuse au point de se sentir coupable, elle se croit en état de péché. Le rapprochement avec ce qu'Annie de Pène est elle-même en train de vivre saute aux yeux : la romancière et son personnage sont toutes deux malmenées et incomprises. Le dénouement du livre a dû beaucoup inquiéter les amies d'Annie de Pène. Car Sœur Véronique, après avoir refusé de partir vivre avec l'inspecteur de l'Éducation nationale, ne tente même pas de s'expliquer. Un matin, ayant embrassé les fillettes une dernière fois, elle quitte la pension, sous le simple prétexte d'aller cueillir des fleurs aux champs. On la retrouve le lendemain, noyée dans le marais.

Quant au mot « amour », il ne figure pas une seule fois dans le roman.

Cette histoire tragique, qui avait commencé sous d'heureux auspices, reproduit l'état mental et moral d'Annie de Pène : son sentiment d'injustice, son dégoût des ragots et de la calomnie y sont traités dans des pages poignantes, dont le ton de sincérité frappe à la lecture. Cette femme outragée, innocente des crimes dont on l'accuse, n'éprouve pas de colère. Elle oppose à la folie des hommes le calme et la douceur d'une sainte Blandine dans l'arène. Quoique le roman soit plutôt daté, voire démodé, dans la peinture des mœurs d'une société provinciale qui a aujourd'hui à peu près disparu, il demeure de *Sœur Véronique* l'atmosphère étouffante des drames à la Mauriac. Des innocents sont les victimes expiatoires des préjugés et de la cruauté. Leur combat est perdu d'avance.

Gustave Téry a vraisemblablement inspiré le personnage de l'inspecteur dont Sœur Véronique tombe amoureuse et qui forme avec elle, aux yeux des petites filles, un couple idéal : « Ils ont l'air de se promener au ciel », dit l'une d'elles. En 1918, sous le choc des coups portés à Annie, un rapprochement s'opère dans le couple Téry. Les anciennes querelles s'estompent, les reproches réciproques aussi. L'homme et la femme, unis désormais par le même idéal pacifiste, font front commun sous les attaques. « Le Général », ainsi que l'appelle Colette, en vient à proposer à Annie le mariage, prévu pour la fin de l'année.

21

En juillet 1918, Colette est à Paris, tourmentée par le retour de son mari aux armées. Conséquence de la chute du gouvernement Painlevé, en novembre, Henry de Jouvenel a en effet dû quitter le sous-secrétariat d'État aux Transports et à la Marine marchande, en même temps que son camarade Anatole de Monzie. Et, depuis, réexpédié sur le front de l'Est, il se bat, au grand dam de Colette qui craint de le perdre ou de le savoir blessé, amputé d'un bras ou d'une jambe, comme tant de combattants. Aussi préfère-t-elle l'attendre boulevard Suchet, prête à l'accueillir à tout moment ou à se rendre auprès de lui si l'occasion s'en présente. Les étés précédents, elle a retrouvé sa fille à Castel Novel, où Sidi les rejoignait quand il le pouvait. Mais cette année est différente, avec cette guerre qui ferme l'horizon comme un grand drap de deuil.

Henry, dont l'unité a été reversée dans l'Oise, se trouve « au plus brûlant de l'offensive ». Promu lieutenant, en avril 1918, nommé officier porte-drapeau, il fait preuve d'un courage héroïque qui lui vaut une citation, à l'ordre du 4 juillet. Il en informe aussitôt Colette, car « tu m'as paru, ô fille de militaire, y tenir ». *Le Matin*, honoré en la personne de son directeur, publie la nouvelle en première page, le jour de la fête nationale. Quant à la fille de militaire, elle se montre très fière de son guerrier et tient à partager sa joie avec ses amies. C'est ainsi qu'elle recopie le texte intégral de la citation dans une lettre à Musidora qui, loin de Paris, ne lira pas le journal : « À l'ordre du jour de la 125e division, Henry de Jouvenel, lieutenant, etc., etc. Officier courageux, dévoué, d'un sang-froid remarquable. S'est particulièrement distingué le 11 juin 1918, en se portant seul, sous le feu, à la rencontre d'une patrouille ennemie, que l'on supposait devoir se rendre, donnant à tous l'exemple du plus pur mépris du danger. »

Elle y ajoute ce commentaire de son cru : « Voilà ! Ce n'est pas vilain, tu vois. Là-dessus, je t'embrasse maternellement. » Et elle signe, par exception, de son nom entier, beau comme un étendard : au lieu de Colette ou « ta Colette », Colette de Jouvenel.

Elle n'en est pas moins frustrée de la chaude présence de son mari. Sidi est redevenu un amant, dont les visites improbables sont chaque fois des surprises

– il n'a pas le temps de les lui annoncer. Elle se plaint qu'il passe comme une étoile filante. « C'est toujours ça de pris », écrit Colette à Musidora.

Juillet 1918, toujours à Musidora : « Figure-toi que Sidi est ici depuis la nuit dernière... Pour trois jours encore. C'est autant de pris, et il est magnifique – avec ou sans la croix de guerre. »

Et encore, le 29 juillet : « Sidi traverse Paris, savoureux bolide... Il va le retraverser, heureusement, dans deux jours. Si tu voyais comme la croix de guerre lui va bien ! »

Le cœur battant dans l'attente de bonnes nouvelles, Colette espère la victoire sans y croire et, sous peu, l'arrêt des combats. Mais cette maudite guerre dure et dure, et les hommes continuent de tomber sous le feu. Elle en vient à souhaiter pour Sidi « une bonne grippe bénigne » et compte sur son mauvais état de santé, qui se dégrade, pour le ramener près d'elle et l'y garder. Elle donne des détails à Musidora : en juillet, Sidi a la dysenterie et le foie malade – « le foie gros comme mon derrière », écrit Colette.

Musidora, elle, est à Bordeaux. Elle tourne *La Geôle* de Gaston Ravel. Le cinéma lui propose contrat sur contrat : sa fièvre de jouer ne tarit pas. Musidora est tout entière dans l'action. Le cinéma a fait d'elle une vamp mais aussi, ce qui ne gâche rien et doit étonner ses parents, une femme riche. Elle gagne magnifiquement bien sa vie.

Marguerite Moreno se trouve, elle, depuis plusieurs mois à Sauveterre, son fief familial, dans le Lot-et-Garonne. Elle est venue s'y ressourcer, comme elle dit. Le mot « source » devient pour elle un code de paix et de douceur. Déçue dans ses projets, dans ses ambitions, dans ses rêves, revenue de presque tout, elle qui est la joie même, a été près de sombrer dans la neurasthénie : le théâtre ne veut plus d'elle, le cinéma la dédaigne... L'année 1916, elle a pourtant fait preuve d'énergie en répondant à l'invitation d'Aristide Briand, alors ministre des Affaires étrangères, qui a eu l'heureuse idée de l'envoyer en mission en Espagne. Idée sans doute soufflée à l'oreille du ministre par Henry de Jouvenel, à la demande de Colette, pour tenter de sortir Marguerite de son marasme. Être l'ambassadrice de la poésie française de l'autre côté des Pyrénées, pour tâcher d'attirer l'attention et la sympathie d'un pays, resté neutre jusque-là dans le conflit : comment aurait-elle refusé ? Si l'Espagne rejoignait les Alliés, le sort de la guerre serait peut-être enfin réglé. Briand ne lui a donné qu'une seule consigne : parler aux Espagnols de Racine, de

Lamartine ou de Victor Hugo… et surtout pas de politique ! Heureuse époque où les hommes d'État croyaient aux vertus prophylactiques de la poésie ! Moreno, tout à la joie d'être enfin utile à son pays, car elle est patriote, n'a pas ménagé ses efforts. De Barcelone à Séville, elle a donné une trentaine de conférences. Devant des professeurs et des étudiants, des aristocrates, des ouvriers, qu'importe le rang dans la société, Moreno s'est adressée avant tout aux cœurs. L'instruction est le cadet de ses soucis : la poésie demeure pour elle le langage universel. À chacune de ses conférences, avant de dire les poèmes qu'elle a choisis, elle s'est adressée au public en espagnol, sa langue maternelle. Non seulement elle la parle à la perfection, mais avec une flamme digne d'une authentique Carmencita. Elle a remporté chaque fois des succès tonitruants. Dès qu'elle apparaît sur une scène, elle retrouve instinctivement son allure souveraine. Et sa belle voix enflamme même ceux qui ne comprennent pas les mots du texte. À Madrid, à la Maison du Peuple, au terme d'une conférence sur Victor Hugo et l'Espagne, elle a jeté à la salle un « Vive l'Espagne ! Vive la France ! » qui, même dans ce pays neutre, a soulevé un tonnerre d'applaudissements. Une *Ola* ! L'écho de ses louanges est parvenu jusqu'à Paris, puisque, au lendemain de son retour dans la capitale, un journaliste d'*Excelsior*, rendant compte de son exténuante expédition, classe Marguerite

Moreno « parmi les nombreuses personnalités féminines que la guerre a fait surgir et mises en valeur ». Mais fatiguée, démoralisée, déçue que l'entrée en guerre tant espérée de l'Espagne ne se fasse pas, elle retombe dans la tristesse. Ses proches se désolent de voir cette comédienne ardente et passionnée dépérir.

Jean Darragon, mesurant le péril, a alors l'idée de cet exil en province, conçu comme une cure de désintoxication parisienne. Colette en Italie jusqu'en mars 1917, « cueillant en sécurité des narcisses blancs » sur le Palatin, la meilleure amie faisant défaut, il leur faut partir. Un bain dans la vraie vie : simple, rustique, voilà le remède qu'il a trouvé. Darragon espère que Marguerite, qui a traversé tant d'épreuves mais qui s'avoue pour la première fois défaite, y reprendra des forces. Lui-même est si malade ! C'est un couple mal en point qui débarque au printemps 1917 chez l'oncle Jean et la tante Hélina – comme autrefois, quand Marguerite était petite et venait chez eux en vacances avec ses frères. Elle les a toujours considérés comme ses parents de substitution. Jean et Hélina Bousquet possèdent à Sauveterre un magasin de nouveautés et de confection, où ils travaillent en famille. Leur fille, Suzanne, leur petit-fils de dix ans, Henri, que Marguerite appelle Ricou, c'est un clan soudé qui l'accueille. Seul manque le mari de Suzanne, qui est au front. Marguerite et Jean Darragon logent dans une maison « en ville », que l'oncle Jean leur a prêtée. La nature est belle sur les coteaux qui bordent la Lémance. Sous le soleil du Sud, la vigne semble heureuse. Et peu à peu le goût de vivre revient à Marguerite.

Elle ne reste pas longtemps inactive. Avec l'institutrice de Sauveterre, elle organise des cours de théâtre. Une fois par semaine, dans la salle de classe de l'école, les enfants écoutent Marguerite dire des poésies. Elle les aide à mettre en scène des pièces du répertoire classique, ou des petits tableaux de leur invention. Très vite chacun se prend au jeu. Certains enfants ne parlent que le patois gascon... Le soir, quand il fait beau, les apprentis comédiens donnent des représentations dans la halle où se tient habituellement le marché, devant la population du village ou ce qu'il en reste : des vieillards, des enfants, beaucoup de femmes en deuil. Jean Darragon, au premier rang, ne manque jamais d'applaudir Marguerite et sa troupe de comédiens en herbe. Lui-même doit alors songer à ses anciens rôles à la Porte-Saint-Martin ou au Châtelet, à son entrée en scène au lever de rideau. Qu'il est beau de voir Marguerite, avec un entrain communicatif, surveiller la diction de ses petits protégés. Elle qui, il y a peu, déclamait les vers de *Phèdre* à la Comédie-Française !

« Je voudrais te voir, ma chère âme, écrit Colette, et je voudrais repartir avec toi. »

À Paris, Colette écrit *Mitsou*, son premier roman depuis la guerre, perd la moitié du manuscrit dans le métro, et reprend à la première ligne le travail harassant, désespérant, de tout réécrire à partir du début : « Un mois de mai de la guerre », c'était sa première phrase. Le roman, conçu comme un dialogue de théâtre, se déroule pendant cette guerre qui semble ne devoir jamais finir. Il raconte l'histoire d'une petite actrice de music-hall, Mitsou, tombée amoureuse d'un jeune et beau soldat, connu lors d'une permission. Il lui envoie des fleurs puis, du front, des lettres caressantes, avant de comprendre un jour qu'il ne l'aime plus. On ne le connaît que sous le nom du Lieutenant Bleu. Il ressemble par plus d'un trait – les larges épaules, le courage physique et le donjuanisme – à Henry de Jouvenel. Quoi d'étonnant ?

Musidora et Marguerite sont loin. Annie de Pène est tout entière à la rédaction de *Sœur Véronique* et à son combat contre la calomnie. Ses amies manquent cruellement à Colette. Elle s'en plaint. D'autant qu'Henry, lorsqu'il passe par Paris, trouve toujours quelqu'un – ou quelqu'une ? – à aller voir. Elle qui déteste la solitude se voit amarrée boulevard Suchet, dans le silence d'une maison vide, où elle affronte seule les bombardements de la grosse

Bertha. La vieille maison résonne « comme un tonneau vide ». Un soir, surprise place Vendôme par la canonnade, alors qu'elle déambulait avec Marcel Proust, ils se réfugient au Ritz. Proust victime d'une crise d'asthme, elle reste à ses côtés le temps qu'il retrouve une respiration apaisée et le quitte vers deux heures du matin pour rentrer à Auteuil. « Passé la Concorde, Paris se dissolvait dans une nuit massive. J'enlevai donc souliers et bas et me remis en marche, rassurée de tâter pieds nus mon chemin[1]. »

Elle se remet à fréquenter le cercle de Natalie Barney. L'Amazone, qui a déménagé juste avant la guerre dans le VIe arrondissement, reçoit rue Jacob une petite société de femmes et quelques hommes, une minorité choisie avec soin, qui pratique autour d'elle un art à contre-courant, celui de la conversation. Une manière d'affirmer leur différence et surtout leur allergie à l'époque guerrière qui sévit au-dehors. Dans son Temple de l'Amitié qui abrita les amours d'Adrienne Lecouvreur et du maréchal de Saxe, ont lieu des débats philosophiques passionnés, joyeusement entrecoupés de bons mots et d'éclats de rire. Cet été-là, les oiseaux chantent dans le ravissant jardin de Natalie Barney. Rien ne pèse dans l'entourage de la maîtresse des lieux, qui a la religion de la légèreté comme d'autres celle du sérieux.

Colette se lie d'amitié avec Francis Carco, jeune poète qui vit à Montmartre et décrit dans ses vers l'univers de la bohème qu'elle a côtoyé jadis, en sortant des théâtres, les mauvais garçons et les filles de joie. Un premier roman, *Jésus-la-Caille*, paru en 1914, laisse présager une œuvre. Ensemble, autour de Natalie, avec des amis qui partagent la même passion pour l'art, ils refont le monde et rêvent de le repeindre moins sombre que celui qui les attend au sortir du portail.

Au 20 rue Jacob, les amis commentent inlassablement les maximes que Natalie propose à ses invité(e)s.

« Ce qu'il y a de meilleur dans l'amour, c'est l'amitié. »

« Comment prétendre posséder un être, quand on se possède si peu soi-même ? »

« Si l'amour a besoin de constance et le désir de changement, comment les concilier ? »

Il est possible que Colette ait eu aussi à méditer sur cette profession de foi de l'Amazone, experte en sagesse amoureuse comme d'autres en stratégie militaire : « Il y a probablement autant d'heureuses liaisons que de mauvais mariages… »

Chez Natalie la guerre s'éloigne, la terrible guerre, avec son cortège de blessés, de prisonniers dont les mères et les épouses ont perdu la trace et de morts par centaines de milliers. On est même enclin à l'oublier dans la douceur de l'atmosphère et les conversations qui s'entrecroisent.

Il n'y a pas que la guerre qui peuple les nuits de cauchemars. Dès la fin de l'été 1918, l'annonce d'un nouveau fléau se répand comme une traînée de poudre. On en dénombre en France les premières victimes, en septembre. Les journaux, soumis à une censure de plus en plus sévère, ne parlent encore que d'une « petite » épidémie et de « mauvaise grippe », alors qu'une hécatombe se prépare. Nommée « grippe espagnole », on ne sait pourquoi, car le virus ne provient pas d'Espagne – mais les Espagnols, qui ne sont pas impliqués dans le conflit mondial, sont les seuls à en publier librement les informations et les statistiques –, cette grippe redoutable[2], au caractère fulgurant et à la contagion rapide, va entraîner en quelques mois presque autant de morts que la peste au Moyen Âge. Personne ne s'en doute alors, mais les chiffres qu'en donne aujourd'hui l'Institut Pasteur révèlent ses ravages : plus de quatre cent mille morts en six mois, en France. Près de trente millions en Europe.

Très vite, dès la mi-septembre, alors que l'on compte entre cent et trois cents morts par jour sur le territoire, les hôpitaux n'ont plus assez de lits, le personnel médical est débordé. Il faut réquisitionner des bâtiments publics pour y héberger les malades, civils mais aussi militaires, car le virus n'épargne pas les armées. L'état-major ordonne de séparer dans les hôpitaux les soldats blessés aux combats des malades, qui pourraient les contaminer. Mais la quarantaine pose des problèmes, et la grippe poursuit un cours inexorable. Une infirmière sur quatre, selon les statistiques, succombe à l'infection. Les médecins, impuissants, portent des masques comme leurs ancêtres au Moyen Âge pour soigner les pestiférés. Ils en recommandent l'usage dans tous les lieux publics, les transports, les administrations. Les conducteurs de tramways interdisent l'accès de leurs wagons aux voyageurs qui en sont dépourvus. Des écoles ferment. Les gens évitent les réunions aux cafés, les théâtres, de se parler trop près ou de se serrer la main. La population se protège comme elle peut.

Les symptômes, vite repérés, provoquent la panique dès leur apparition, car la mort qui s'ensuit est rapide et douloureuse : fièvre jusqu'à 40° et au-delà, maux de tête violents, courbatures, toux, asphyxie. Les médecins soignent à l'aspirine, à la quinine, au camphre et au rhum, remèdes dérisoires, très vite épuisés. Les antibiotiques n'existent pas encore : il n'y aura bientôt plus assez de cercueils ni de corbillards, dans les églises les prêtres enchaînent les enterrements.

Annie de Pène meurt, le 14 octobre 1918, durant cet automne meurtrier. À l'âge de quarante-sept ans.

Elle n'a été malade que quelques jours. Sa disparition, aussi soudaine que violente, laisse sa famille et ses amis en état de choc. Aucun d'entre eux n'y était préparé – Colette, parce qu'elle n'aime que la vie, moins que quiconque. Du *Journal de Rouen* au *Petit Parisien*, en passant par l'*Excelsior*, *Le Gaulois*, *Le Figaro*, *L'Éclair* et même le *New York Herald*, la presse rend hommage à Annie. C'est *L'Œuvre*, on s'en doute, qui publie la nécrologie la plus élogieuse, signée du critique littéraire en titre du journal, également romancier, auteur de *La Femme maquillée* et de *L'Amie des hommes*, André Billy. « Elle était ici, allant et venant parmi nous, reine de cette maison par le prestige de son talent et de sa grâce… » André Billy décrit avec émotion « l'être qu'elle fut, tout de joliesse, de finesse et d'affabilité, dont la seule approche était déjà un sourire ». Il retrace son parcours de romancière et de journaliste, souligne à la fois sa discrétion et sa persévérance à la table de travail. Et termine sur cette image olfactive d'une femme, « à la gentillesse indulgente qu'elle répandait partout où elle passait, comme un parfum ».

Tout aussi émue par sa mort précoce, Séverine célèbre dans le journal *La Vérité* « une rose plus qu'une autre exquise, ayant gardé en son été, le charme et l'éclat des églantines de mai ».

La femme semble vivante dans cet article rédigé par l'une des personnalités les plus en vue du combat pour le féminisme et pour le pacifisme – Séverine est l'une des fondatrices du prix Vie heureuse, en 1904, futur prix Femina : « Annie de Pène était demeurée simple et timide, écrit Séverine. Ses traits sensibles, à la merci du reflet, paraissaient toujours hésitants entre la peine et la joie, le rire et les larmes – jamais visage de femme ne révéla mieux ses secrètes impressions ! On la retrouvait en ses livres. Et c'est ce qui fit leur succès. Elle semblait le prototype de ces jeunesses qui, mal mariées, arrivent de province avec un léger bagage et un petit manuscrit – les filles de Lélia. »

Une fille de Lélia, blonde et moins impérieuse que le modèle de George Sand, mais tout aussi déterminée, « elle fut la petite femme, jolie, seule et pauvre, que personne ne connaît dans son quartier et à qui tout le monde sourit parce que son sourire à elle, ingénu et confiant, semble demander grâce ; qui, peu à peu, conquiert la maison, le voisinage, la rue, comme cela, rien qu'en passant – et qui se trouve un jour populaire, sans savoir d'où cela lui est tombé ».

Il y a beaucoup de tendresse dans l'article de Séverine, sentiment que partage Laurent Tailhade, dans un article publié lui aussi dans *La Vérité*, le lendemain du précédent. Ce poète, franc-maçon, ami de Verlaine et d'Aristide Bruant, trouve des accents d'une inhabituelle douceur. Lui qu'on connaît pour sa virulence de polémiste s'attarde à chanter la fragilité, la grâce d'Annie et son teint de rose. Mais il veut surtout qu'on reconnaisse sa juste place, « après Colette et Gérard d'Houville », dans ce qu'il appelle « le jeune Parnasse féminin ». Elle y figure assurément selon lui « parmi les femmes écrivains au talent incontesté ». Les regrets de Tailhade comme ses compliments sont sincères – il a coutume d'être sincère jusqu'à la violence – et c'est avec des larmes dans la plume qu'il célèbre en Annie de Pène « un être enchanteur ».

Sauf à la poignée de ses ennemis, aux propos guerriers et outrageants, Annie ne laisse que de doux souvenirs, l'empreinte d'une personnalité gracieuse et charmante – ce sont les mots le plus souvent cités.

« Une jolie lueur s'éteint, écrit Séverine – une clarté qui ne brilla jamais que pour la tendresse, la douceur et l'amour. »

Les obsèques d'Annie de Pène sont célébrées le vendredi 18 octobre à midi, en l'église Saint-Philippe-du-Roule.

Ni Musidora, retenue à Bordeaux, ni Marguerite Moreno, à Sauveterre, ni Colette, qui est pourtant à Paris, n'assistent à la cérémonie. Colette déteste les enterrements (elle n'a pas même assisté à celui de sa mère et, arguant d'un vœu de Sido, s'est refusée à porter le deuil – sa mère ne l'aimait que vêtue de bleu ou de rose… « Je continue à jouer l'oiseau et je vis comme avant[3] », écrit-elle alors à l'un de ses amis de l'époque). Les trois amies les plus proches d'Annie ne suivent donc pas son cercueil jusqu'à sa dernière demeure, au cimetière parisien de Saint-Ouen[4]. Cimetière situé tout près du Marché aux Puces, où avec Colette, Annie de Pène est allée tant de fois se promener, à la recherche de sulfures, de vases ou de petits carnets.

Quelques jours plus tard, Colette écrit à une nouvelle amie, devenue déjà, comme par habitude, celle d'Henry de Jouvenel : « Qu'une créature si vivante et si chaude disparaisse, c'est révoltant comme une bêtise. Je songe égoïstement que je n'entendrai plus sa voix tous les jours dans le téléphone, qu'elle ne rira plus de son rire pointu, et ce regard chargé de malice et de bonté, jusqu'à quand me manquera-t-il[5] ? »

À un camarade de son ancienne vie de bohème, ami fidèle et sûr, elle livre, moins poétiquement, mais avec une colère singulière, son plus profond sentiment devant la mort d'Annie : l'indignation, plus forte que la peine. « Oui, la grippe… Annie de Pène va bien me manquer, et quelle mort imbécile ! Elle oubliait de déjeuner ou de dîner, ou bien elle sautait un repas pour ne pas engraisser, et la grippe l'a saisie sans défense, c'est-à-dire l'estomac vide[6]. »

Toujours, chez elle, cette obsession des nourritures terrestres…

N'aimant que la vie, ne fréquentant que les vivants, Colette ne dédaigne pas les promenades dans les cimetières, qui ne sont rien d'autre pour elle que des jardins agréables à parcourir à la belle saison. C'est ainsi qu'avec Annie, juste avant la guerre, elle s'est rendue sur la tombe de Renée Vivien, bras dessus bras dessous, au cimetière de Passy. Elles y ont déposé un bouquet de violettes. « Finir à trente ans, quelle sottise ! s'était exclamée Annie. Vit-on en mangeant si peu, en se nourrissant de poisson cru et de raisins, en fuyant la lumière du jour, derrière des vitraux, à la lueur de trois cierges en cire marron ? Renée Vivien aurait eu besoin de manger mon poulet farci ou mon haddock à la crème. Mais un poète mange-t-il du poulet farci sans risquer de n'être plus poète[7] ? » Et elle avait ajouté, curieusement, comme sous l'effet d'une vision prémonitoire et pour conjurer le sort : « J'ai peur des poètes ! » Colette n'a jamais oublié cet instant.

Le 11 novembre 1918, l'armistice qu'Annie, comme tant d'autres femmes, a tant appelé de ses prières, est enfin signé. Les cloches sonnent à la volée, à Paris pour Colette, à Sauveterre pour

Marguerite, à Bordeaux, ou peut-être à Bayonne, pour Musidora.

Colette songe-t-elle alors au jardin de son enfance, à Saint-Sauveur-en-Puisaye, demeuré pour elle, malgré l'éloignement, l'image même de la paix ? Annie de Pène avait rêvé de revoir un jour, retranché du monde et de ses folies, son petit paradis normand. « Mon jardin ! Le plus beau jardin du monde... N'est-elle pas superbe, ma jacinthe mauve ? Et mon pied de primevères ? Et ma mignonne touffe de bannette d'argent ?... Sur la plus haute branche du rosier voisin, j'avais accroché un écriteau : Défense aux oiseaux et aux escargots de manger mes fleurs. »

Sa tombe abandonnée, au cimetière parisien de Saint-Ouen, n'est qu'une pierre grise. Mais tout autour, dans ce parc ombragé, des arbres magnifiques, des marronniers et des érables, des tilleuls, des frênes, des robiniers, des sophoras accueillent les oiseaux du quartier. Les plus proches de sa tombe sont des cerisiers du Japon aux fleurs délicates, d'un rose pâle, et si belles au printemps.

IV

LE PRINTEMPS DES CORPS

22

Dans les rues de Paris, au lendemain de quatre années de guerre, les femmes, pour la plupart en deuil, ressemblent à une nuée de corneilles. Noires, les longues robes qui balaient les trottoirs, noirs les voiles de mousseline et les chapeaux. Les Parisiennes, si coquettes d'ordinaire et sensibles à la mode, ne sont pour la majorité que silhouettes funèbres. Le deuil est strict à cette époque et se porte longtemps, quel que soit le milieu social. Il est même sévèrement codifié : dix-huit mois sont prescrits pour une veuve (réduits à six pour un veuf…). Laquelle se voit vouée pendant tout ce temps au lainage et au crêpe, aux bijoux de jais si elle en a, et à ces écharpes flottantes, signes distinctifs du chagrin, qui doivent lui couvrir la tête et les épaules et lui donnent l'allure d'oiseaux battant des ailes. Il n'y a que Colette pour oser défier la coutume et, comme lorsque ses parents sont morts, refuser d'arborer du noir – couleur qu'elle déteste autant que les enterrements… En 1919, elle n'a pas à se contraindre : elle fait partie des rares chanceuses épargnées par le sort : épouses, mères, sœurs, amantes, presque toutes les femmes ont perdu un homme. Certaines en ont perdu plusieurs. Margot, une des sœurs de Lucie Delarue-Mardrus, peut se dire « amputée » : deux de ses fils sont morts, le troisième est porté disparu. Elle espère pouvoir ramener leurs corps au cimetière familial de Passy. « 1919, année qui commençait enfin sans guerre, nous laissait pantelants encore de ce que nous avions vécu pendant quatre ans[1] », écrit Lucie, qui porte le deuil de ses neveux. Un soldat sur cinq a péri.

Les rescapés reviennent lentement dans leurs foyers, la démobilisation prend du temps. Beaucoup sont encore dans les hôpitaux, où l'on tâche de réparer ceux qui peuvent l'être et où l'on cache les gueules cassées, les traumatisés les plus graves, les hommes que la guerre a rendus fous. Dans les rues, on croise beaucoup d'éclopés, armés de béquilles ou réduits à se voir poussés en chaise roulante, et d'inquiétants visages aux masques de cuir. Les soldats redevenus des civils sont rentrés avec des cauchemars que rien n'efface, visions que peu d'entre eux se risquent à raconter. Sur les places, aux carrefours, on construit des monuments qui porteront gravés dans la pierre les noms de ceux qui ont donné leur vie « Pour la Patrie ».

La vie… C'est elle qui reprend bientôt ses droits sur tant d'années de misères et de sacrifices. « Peu à peu, Paris et la France se dégageaient des stupeurs de la guerre. Les mondanités reprenaient en dépit de tant de deuils et la bamboula interrompue faisait de nouveau rage dans les salons et les dancings », selon Lucie Delarue-Mardrus. Laquelle cite notamment comme lieu de fête prisé et très animé l'hôtel particulier de la duchesse de Rohan, boulevard des Invalides, qui abrita pendant la guerre un hôpital militaire. En 1919, la duchesse y rouvre son salon, pour des thés et des soirées poétiques, où beaucoup de gens accourent avec enthousiasme, « sans aucun souci de caste » selon ses vœux, certains pour entendre de la poésie mais la plupart pour se nourrir aux buffets !

Il y a dans l'air de Paris de la joie et de l'excitation. Comme une revanche à prendre. Beaucoup de jeunes gens ont perdu la vie. Mais ceux qui restent ont le sentiment d'avoir gâché une grande part de la leur – on leur a volé leur jeunesse. Colette peut s'estimer heureuse : Henry de Jouvenel est revenu vivant – et entier – d'une guerre où il a montré un courage et un patriotisme exemplaires. Comme beaucoup de femmes, elle pleure de joie à son retour.

Autour d'elle, les ravages sont nombreux. Willy a perdu son frère, Albert Gauthier-Villars. Liane de Pougy, un fils. Marguerite Moreno, son dernier frère… Colette mesure sa chance. Mais elle comprend aussi que rien ne sera plus comme avant, la guerre a trop profondément bouleversé la vie des gens et le cours des choses. Le couple Jouvenel aussi a changé, même si les apparences peuvent le faire croire toujours uni, solidaire.

Henry revient au *Matin*, à son poste de directeur de la rédaction, tandis que Colette, jusqu'alors simple collaboratrice, est promue directrice littéraire. En plus d'écrire ses propres articles qui vont continuer de paraître dans le journal, il lui revient de recruter des écrivains, de leur demander des chroniques, de relire les copies, d'orchestrer en somme tout ce qui dans *Le Matin* a un rapport de près ou de loin avec la littérature. « L'obsession du papier en retard, des lignes à pondre entre minuit et deux heures du matin, a longtemps dans mes songes tenu la place du rêve de l'examen. Le journalisme est une carrière à couper le souffle », écrira-t-elle dans *L'Étoile Vesper*. Elle saura promouvoir Simenon, Francis de Miomandre, Francis Carco. Comme la tâche est lourde, elle engage une secrétaire particulière, bientôt deux… Jouvenel arrive boulevard Poissonnière le matin et y reste jusqu'au déjeuner. Des rendez-vous innombrables le tiennent souvent occupé au-dehors, mais il est de retour bien avant l'heure du bouclage. Colette, elle, conduite par le chauffeur d'Henry, arrive entre quatre et cinq heures. On l'y trouve toutes les fins d'après-midi. Le couple travaille dans le même bâtiment mais dans des bureaux différents, chacun à son étage : il arrive qu'ils ne se croisent pas de la journée.

Henry de Jouvenel n'a pas beaucoup de temps à consacrer à sa femme : la politique intérieure, les affaires internationales, la diplomatie de l'immédiat après-guerre l'occupent à plein régime. Il court les réunions au sommet, les colloques, d'une capitale à l'autre, comme possédé par sa nouvelle mission d'artisan de la paix. Sans doute a-t-il trop souffert pendant quatre ans et vu trop de souffrances : il lui faut mener ce dernier combat pour éviter une guerre future, toujours possible, peut-être même probable. Il croit à une politique à long terme, à l'échelle de l'Europe, pour tenter de mettre fin aux rancunes et à la haine. Ce rêve généreux l'habite tout entier. Colette, si heureuse de le retrouver depuis qu'il a été démobilisé, le voit toujours pressé, courir vers des horizons qui ne sont pas les siens.

Le Sidi voluptueux et caressant qu'elle a aimé n'a plus le même goût du harem. Il semble même préférer tout ce qui l'en éloigne.

Or, un Sidi ne change jamais complètement. Henry de Jouvenel a toujours autant de goût pour les plaisirs de la vie. Sa gourmandise, sa sensualité sont des traits de caractère que la guerre ne lui a pas enlevés. Il demeure joyeux et conquérant. Peut-être l'est-il encore davantage d'avoir été privé si longtemps de tout ce qu'il aime : le bon vin, la bonne chère, la bonne chair et les femmes légères. Colette va devoir s'adapter à ce nouveau mari qui est toujours, dans la ligne de ses fantasmes, son « maître ». Mais un maître qui déserte souvent son harem et menace d'étendre son hégémonie à d'autres territoires. Elle se fait à juste titre beaucoup de soucis : comment retenir Sidi ?

En amour, Colette se montre paradoxale. D'un côté, elle tient à sa liberté et à conduire sa vie à sa guise. De l'autre, elle voudrait être la femme d'un seul homme, aimée de lui sans rivale, et le servir, dévouée à lui corps et âme jusqu'à la fin des temps. Elle rejette les chaînes mais, au plus fort de l'entrave, les chérit. Son rêve, elle l'avoue, serait d'être enfin « amarrée » à un homme, retenue à lui comme un bateau à quai. Ce mot, « amarrée », si important dans son univers de fantasmes, est le dernier de son roman *L'Entrave*, publié en 1913 : écrit sur le vif, presque au jour le jour, les premiers temps de sa relation avec Henry de Jouvenel, c'est une autobiographie amoureuse, le roman vrai de sa chaotique histoire avec ce second mari qui, après l'avoir comblée de sa sensualité et de sa tendresse, s'apprête à la rendre malheureuse. L'héroïne du livre, Renée Néré, embrasée par la passion, n'est autre que son double dans le miroir de cette prétendue fiction, tandis que le héros masculin, irrésistible mais inconstant, toujours prêt à s'échapper et qui, un jour, sans prévenir, ne revient pas, est le sosie parfait de Sidi. Un homme qu'on n'emprisonne pas. Colette, très amoureuse, vit depuis qu'elle le connaît dans la peur que Jouvenel ne la quitte. Car, elle ne le sait que trop, le rapport de force est inégal. Comme Renée Néré, Colette « appartient mieux qu'elle ne possède[2] ».

« L'amour, c'est ce choc douloureux et toujours recommencé contre une paroi qu'on ne peut pas rompre. Nous pouvions être deux amis qui marchent parallèlement, de l'un et de l'autre côté de ce cristal dur, en ignorant qu'il nous sépare. Mais l'amour va nous jeter l'un vers l'autre et je tremble de m'y briser la première, moi la plus fragile », écrivait-elle au commencement de leur liaison. Elle a vu juste. La romancière, plus lucide que la femme, a pressenti dès le départ tout ce qui va arriver. En 1913, alors que rien ni personne ne la menace encore, Colette décrit de manière prémonitoire dans *L'Entrave* ce qu'elle est en train de vivre, cinq ans plus tard. La guerre finie, le guerrier revenu au foyer, glorieux et fatigué, ne veut plus entendre parler de privations, de sacrifices. Il veut rattraper le temps perdu. À supposer qu'il l'ait été un jour, il n'est plus désormais tout entier à Colette. « Je m'accoude à la fenêtre dans une posture déjà habituelle et je commence à souffrir, routinièrement, de la même façon qu'hier, que tous les jours d'avant-hier… J'assimile le mal de l'absence à une douleur physique. Tout est si simple en moi et en mon malheur[3]. » Elle se prépare à souffrir.

Elle peut encore espérer garder Sidi, mais elle est sans illusions sur les nouvelles conditions de leur vie conjugale : il faudra accepter les absences de cet homme insaisissable, sourire à ses retours et tolérer à ses côtés la présence, qu'il lui cache si peu, de fantômes féminins, délicats et redoutables. Ses rivales.

Étrange répétition des comportements amoureux. Pour Colette, il en était déjà ainsi du temps de son premier mari. Elle passait ses nuits à attendre le retour de Willy, qui souvent ne rentrait pas, retenu au théâtre ou dans les cabarets par l'une ou l'autre des petites actrices de music-hall qu'il affectionnait et qu'il avait coutume de ramener dans sa garçonnière – elle avait fini, à son grand chagrin, par en trouver l'adresse. Jeune femme naïve et provinciale, aux longues tresses sacrifiées sur l'autel de l'amour conjugal, depuis lors elle n'a pas vraiment changé. Elle acceptait tout de Willy : son autorité, sa suffisance, ses infidélités notoires. Elle va agir de même avec Jouvenel. Du temps de Willy, elle consentait vraiment à tout : non seulement à écrire sous sa houlette et à « faire du Willy » pour le satisfaire.

Elle lui obéissait aussi dans la chambre à coucher – elle l'explique elle-même –, acceptant de partager ses compagnes à son gré, Georgie, Polaire… pourquoi pas ? ce n'était pour elle qu'une manière de le retenir. Il lui aura fallu des années de soumission, presque d'esclavage, pour mesurer à quel point elle était sa servante – quoique pas la seule, loin de là.

C'est Willy qui est parti, ou plutôt qui l'a mise à la porte. Sinon, elle serait peut-être encore Mme Gauthier-Villars. Une autre a pris ce nom pour le théâtre puis dans la vie… tandis qu'elle demeurait Colette Willy – « Colettewilly », ainsi qu'elle l'a elle-même écrit –, une identité dont elle a eu du mal à se défaire, tant son destin lui semblait imbriqué dans celui de son premier mari.

Elle a beaucoup aimé Henry Gauthier-Villars avant de le détester et de lui régler ses comptes, dans *La Vagabonde* et dans *Mes apprentissages*, où il n'apparaît pas vraiment à son avantage ! Willy en a fait autant de son côté, en 1911, dans *Lélie, fumeuse d'opium*, roman truffé de dénonciations, de ragots, de mensonges, de vilenies et de quelques vérités aussi… Et deux ans après, dans *L'Implacable Siska*, où Colette est aussi malmenée que lui-même peut l'être dans les romans de son ex-femme. Vengeance de romancier à romancière, et vice versa, la littérature sert de champ de bataille ! Selon l'avis éclairé de Natalie Barney, qui connaît bien sa Colette, « Colette, suivant son instinct de chat-tigre, devait ou trop aimer ou trop haïr ses conjoints, et risquait de les étouffer par son sens de la possession ».

Cette femme si peu conventionnelle, qui tient tant à son autonomie et lutte pour se faire reconnaître comme écrivain, cette originale, cette intrépide, qui ne craint ni la rumeur ni la moquerie, se révèle une amoureuse docile. Semblable à la majorité des femmes, modelées par des siècles de tradition, elle est prête à se donner et consent à être dominée. Indomptable en tous domaines, Colette n'aspire en amour qu'à se laisser dompter. Willy l'a jetée dans les bras de Mathilde de Morny, pour se débarrasser d'une épouse devenue encombrante – elle a obtempéré. « Colette eût-elle divorcé en d'autres circonstances ? Je ne le crois pas », assure Natalie Barney.

Puis ce fut Missy, soucieuse de savoir Colette insatisfaite aux marges de Lesbos, qui a voulu la pousser dans les bras d'Auguste Hériot : Missy, comme Sido, voyait en ce jeune et riche héritier le gendre idéal... Colette l'a bien déçue en préférant Jouvenel – un choix entièrement de son fait –, plus viril qu'Hériot et plus intéressant (le « serin », Hériot, dit aussi dans ses lettres « le pauvre enfant », l'exaspérait !). Mais elle a eu beau faire preuve d'initiative dans le choix de son second époux, Colette se retrouve une fois de plus dépendante et soumise. Sous la coupe d'un homme : quoi de plus normal, puisqu'elle voit en lui un sultan ? Le sultan Sidi. Elle ne se berce pas d'illusions, se sait entièrement à sa merci : elle ne sera jamais qu'une conquête parmi d'autres, dans le harem de ce pacha. Harem où les voluptés sont pour elle sans égales.

Loin de la dissuader, les précédents amoureux de Jouvenel le lui font aimer davantage. Même sa terrifiante épopée avec la Panthère – Isabelle de Comminges – n'a pas réussi à la détourner. Elle trouve normal qu'un sultan ait plusieurs femmes à ses pieds. Vivre amarrée : elle aspire finalement à cet idéal classique.

Idéal qui lui vaut les foudres de Natalie Barney. Pour l'Amazone, la liberté est en effet la condition même de l'amour. Et le secret des unions harmonieuses. Détestant le mariage, les pactes, les chaînes, les contrats, tout ce qui ferme et bride l'horizon, les portes verrouillées, les fenêtres à jalousies des harems, elle croit aux unions libres, non exclusives, et à la légèreté des liens. La fidélité, loin d'être à ses yeux le ciment de l'amour, lui apparaît comme son plus sûr poison. Barney, tout comme Jouvenel, voit l'infidélité comme un puissant ressort amoureux.

Colette, selon Natalie, ressemble aux deux animaux qui l'ont accompagnée au cours de son existence : le chien et la chatte. Sa nature composite tient des deux à la fois. Du chien, elle a le dévouement inné, l'instinct de se coucher aux pieds de son maître. Caressée, battue, qu'importe ! Pourvu qu'elle puisse rester, humble et paisible, dans l'ombre tutélaire. De la chatte, elle a l'esquive, la souplesse, le goût de l'indépendance, et le coup de griffe aussi inattendu qu'acéré. Lorsqu'elle aime, elle est chien et chatte à la fois. Ces deux bêtes se livrent en elle un combat que rien ne pourra résoudre, parole de Natalie, sinon la vieillesse, qui met fin à tout.

De son côté, Colette admire chez Natalie la propension à aimer sans s'enchaîner, à rester libre jusque dans les étreintes les plus passionnées. « Il n'y a pas de sérénité plus cruelle que la tienne, Amazone, lui écrit-elle. Juste assez d'amour, juste assez de mépris de l'amour[4] », voilà la mesure dont elle se sent elle-même si peu capable. Résignation ou impuissance ? Selon Natalie Barney, « être mariée et cohabiter avec un être de son choix correspondait davantage à son tempérament que reprendre sa liberté pour être souvent obligée de se demander : "Qu'en faire ?" » Songeant à ses propres dispositions à aimer, Natalie conclut son portrait de Colette amoureuse sur ce diagnostic implacable : « Partagée entre les désirs de ses deux natures contraires : avoir un maître ou n'en avoir pas, elle opta toujours pour la première solution, car Colette, pourtant si riche par elle-même, supportait mal la solitude[5]. »

Les amitiés de Colette avec les ex-épouses ou compagnes de ses deux maris confirment cette peur panique de la solitude, ce besoin irrépressible de s'entourer de gens qui l'aiment, pour ne pas se retrouver telle la petite fille abandonnée dans la forêt des contes de son enfance. Elle a noué des liens avec Meg Gauthier-Villars (Marguerite Maniez), la jeune comédienne qui lui a pris Willy, au point que celle-ci, en passe de devenir une amie proche, s'invite souvent chez Colette. Cherche-t-elle à être consolée ? Le couple Gauthier-Villars, qui ne s'entend plus depuis bien avant la guerre, s'apprête à divorcer[6].

Colette s'est pareillement rapprochée d'Isabelle de Comminges, malgré leur lourd passif. Les fâcheries sont presque effacées, maintenant que les deux femmes ont trouvé un accord, invoquant le bien de Renaud – Renaud de Jouvenel, le plus jeune fils d'Henry, douze ans en 1919, né de sa liaison avec la Panthère, passe en effet désormais la plupart de ses vacances chez les Jouvenel. Plus disponible que son père, toujours à courir le monde, son originale belle-mère se montre très accueillante. Renaud n'est pas complètement rassuré : « tante Colette », avec ses yeux de chat persan et son parfum de jasmin, appartient d'après lui, malgré les airs de liberté qu'elle se donne, à « la race exigeante des parents » et traite mieux ses chiens que sa propre fille[7]. Il vit en pension le reste de l'année. C'est un de ces « orphelins de parents en vie », si nombreux dans la bonne société, selon Colette.

Avec Claire Boas, première épouse d'Henry et mère de son fils aîné, Bertrand – seize ans en 1919 –, les relations sont plus tendues. Colette lui conteste le droit de continuer à porter, en même temps qu'elle, le nom et le titre de Jouvenel auquel Claire Boas ne veut pas renoncer. À Rome, en arrivant à l'hôtel, en 1916, elle a eu la mauvaise surprise de s'entendre dire que la baronne de Jouvenel des Ursins venait justement de repartir... On l'a prise pour une usurpatrice ! Se lier avec une ex-rivale, c'est tâcher de faire la paix autour de soi mais, comme le pense Natalie Barney, toujours franche et sans détour, ne serait-ce pas aussi le plus sûr moyen de « se venger d'un époux infidèle » ? Pour faire la paix autour de son ménage ou, plus sûrement, pour agacer Henry, Colette invite Bertrand de Jouvenel en vacances : la famille sera ainsi complète, avec les enfants issus de toutes leurs unions.

Claire Boas qui, pendant la guerre, a déployé une grande énergie au service des blessés, mène avec brio sa propre existence. Comme son ex-mari, elle se passionne pour les affaires politiques et reçoit avec un chic fou, dans son salon de la rue Saint-Simon, un nombre impressionnant de ministres et de chefs d'État. Elle se donne en particulier beaucoup de mal pour la future Tchécoslovaquie. Beñes est un de ses amis, elle noue pour lui des contacts et lui permet de rencontrer chez elle tous ceux qui, en France, ont un pouvoir d'influence ou de décision. C'est une femme très occupée. Aussi autorise-t-elle Bertrand, qui n'a encore jamais passé de long séjour chez son père, à se rendre à Rozven. L'été

1920, alors que les Parisiens, privés de villégiature pendant la guerre, peuvent à nouveau partir en vacances, Colette retrouve sa maison de Bretagne. Les enfants, les ami(e)s, la belle vie.

Les deux garçons jouent au tennis avec Meg Gauthier-Villars. On se baigne, on pêche la crevette. Le bon temps est revenu des jeux pleins d'insouciance.

Il y a chez Colette, si solitaire dans son métier d'écrire, le besoin d'être entourée. Dès qu'elle en a fini avec son travail de la journée qui l'isole à son bureau, sous sa lampe, elle veut pouvoir retrouver aussitôt des voix, des rires, la tendresse et l'affection dont elle ne peut pas se passer. À défaut du mari qui vagabonde elle ne sait où, les enfants, les amis sont indispensables à son équilibre mental, à son bonheur, à sa survie. Si l'on en croit Renaud, qui parle en connaissance de cause, les enfants ont une moindre place que les ami(e)s dans l'univers de Colette et d'ailleurs aussi que les animaux, les fleurs, les arbres et les oiseaux.

À la mort d'Annie de Pène, le quatuor de la rue Cortambert s'est brisé, laissant place à un trio où les liens sont cependant toujours aussi tendres. Marguerite Moreno, rentrée à Paris en décembre 1918, devient la grande amie. Une sœur de substitution, en remplacement de son « Annie d'enfance ». Leur amitié ne connaît pas d'ombre. Dans ses lettres, Colette appelle Marguerite « mon âme », « ma chère âme ». Mais la chère âme passe le plus clair de son temps à Sauveterre et annule ses promesses de rejoindre Colette qui, pourtant, la réclame.

Musidora va et vient, happée par les tournages, les projets, le succès. Ses passages à Paris sont de plus en plus écourtés et elle a peu de temps pour s'attarder boulevard Suchet. Elle reste la petite fille dont la santé préoccupe Colette. Sa fantaisie, sa poésie, son désir touchant de travailler ensemble dans le même film sont pour Colette un rayon de soleil. Mais un rayon de soleil trop intermittent pour la réchauffer.

Il y a bien Natalie Barney – Flossie –, rue Jacob, pour combler les soirées esseulées. Les deux femmes se comprennent et s'entendent. Mais elles sont trop différentes pour pleinement s'accorder. Natalie n'est pas toujours disponible aux heures qui conviennent à Colette. Et elle n'a pas envie d'être vampirisée. Natalie a déjà fort à faire avec Romaine Brooks, sa maîtresse attitrée, et avec toutes celles qui succombent à ses pouvoirs d'ensorceleuse : « Je crois aux instants de feu, aux moments de lumière, aux variations d'un long attachement, mais non à la prise de possession définitive d'un être[8]. »

Colette se cherche de nouvelles amies. Certaines vont beaucoup compter : Germaine Beaumont, d'abord, qui s'appelle encore Battendier, la fille d'Annie de Pène. Une solide brune, moins gracieuse et plus farouche que sa mère. Elle s'est mariée en 1916, avec un soldat au front, à Pérouse, et elle vient tout juste de divorcer. Son mariage n'a pas duré trois ans… Colette la considère de fait, depuis la mort d'Annie, comme sa fille d'adoption. Elle n'est pas allée à l'enterrement, mais le lendemain, elle a rendu visite à la jeune femme. Pas de larmes ni de condoléances. Sur le pas de la porte, au moment d'entrer, elle lui a simplement demandé : « Comment vas-tu, ma fille ? » Et Germaine a éclaté en sanglots. Leurs relations depuis n'ont fait que se resserrer. C'est une fille très aimée qui, en digne héritière d'Annie, partage la passion d'écrire de sa mère adoptive. « Fille d'Annie », ainsi Colette nomme-t-elle la jeune Germaine. Elle l'appelle aussi, sans craindre de blesser sa propre fille, « Ma fille choisie », ce qui en dit beaucoup sur leurs relations (et sur celles de Colette et de Bel-Gazou) : « au fond, c'est toi qui aurais dû être ma fille, et ma fille ma petite-fille[9] » – déclaration sans ambiguïté.

Pour épauler les débuts de sa « fille choisie », Colette, qui se sent investie d'une mission de protection à son égard, engage Germaine comme secrétaire au *Matin* où elle vient elle-même d'être promue directrice. Germaine, fidèle à la tradition familiale et douée d'une jolie plume qui imite la manière imagée de Colette et d'Annie, écrit de premiers articles. Le premier, pour lequel elle prend le nom de Beaumont qui lui restera tout au long de sa carrière, s'intitule « Le monsieur qui écoute parler les femmes[10] »… Elle n'a pas un caractère facile, la douceur de sa mère lui fait complètement défaut.

D'un tempérament exclusif, possessif, Germaine se montre jalouse de la seconde secrétaire en titre de Colette, Hélène Picard, qui a l'âge d'être sa mère mais avec laquelle elle se sent en compétition. D'origine toulousaine, divorcée d'un sous-préfet qui l'a encouragée à écrire et ne lui a pas fait d'enfant, Hélène Picard est montée à Paris pour vivre librement de sa plume. Elle a publié des *Souvenirs d'enfance* en deux volumes[11], qui ont touché Colette, et des poèmes primés en 1900 aux Jeux floraux de sa ville natale. Cette poétesse mélancolique, qui a exactement son âge, Colette l'a prise elle aussi sous son aile. Elle fait découvrir à cette solitaire les charmes de l'amitié féminine.

Germaine Beaumont et Hélène Picard ont porte ouverte chez leur grande amie et, à partir de 1919, la rejoignent en Bretagne, aux vacances, en même temps que les deux fils d'Henry.

Fait marquant du premier été d'Hélène Picard à Rozven : Colette s'empare d'une paire de ciseaux et coupe net ses trop longs cheveux ! Pas de chignons à Rozven ! Sa nouvelle coiffure est « un feuillage de boucles à profusion » que Colette trouve seyant.

De passage dans la belle maison du bord de mer, il faut aussi compter une autre Germaine – Germaine Patat –, avec laquelle Colette s'est liée, bien qu'elle soit, ou parce qu'elle est, la petite amie d'Henry : une jeune femme très pâle, frêle et blonde, dont l'élégance sophistiquée étonne dans ce paysage rustique, parmi les mouettes et les herbes sauvages. Alors qu'on vit pieds nus et en maillot de bain, sur lequel on passe un chandail le soir, Germaine débarque avec des malles pleines de robes du soir et d'escarpins à talons, et joue les gravures de mode. Coiffée à la garçonne, comme il se doit, elle tient à Paris une maison de couture qui porte sa griffe, au 11 rue du Faubourg-Saint-Honoré : « Maison Patat, robes et manteaux. » Henry ne tarit pas de compliments sur cette nouvelle amie, qui plaît tant à sa femme.

Colette se fait prêter des robes de la collection. Et fait appel à la générosité, sans limites semble-t-il, de Germaine Patat, en lui empruntant « de grosses sommes » selon sa biographe Judith Thurman[12]. Quand on ne peut pas éliminer une rivale, autant l'apprivoiser. Mieux même, s'en faire une amie, qui fera partie du sérail et qu'on pourra « prendre à pleins bras, physiquement et moralement[13] ». À Rozven, Colette, Germaine Beaumont, Hélène Picard et Germaine Patat ont en tout cas reconstitué le clan originel : quatre femmes dans une même maison.

Colette, Germaine et Hélène se préoccupent de la santé de Patat, qui n'est pas fameuse, de sa minceur qui leur paraît exagérée, et de cette effrayante pâleur qui leur semble annoncer la phtisie. Elles s'efforcent de la nourrir – il faut engraisser Germaine ! Pour Colette, qui fait partie de ces femmes fières de leur embonpoint, « manger » est un des plaisirs de la vie, mais aussi un devoir envers soi-même. Convaincue qu'Annie est morte faute de se nourrir suffisamment, elle redoute le même sort pour Germaine Patat, la couturière préférée d'Henry. Aussi surveille-t-elle de près son assiette. Elle voudrait la voir, comme elle, absorber en quantités substantielles le crabe et le homard, les crevettes, les bigorneaux, les soles, pêchés le matin même, préparés par Pauline – la jeune gouvernante –, accompagnés de bon pain frais, de mayonnaise et de vin blanc.

« Ah, Marguerite, écrit Colette en s'adressant à Moreno, pourquoi ne viens-tu pas ? Viens ! Viens vite ! »

23

Bientôt cinquante ans... Moreno les aura la première en 1921, Colette en 1923. Elles n'ont pas trop souffert jusque-là des ravages du temps. En excellente santé l'une et l'autre, ce sont des femmes robustes, pleines d'allant et qui ne passent pas des heures devant leur miroir. Elles ont mieux à faire : travailler, aimer, s'amuser, chacune de leurs activités demande beaucoup d'énergie. On relève peu de nostalgie chez elles, sinon un petit pincement au cœur pour les souvenirs d'enfance. Et peu d'inquiétude pour l'avenir – c'est le présent qui les intéresse et les préoccupe. Un sourire, un bon dîner, une jolie phrase au vol, le bruit léger d'une source, une chanson des rues... Elles goûtent les instants avec enthousiasme.

À quoi bon pleurer la vie écoulée, quand on a tant de nouveaux désirs et tant de nouveaux projets. Mais il vient inévitablement un jour où, passant devant la glace, l'image qu'on y surprend n'est plus tout à fait soi. Des rides, qu'on n'avait pas remarquées, se sont gravées sur le front. Des pattes-d'oie brident le coin de l'œil. Et ces affreux sillons, de part et d'autre de la bouche, depuis quand sont-ils là ? Dans les cheveux qui, chez Colette, sont une masse épaisse, des mèches grises sont apparues. S'il est facile d'avoir recours aux teintures pour les camoufler, le cou en revanche, amolli et plissé, même quand on porte haut la tête, trahit son âge. Il faut essayer de le faire oublier en appelant au secours les perles et les écharpes. Quant aux mains qui, au fil des ans, ont perdu leur moelleux, leur velouté, et se piquent de minuscules taches brunes, en aucun cas des taches de rousseur, il semble qu'un jour elles ne sont plus les vôtres. Le temps joue de ces mauvais tours.

Colette, réaliste dans l'art de la desciption, ne s'épargne pas elle-même dans le portrait qu'elle donne de Léa de Lonval, quarante-neuf ans, sa contemporaine, dans *Chéri*, roman publié au lendemain de la guerre et qui connaît un très grand succès. Il lui vaudra une brouille passagère avec Liane de Pougy, qui croit s'être reconnue dans le portrait de Léa et avoir reconnu son nouveau et jeune mari, Georges Ghika, dans le personnage de Chéri. Elle en a été furieuse et, rancunière, se vengera dans son Journal en décrivant Colette, entre autres amabilités, « boursouflée de graisse, gonflée de rancune et d'ambition » et capable de « s'empiffrer goulûment »... « Elle ne croit ni au diable ni à Dieu, écrira-t-elle, ne craint ni le mal ni la mort. »

On comprend la colère de Liane de Pougy : plus qu'une histoire d'amour entre deux partenaires que sépare un très grand nombre d'années, *Chéri* est le portrait d'une femme vieillissante, forcée de reconnaître qu'elle a perdu sa beauté et son pouvoir de séduire. Colette y a mis tout son talent, sans doute aussi tout son cœur. Léa, ancienne horizontale, parvenue au terme d'« une carrière de courtisane rentée », a été très belle et l'est encore, quand elle décide de parfaire l'éducation de Chéri, le fils de sa meilleure amie. Il n'a que vingt-six ans. Elle devient sa maîtresse et croit mener le jeu, avant de tomber elle-même, à sa grande surprise, dans le piège de l'amour fou. Ce qui ne l'empêche pas de trouver normal et même souhaitable que Chéri se marie. De préférence avec une jeune fille de son âge et de bonne famille, comme on dit alors. Léa lui donne toutes sortes de conseils, à la manière d'une mère. Au retour de sa lune de miel, déçu par sa jeune épouse, il revient à Léa qu'il pense aimer toujours. Elle, dans un moment de faiblesse, peut croire que Chéri ne cessera jamais de l'aimer. Ils se trompent tous les deux. Chéri découvre alors, à son insu, que Léa n'a pas seulement le cœur mais l'âge d'être sa mère. Après une nuit d'amour qui a comblé Léa, les rideaux s'ouvrent, le jour rentre à flots dans la chambre rose, et l'ancienne courtisane, qui croit son amant endormi, alors qu'il la regarde, se laisse surprendre, debout dans la lumière. « Pas encore poudrée, une maigre torsade de cheveux sur la nuque, le menton double et le cou dévasté, elle s'offrait imprudemment au regard invisible », écrit Colette qui dresse sur plusieurs pages le constat impitoyable de la vieillesse.

« Le soleil de dix heures et demie atteignit la table qui les séparait, et les ongles polis de Léa brillèrent. Mais le rayon éclaira aussi ses grandes mains bien faites et cisela dans la peau relâchée et douce, sur le dos de la main, autour du poignet, des lacis compliqués, des sillons concentriques, des parallélogrammes minuscules comme ceux que la sécheresse grave, après les pluies, dans la terre argileuse. » L'auteur de cet autoportrait, d'une précision radicale, ne s'épargne aucun stigmate dans le miroir de la fiction.

Colette, en secret, se fait « remonter le visage », en janvier 1921. Pionnière en de nombreux domaines, elle l'est aussi dans celui de la chirurgie esthétique, à laquelle elle eut recours pour tenter de freiner la marche du temps. C'est du moins ce dont témoigne l'abbé Mugnier, le confesseur du Tout-Paris de l'époque, dans son célèbre *Journal*[1]. Dînant, le 5 janvier, chez Jacques Porel[2] et son épouse, en compagnie notamment de Drieu la Rochelle et de Lucien Daudet : « Nous devions avoir Picasso et Colette, écrit-il. Mais Picasso attend un bébé et Colette se fait remonter le visage. » Si la chirurgie, hélas, ne fait pas de miracle, elle apporte au moins une rémission dans l'inexorable affaissement des traits. Léa n'en a pas profité, tandis que Colette lutte tant qu'elle peut. « Encore une minute, monsieur le bourreau… »

Le corps, chez Colette, a mieux résisté que le visage. Les bras, qu'elle montre volontiers nus, sont encore beaux – l'abbé Mugnier se laisse aller à les contempler, et note au passage qu'ils sont « forts » (« nus et forts »)[3]. C'est que les chairs tiennent mieux quand elles sont enrobées de graisse. Avec quatre-vingts kilos pour 1,63 mètre, Colette a pris ses précautions. Mais la ligne générale, que les amateurs de beautés plantureuses peuvent trouver appétissante, souffre quand même de l'excès de poids. Willy, peu porté il est vrai à l'indulgence à l'égard de son ex-épouse, qui le titille sans cesse sur les droits d'auteur des *Claudine* qu'elle ne veut plus partager, se réjouit méchamment de la voir si changée, devenue « une masse consistante, presque cubique[4] » ! Son corps souple et pulpeux, qui déchaînait les fantasmes du public dans les music-halls d'avant-guerre, maintenant alourdi, déformé, a-t-il jamais appartenu à la nymphette qu'elle fut autrefois, à sa petite Claudine en socquettes blanches et jupe courte plissée marine ? « Elle a maintenant – ce qui doit la désoler et me fait plaisir – un cul comme une arrière de diligence… et ça ne m'invite pas au voyage[5]. »

Même commentaire terrible de la part d'un jeune romancier que Paul Léautaud croise au sortir d'un rendez-vous avec Colette : « une femme dont les fesses débordent quand elle s'assied », dit-il à Léautaud[6].

Non seulement elle ne suit aucun régime, mais elle voit dans la nourriture la meilleure alliée contre la tristesse et le chagrin. Au lendemain de la mort d'Annie de Pène, elle a aussitôt invité sa fille Germaine Beaumont à déjeuner – un repas plantureux console de tout. À condition d'y faire honneur, et d'y trouver la qualité autant que l'abondance. Elle mange beaucoup elle-même, de préférence des plats lourds et gras, dont on dit qu'« ils tiennent au corps ». Et quand elle écrit, elle se délecte de chocolats. Tout le monde lui en apporte ou lui en envoie au journal, et elle ne se restreint pas sur leur consommation. « Elle ramène tout à la gourmandise », observe l'abbé Mugnier, au sortir d'un dîner chez les Bernstein, où ils étaient invités, Colette et lui, au milieu d'un aréopage littéraire, les Maurois, les Mauriac, les Bainville. « Elle a parlé cuisine, château d'Yquem et plats lui convenant. » Un autre soir, chez les Girod, cette fois avec Paul Morand, Marie Laurencin et le peintre Dunoyer de Segonzac : « Colette disait qu'elle n'était pas faite pour écrire des œuvres. Elle était faite pour ne rien faire, pour monter à cheval, nager et se coucher au soleil[7]... » Comment demander à cette gourmande, qui goûte à tous les plaisirs avec une joie enfantine, de se priver de ce qui est bon, juste pour garder une silhouette de gazelle ?

Faut-il voir dans sa transformation physique une des causes de l'éloignement de Jouvenel ? « Elle est encore fort jolie, affirme Paul Léautaud, pourtant peu porté à la flatterie, et jolie n'est pas le mot. Ce qu'il faudrait dire c'est qu'elle respire la volupté, l'amour, la passion, la sensualité, avec un grand fond de mélancolie qu'on devine bien[8]. » Il semble que Jouvenel n'apprécie plus comme avant les qualités de sa femme. Les témoins de leur histoire estiment qu'il s'est dépris de Colette, après l'avoir tellement aimée. « M. de Jouvenel ne rayonne pas. Il paraît soucieux », note l'abbé Mugnier, le 1er juillet 1922, après un déjeuner boulevard Suchet où il a eu tout loisir d'observer le couple. Quant à Colette, ce même jour, l'abbé lui trouve « dans la figure je ne sais quoi de dur, de non épanoui ». Leur mésentente saute aux yeux. Rien ne va plus entre eux.

Jouvenel ne se cache pas pour flirter hors mariage. Il courtise des femmes plus jeunes, plus fraîches, et surtout beaucoup plus minces que son épouse. Marthe Bibesco, « avec ses os de cheval » (selon Colette), Germaine Patat, avec ses salières, ont des lignes de mannequins et possèdent une élégance d'allure qui fait défaut à Colette, si riche de tant d'autres atouts. À ce séducteur qui vole de conquête en conquête et aime renouveler son harem, il faut une compagne policée, assez mondaine pour l'accompagner dans les nouveaux cercles qu'il fréquente. Ayant déjà franchi pendant les dernières années de la guerre les frontières du journalisme, pour remplir des fonctions de confiance au sein de groupes politiques d'influence, avec Briand, avec Monzie, avec Berthelot, il poursuit une carrière ambitieuse qui devrait le mener au Parlement, et à occuper de hauts postes dans les gouvernements qui se succèdent. Il a besoin d'une épouse dévouée, disponible, et qui ait au minimum le sens et le respect des usages. On le constate autour de lui – le grand monde est cruel : Colette n'est plus exactement ce qu'il lui faut.

Le jour où l'abbé Mugnier trouve à Henry un visage « soucieux », les Jouvenel reçoivent à déjeuner boulevard Suchet – « déjeuner abondant et très arrosé », ce qui n'étonne pas, quand on connaît la maîtresse de maison. Surpris par l'exiguïté de « ce petit intérieur, en rez-de-chaussée », l'abbé Mugnier, qui est pauvre mais prend tous ses repas dans les plus beaux hôtels particuliers du boulevard Saint-Germain et de la Plaine Monceau, s'extasie devant le minuscule jardin, qui embaume. C'est tout ce qu'il trouve à admirer. Les convives, fort heureusement car il est snob, sont prestigieux. Parmi eux, figure le ministre de la Guerre en personne – le général Maginot. Colette l'a évidemment pris à sa droite, puisqu'il est l'hôte important. Étiquette oblige. Mais elle a accommodé l'étiquette à sa fantaisie : « Colette, raconte l'abbé Mugnier, avait à sa droite le général et à sa gauche sa chienne, une brabançonne qui s'appelle Patipati, et moi. » Est-ce bien raisonnable, quand on reçoit le général Maginot, dans l'espoir qu'il favorisera la carrière de son mari ?

Commentaire acide de l'abbé Mugnier, quelques jours auparavant (le 22 juin), alors qu'on dîne chez les Jacques Porel : « Vêtue de blanc, en crêpe marocain, Colette a l'air d'une enfant qui n'a pas été élevée, qui ne sait pas se tenir, manque tout à fait de réserve, et est amusante quand même et peut-être au fond bonne fille. » Il remarque qu'elle appelle son mari « mon chéri » – ce qui choque à l'époque. Tenu pour un langage du demi-monde, le « mon chéri » aurait été exquis et parfaitement naturel dans la bouche de Léa de Lonval. Non pas dans celle de la baronne Henry de Jouvenel des Ursins.

L'abbé, décrivant le comportement de Colette : « Elle parle de ce qu'elle voit, des pieds-d'alouette qui étaient sur une table, d'un meuble, du vin qu'elle buvait etc… », ce qui est inhabituel dans le monde. Mais elle fait mieux : « Après le dîner, causant à Mme Bernstein, elle lui tâtait les seins en la félicitant de sa bonne santé ! » La conclusion ne tarde pas : « Drôle de personne ! Si son mari tient au décorum, je le plains. »

Aujourd'hui, la société est plus souple et plus diverse. Les différences d'éducation ou de culture sont vues plutôt comme des atouts, des occasions d'évoluer, de s'ouvrir au monde. « Au temps des équipages », comme le disait la duchesse de Gramont, il y avait des règles strictes. On ne pouvait les enfreindre sans risquer de scandaliser et d'être mis au ban. Colette, aux yeux de l'abbé Mugnier, exerce un indéniable charme mais manque de polissage. « Colette parle comme une enfant, une gamine, quelqu'un qui ne doit pas aimer les contraintes, la discipline[9]… » Son langage, ses gestes, ses robes, son maquillage, tout chez elle porte la trace de ce qu'elle a été, de ce qu'elle est toujours : une artiste, qui préfère la bohème et les vraies amitiés au vernis de la mondanité. Il note qu'elle a « les cils peints » – les vraies dames de cette époque ne se fardent ni les yeux ni les lèvres.

5 juillet 1922, suivant toujours l'abbé Mugnier. « M. de Jouvenel qui était un publiciste[10] a maintenant des visées politiques. Il voudrait être aux Affaires étrangères. Mais recevrait-on Colette ? Colette a tout un passé (hommes, femmes). Elle jouait au music-hall, rue de la Gaîté. C'est Willy qui l'a fait travailler. Si Jouvenel ne parvient pas à se réhabiliter ou à réhabiliter Colette, il pourrait la lâcher. Elle a peur d'être lâchée, en effet. »

Jouvenel, connu pour ses compétences en politique étrangère, devenu dès 1922, sous l'égide d'Aristide Briand, membre de la Commission des affaires internationales, pouvait espérer un poste d'ambassadeur. Une photographie de Colette, le sein découvert, publiée dans la presse allemande, mettra fin à ses projets. Outre-Rhin, « la future ambassadrice de France » paraît un peu trop olé-olé.

En Corrèze, où Jouvenel a renoncé à se présenter à la députation et préféré se faire élire en tant que sénateur, Colette n'est pas davantage un atout électoral. Même son métier d'écrivain dérange. On a beaucoup jasé durant la campagne de Jouvenel mais, par chance, aucun scandale n'a éclaté. Il a été élu dès le premier tour, en janvier 1921. Le second homme de la famille à entrer au Parlement, à la suite de son grand-père, qui fut député du même département, il sera sénateur jusqu'à la fin de ses jours. La diplomatie française reste une de ses préoccupations majeures : Jouvenel va consacrer ses forces au service du désarmement. Son objectif majeur étant de rétablir une paix durable, à l'intérieur comme à l'extérieur du pays.

Dans une carrière aussi ambitieuse, qui le verra par deux fois ministre, son épouse se doit de l'épauler : c'est pour lui que Colette, si peu mondaine, donne ces déjeuners de têtes et ces grands dîners boulevard Suchet, que note l'abbé Mugnier dans son *Journal*. Mais elle s'y ennuie et ne parvient pas toujours à le cacher. « J'acceptais de bonne grâce l'espèce de solitude où l'âpre conversation masculine me reléguait..., raconte-t-elle. Je découpais rapidement le gigot grésillant dans son plat de terre brune, je trempais dans son pot d'eau bouillante la grande cuiller à foie gras, je tranchais la tarte aux framboises et les tasses arrivaient chaudes en même temps que le café... Les convives me payaient de temps en temps d'un sourire, d'un "Bravo pour le gigot !" ou bien "Encore une maison où l'on sert le café brûlant !", puis ils retournaient ensemble à leur poison véhément... Je me donnais un bon moment l'air de les écouter, mais c'était pour pouvoir les regarder à mon aise[11]... » Elle publiera un jour leurs portraits, dans *Trait pour trait*. Elle comprend qu'elle dérange. Parfois même elle se sent de trop. Déjeuners de la Commission, dîners du groupe, banquet des gauches : « Je n'ai fait qu'entrevoir ces fêtes, personne ne souhaitait ma présence[12]. » À ces corvées politico-mondaines, elle préfère la solitude de sa chambre, où, pendant qu'elle écrit, la tête de la petite chienne brabançonne repose sur ses genoux. Ou les promenades nocturnes à Montmartre, en tout bien tout honneur, avec son nouvel ami, Francis Carco. En plein après-dîner chez Anatole de Monzie, alors qu'on sert le café, elle se lève, excédée, pour annoncer à tous les convives – y compris à son mari – qu'elle s'en va rejoindre le poète : « Il sait parler aux femmes, lui ! » aurait-elle lancé à la compagnie[13]. Carco et sa bande de gais lurons l'amusent beaucoup plus que les hommes politiques et les grandes mondaines que fréquente maintenant son mari. Il lui arrive encore, dans les cabarets de la rue de Lappe, de s'exhiber, de chanter, de danser, comme autrefois. « Quand la police fait son entrée habituelle, raconte Carco, balançant un coup de poing par-ci, un coup de bâton par-là, la baronne de Jouvenel monte sur une table et s'écrie "Hourrah ! Enfin, un peu de rêve !"[14] »

Évidemment, Jouvenel se méfie de ses excentricités. Il craint toujours qu'on ne lui rappelle le passé de danseuse de music-hall de sa femme, si peu conforme à l'idée que l'on peut se faire en province – et d'ailleurs aussi à Paris, à Berlin et à Rome – de l'épouse d'un notable. Ce passé, Colette n'a jamais cherché à l'effacer. Bien au contraire, elle en nourrit ses livres et s'attache à ses décors, ayant toujours le choix entre les coulisses des théâtres, les fumeries d'opium, les cercles lesbiens et les maisons où l'on s'amuse sans souci du qu'en-dira-t-on.

Tout ce qui plaisait tant chez elle à Jouvenel avant la guerre : la fantaisie, l'originalité, l'humour et les rondeurs, il les rejette comme s'il ne les avait jamais aimés, pour chercher tout le contraire chez ses maîtresses : le grand style, l'aisance dans le monde, l'élégance décharnée et snob. Elle préfère s'exposer en toute franchise. Ainsi chez les Bernstein, quand l'abbé Mugnier – qu'elle intéresse beaucoup – lui demande si elle va enfin « faire un roman qu'il pourra lire », elle a ce mot, que le bon abbé est tout joyeux de rapporter, ce mot d'écrivain : « Elle m'a dit qu'elle ferait un livre qui serait une débauche, une orgie de vertu ! »

24

« Ce que l'on écrit, arrive » : Colette aime répéter cette phrase d'Oscar Wilde. Comme l'auteur du *Portrait de Dorian Gray*, qui fut l'ami de Pierre Louÿs et un peu le sien, elle possède un talent chamanique. Il arrive que les livres qu'elle écrit racontent par anticipation ce qu'elle s'apprête à vivre. Ainsi l'histoire d'amour romanesque de *Chéri*, centrée sur la différence d'âge, va-t-elle devenir vraie et la fiction, réalité.

L'été 1920, toute la France lit le roman de Colette. Paru dans *La Vie parisienne* de janvier à juin 1920 et publié chez Fayard en juillet, c'est un gros succès de librairie, nimbé d'un parfum de scandale. Beaucoup de lecteurs trouvent l'histoire immorale et s'indignent qu'on puisse la mettre entre toutes les mains. Mais la romancière reçoit des lettres très élogieuses d'André Gide, d'Anna de Noailles, de Paul Valéry. Et *Chéri*, qu'elle a écrit l'été précédent, en souffrant beaucoup sur son manuscrit, se vend comme des petits pains. Cet été-là, elle est toute contente d'aller se reposer à Rozven, où sa maison l'attend. Elle a décidé de s'offrir de vraies vacances et d'écrire le moins possible – ce qui tient chez elle du prodige – pour profiter du soleil, de la mer, de la plage.

Autour d'elle, le bonheur tient enfin ses promesses. Henry se montre détendu, joyeux, comme il ne l'a pas été depuis la guerre. Il nage beaucoup, vit à moitié nu. Du haut de la terrasse, elle le regarde s'ébattre dans les vagues avec ses trois enfants : Bertrand, Renaud et Bel-Gazou. Nés de ses trois unions successives, ils sont réunis pour la première fois. Colette, sachant qu'Henry aime beaucoup son frère, a également invité Robert de Jouvenel, avec sa compagne, Zou. Germaine Beaumont, la fille choisie, et Hélène Picard, la dévouée collaboratrice de Colette, qui prennent l'habitude de suivre leur « mère adoptive » où qu'elle aille, ainsi que Germaine Patat, débarquée avec ses malles, complètent le cercle de famille. La jolie couturière a probablement servi d'appât pour attirer à Rozven un mari devenu depuis quelque temps insaisissable et qui semble avoir perdu le goût de leurs tête-à-tête. Colette a beau faire, il part au bout de quelques jours, invoquant une mission de la plus haute importance pour abandonner sur place ses trois enfants, son frère et le reste de la famille – y compris

Germaine Patat – à sa femme. Laquelle n'est pas dupe et se doute qu'il va rejoindre dans son château des Carpates la dame « aux os de cheval » qui est sa dernière conquête.

Au printemps précédent, Colette a dédicacé ainsi un exemplaire de son roman à son beau-fils Bertrand : « À mon fils chéri. »

« Je n'étais pas son fils, dira Bertrand de Jouvenel, je la connaissais à peine[1]… »

Grand et mince, presque maigre, blond, le teint très pâle, avec des yeux d'un bleu électrique et « l'air de ces viriles Anglaises qu'on voit errer dans le salon de Natalie Barney et que peint Romaine Brooks[2] », le jeune homme a seize ans et demi[3], l'été 1920. Colette en a quarante-sept. S'il n'est pas son fils, il en a l'âge.

Presque entièrement élevé par sa mère, ne voyant son père que les dimanches, lorsque Jouvenel est à Paris et disponible (ce qui est rare), il a eu peu d'occasions jusque-là de fréquenter sa belle-mère. Il a grandi loin du petit monde de Colette, tout comme Renaud du reste ; quand Jouvenel déjeune avec ses fils c'est presque toujours au restaurant. Sa mère, Claire Boas, dont il est le fils unique, est elle-même très occupée par sa vie mondaine, ses amitiés internationales et par « La Bienvenue française », le groupe d'influence qu'elle a fondé au Cercle interallié. Entouré d'une armée de bonnes, de nurses et de précepteurs, il a longtemps été livré à lui-même, sans amis de son âge. Culture, sports et bonnes manières, sa mère a cependant veillé à son éducation et peut se montrer fière du résultat : Bertrand est un jeune homme parfait. Inscrit au lycée Hoche, à Versailles, pour y préparer son bachot, il a maintenant sa chambre en ville, chez une austère vieille dame, de religion protestante, chez laquelle il ne s'amuse pas tous les jours. Aussi brillant en mathématiques qu'en français, passionné d'histoire, il est curieux de tout et avide d'apprendre. À Rozven, il passe presque tout son temps un livre à la main. La bibliothèque de sa belle-mère, riche surtout en romans, le change des livres sérieux dont il a l'habitude : sous l'œil amusé de Colette, il complète son instruction avec Jean de Tinan, prince des nuits de la Belle Époque et un des nègres les plus fameux de Willy. Ses lectures, si passionnantes soient-elles, ne l'absorbent pas tout entier : ce beau et long jeune homme, aux airs rêveurs, pratique le golf, la course à pied, la boxe, et aime l'exercice physique. À Rozven, il exerce quotidiennement sur la plage ses muscles de chat sauvage. Colette, postée en vigile sur la terrasse, trouve qu'avec son allure de félin il ressemble à un lévrier, ou à un léopard. Elle l'appellera bientôt « mon lévrier », « mon léopard ». Mais Bertrand ne sait pas nager : il se contente de barboter là où il a pied et de jouer dans les vagues au bord de l'eau, avec la petite Colette (Bel-Gazou). Il aime aussi pêcher les crevettes au creux des rochers, en compagnie de la petite fille qui est sa partenaire de jeux préférée, ou courir seul sur le sable, le long de la plage déserte, bordée de chardons bleus. C'est Colette qui va lui apprendre à nager, parmi tant d'autres choses.

« Enfant ». C'est ainsi que Colette le voit d'abord, ce « fils chéri », qui est presque son fils après tout. Elle porte sur lui les yeux d'une mère, ce que justifient pleinement son âge mais aussi son statut familial : elle est tout de même la femme de son père. Mais si Renaud de Jouvenel – douze ans –, son autre beau-fils, est lui vraiment un enfant, Bertrand est un adolescent. Beau, charmant, intéressant. Cet adolescent, Colette le découvre. Mais au vrai, elle le connaît déjà : elle lui a donné vie dans le roman qui remporte un si beau succès. Elle l'a imaginé, créé, pour qu'il surgisse tout à coup devant elle, en chair et en os, bien vivant. Non plus comme un personnage de fiction, mais comme son double dans la vie réelle. Bertrand, c'est Chéri en personne.

On a cru jusque-là, dans son entourage, que le modèle de Chéri était Auguste Hériot – « le serin » ! L'amant du temps de Missy, sportif, indépendant, capricieux et très riche, était de fait plus jeune que Colette. Mais avec un moindre écart d'âge : quand Colette (alors âgée d'une trentaine d'années à peine) a été sa maîtresse, Hériot était déjà un homme. Chéri est un adolescent, qui ne connaît rien de la vie. Comme le fait remarquer l'un des biographes de Colette, « ce jeune Adam n'a encore rencontré aucune Ève[4] ». Tout comme Chéri.

Le jeu de la fiction avec la réalité biographique est évidemment pervers. Le personnage de Chéri ne doit rien en effet à Bertrand, puisqu'il lui est antérieur. C'est Bertrand qui, dans les yeux pers de Colette, ces yeux de voyante, de sorcière, doit au contraire tout à Chéri, son jumeau dans la fiction. Mais un jumeau premier-né, conçu avant lui et dont la vie s'est déroulée tout entière avant la sienne.

Bertand de Jouvenel est, de son propre aveu, « enfantin et timide », à son arrivée à Rozven. Mais il a lu le roman de Colette ou, s'il ne l'a pas lu, il en connaît le sujet – tout le monde en parle depuis des mois autour de lui. Henry de Jouvenel a eu lui-même la primeur du roman : Colette lui en a lu des chapitres entiers au fur et à mesure qu'elle l'écrivait. La femme mûre du roman, Léa, qui initie sexuellement un jeune homme à l'amour, il a pu lui aussi la reconnaître, sous le ciel exceptionnellement bleu de la Bretagne, cet été-là. À force de voir Bertrand demi-nu, courir innocemment sur le sable, d'observer ses longues jambes fuselées, son buste mince et musclé… : « Un jour où, devant la maison et vêtu d'un caleçon de bain, elle passa sa main sur mes reins, je me souviens encore d'un tressaillement que j'éprouvai. Il faut qu'il ait été bien vif pour avoir laissé un souvenir. Il n'avait pour moi aucune signification de l'esprit, rien que l'étonnement, l'embarras. Peut-être, sans doute, Colette y lut l'adolescence ; il est possible que cela fît naître un germe dans son esprit[5]. »

Trois femmes pour un adolescent : Jouvenel père reparti vers ses missions étrangères et vers son autre vie, Germaine Patat courant derrière lui, avec ses valises, ayant suivi de peu le départ de Jouvenel, le jeune homme demeure à Rozven la constante attention de Colette et de ses deux amies restantes, Germaine Beaumont et Hélène Picard. Il fait a priori partie du groupe des « enfants », avec Renaud et Bel-Gazou. On veille sur sa nourriture, son sommeil et ses progrès en natation. Mais très vite un jeu s'organise : jeu excitant et malicieux. Laquelle des trois femmes ira séduire le jeune homme ? Laquelle des trois lui enseignera l'amour ?

Germaine, de loin la plus jeune, ne se montre pas enthousiaste. Timidité, réserve ? Son récent mariage et son encore plus récent divorce l'ont rendue plutôt méfiante, rétive devant une nouvelle expérience. Elle a une liaison avec un homme marié, qui lui donne des soucis. Hélène Picard, la trop sage Hélène, qui manque de confiance en elle depuis qu'on lui a coupé son chignon, n'ose pas davantage franchir le pas. Comment s'étonner que Colette finisse par se dévouer, au nom du clan ? Un jour, alors que Bertrand rentre de la plage, elle l'interroge tout à trac : laquelle de nous trois préfères-tu ? demande-t-elle. « Très embarrassé, raconte Bertrand de Jouvenel, je balbutiai. C'est un embarras dont je me souviens, ne comprenant pas cette question et, à vrai dire, je n'en pensais rien, sinon qu'elles étaient aimables. Colette, devinant mon incompréhension, me dit quelque chose comme “Il te faudrait être un homme”. Je ne comprenais toujours pas. Et Colette entreprit mon éducation sentimentale[6]. »

À la fin des vacances, Claire Boas trouve son fils « changé » et se plaint à Henry de Jouvenel qu'on le lui a « corrompu ». Elle renvoie Bertrand en pension à Versailles, où il n'a pas d'autre choix que de poursuivre ses études afin de réussir son second bachot. Lorsqu'il déjeune avec son père le dimanche, de préférence au restaurant, elle lui interdit de se rendre boulevard Suchet, où demeure la Tentatrice. Les relations entre Claire Boas et Colette sont plus tendues que jamais. Bertrand ne reverra pas sa belle-mère avant l'été 1921. Claire Boas a la faiblesse de croire que son fils sera redevenu raisonnable, que Colette a d'autres pensées en tête et qu'Henry de toute façon ne laissera pas son fils sans défenses devant sa belle-mère... Elle se trompe sur toute la ligne. À Rozven, le jeu reprend là où il s'est interrompu la saison précédente, dans la maison isolée sur les dunes. Mais ce qui n'a d'abord été de la part de Colette qu'une récréation entre deux pages d'écriture et un défi entre femmes, se transforme en histoire d'amour. Prise à son propre jeu, Colette en oublie son âge. Tout comme Léa de

Lonval, à laquelle elle se met à ressembler trait pour trait. « Désormais nous étions liés », dira Bertrand de Jouvenel. Qu'il fût mineur à cette époque n'a pas du tout paru constituer un obstacle pour Colette. Qu'il fût de surcroît son beau-fils non plus. Au regard de la loi, cette parenté par alliance aggravait encore un délit, qu'elle revêtait d'un caractère incestueux.

Comme dans *Maman Colibri*, la pièce d'Henry Bataille, qui fit courir les foules au Vaudeville, l'hiver 1904, la femme mûre a toujours l'air d'être une mère pour un amant trop jeune. L'héroïne de Bataille, Irène de Rysberghe, tombée amoureuse d'un ami de son fils, finit en damnée : coupable de son amour aux yeux du monde. « Bonheur, beauté, jeunesse, tout s'en va », selon Henry Bataille. Lequel compte au nombre des admirateurs de *Chéri*. Colette mesure son âge, mais contrairement à Irène de Rysberghe, elle ne se sent pas coupable.

Pour Colette, l'amour a tous les droits. Et chaque instant de la vie mérite d'être vécu – maintenant, plutôt que demain. C'est son credo, son postulat. Rejeter l'amour, sur des codes préétablis ? Ce serait un crime contre l'amour. De toutes les formes qu'il peut prendre, aucune n'est coupable. Léa n'est pas la seule femme d'âge mûr, dans l'œuvre de Colette. Il y a aussi Charlotte, au premier chapitre du *Pur et l'Impur* : elle imite la plainte amoureuse du rossignol pour rassurer un jeune amant, fumeur d'opium, qui doute de ses pouvoirs érotiques. « Notes pleines, réitérées, identiques, l'une par l'autre prolongées, précipitées jusqu'à la rupture de leur tremblant équilibre au sommet d'un sanglot torrentiel… » Colette l'admire de savoir « si délicatement donner à un garçon ombrageux et faible la plus haute idée qu'un homme puisse concevoir de lui-même[7] ».

À Marguerite Moreno, qui reste sa confidente, Colette écrit non sans humour que Claire Boas, ex-Jouvenel, lui a confié le jeune homme « pour son hygiène et son malheur ». Elle remplit bien sa tâche puisqu'elle « le frictionne, le gave, le frotte au sable, le brunit au soleil ». Et se félicite qu'il nage désormais « comme un congre ». Elle accueille avec joie son mari à Rozven, à chacune de ses visites : Henry demeure le Sultan, qui règne sur la maisonnée. Il aime l'eau lui aussi. Et continue de nager nu dans la mer (Colette dit « sans caleçon »). Elle le compare à Neptune : « Sidi-Neptune entouré de ses petits tritons, Bertrand, Renaud, Colette, et de moi, sa grosse tritonne. » L'amour ne fait pas perdre de poids à Colette.

Tous les étés se ressemblent, avec leurs images de paradis païen. Jeux dans les vagues, courses sur le sable, pêches à la crevette, repas sur la terrasse ou à l'abri du vent, dans l'ombre fraîche de la villa. Les corps brunissent, les voix sont joyeuses, et la famille ne cesse pas de s'agrandir. Il y a maintenant un autre jeune homme à Rozven, un peu plus âgé que Bertrand, qui écrit des pièces de théâtre et voue à Colette une admiration sans bornes : Léopold Marchand, dit Léo. Il vient avec son épouse, d'origine polonaise, Misz[8], qui apporte sa jeunesse au cercle des femmes divorcées, et puis il y a Francis Carco, si jeune lui aussi, accompagné de sa moitié provisoire (Germaine Jarrel), qui trouve triste le métier d'écrivain parce que, contrairement à d'autres – peintre ou sculpteur –, on ne peut pas l'exercer en chantant... Cela n'empêche pas Léo – le « petit Léo » – ni Carco – « mon vieil ami » – de travailler à Rozven, du matin au soir, à l'image de la maîtresse de maison, reine de la ruche besogneuse. « Le travail empoisonne ma vie », écrit-elle à Marguerite un été où il lui faut absolument remettre un manuscrit, alors qu'il fait si beau en Bretagne et que la mer, la plage et les siestes sont une tentation permanente. Léopold Marchand s'acharne, lui, sur l'adaptation de *Chéri*, qui doit prendre forme théâtrale et offrir à ce personnage, devenu si intime de la vie de Colette, une carrière sous les feux de la rampe. Elle s'apprête à remonter sur les planches, renouant ainsi avec son premier métier, pour interpréter le rôle qu'elle joue pour de bon dans sa vie : celui de Léa de Lonval, qui pervertit un jeune homme, tombe amoureuse de lui, et découvre dans ses yeux sa vieillesse.

À l'automne 1921, Bertrand, auquel Colette a raconté son enfance, l'entraîne dans une escapade amoureuse en Puisaye. Elle s'était toujours refusée à revoir Saint-Sauveur, les deux jardins, l'église, l'école, mais avec sa main dans la main de Bertrand, elle peut se réconcilier avec le passé. Un sentiment inhabituel de paix et de douceur s'installe. C'est à la demande du jeune homme qu'elle consent à écrire *La Maison de Claudine*, où elle invente le personnage de Sido et donne une légende à sa propre mère. L'amour, pour Colette, peut naître de la littérature – c'est le cas de *Chéri*. Mais à l'inverse, comme dans ce dernier livre, il est un phénomène déclencheur et stimule l'imagination. *La Maison de Claudine* est un lien secret entre Colette et Bertrand de Jouvenel : elle a écrit le roman dont il a eu l'idée, car il a sur elle beaucoup plus d'influence qu'on ne croit et partage une même approche romanesque de la vie.

C'est grâce à lui encore qu'elle écrit, l'année suivante, *Le Blé en herbe*, roman tout entier inspiré par Bertrand et l'une de ses amies d'enfance, jeune fille innocente et pure, qui a été son premier amour. Ce fut à son tour de raconter. À Colette d'écouter… Rien n'est jamais perdu pour un romancier. Elle allait donner à ces confidences d'un flirt adolescent ses propres couleurs, décrire la fièvre, les pulsions, le désir. Dans un paysage qui ressemble fort à Rozven, la vie d'une famille s'écoule agréablement monotone, jusqu'au jour où la passion d'un des enfants de la maisonnée introduit le désordre, le danger, la violence. Aux deux jeunes gens présentés par Bertrand, rebaptisés Phil (le garçon) et Vinca (la fille) dans le roman, Colette ajoute un personnage de son cru, qui va les empêcher d'être heureux, avant de disparaître tel un fantôme : la Dame Blanche. Je la croyais sans prénom, elle se nomme pourtant Camille (Camille Dalleray) et pourrait être la sœur jumelle de la Léa de *Chéri*, par un jeu de miroirs sans fin.

Cette femme déjà mûre, aux bras ronds et chauds, au parfum entêtant de fleurs, qui habite Ker Anna, la maison voisine, possède dans chaque geste, chaque regard, un charme très charnel qui obsède le jeune homme et l'attire. *Le Blé en herbe*, c'est un climat sensuel, presque sauvage, où rien n'est dit, où tout se sent et se devine, si proche de celui où Colette évolue, depuis qu'elle connaît Bertrand de Jouvenel. Elle tentera plus tard, bien plus tard, d'élucider son mystère : « Les sens ? Pourquoi pas *le* sens ? Ce serait pudique et suffisant. *Le sens* : cinq autres sous-sens s'aventurent loin de lui, qui les rappelle d'une secousse, ainsi des rubans légers et urticants, mi-herbes, mi-bras délégués par une créature sous-marine… Sens, seigneurs intraitables, ignorants comme les princes d'autrefois qui n'apprenaient que l'indispensable : dissimuler, haïr, commander… Mais qui donc peut fixer vos instables frontières[9] ? »

Les retours à Paris ne séparent plus les amants. Bertrand et Colette voyagent en Algérie en 1922, puis séjourneront en Suisse – à Gstaad, à Montreux. Les portes du boulevard Suchet s'ouvrent maintenant le dimanche, mais aussi les autres jours – Bertrand a passé brillamment son second baccalauréat. « J'ai été entièrement fidèle à Colette, jusqu'en 1925, année de mon mariage », dira Bertrand de Jouvenel. La liaison s'installe dans la durée.

La famille Jouvenel finit par réagir. Plutôt que de lutter de front, Claire Boas offre des voyages à son fils, tente de l'éloigner à Cannes et à Saint-Moritz, sans se douter que Colette l'y rejoint en catimini. Elle lui présente aussi de jolies fiancées de son âge, dans l'espoir qu'elles le détourneront de sa vieille maîtresse. Mais Bertrand rompt successivement avec Pamela Paramythiotis – Pam –, la petite amie du *Blé en herbe*, puis avec une demoiselle de Ricqlès, avec laquelle des fiançailles officielles sont même organisées. Il les annule au dernier moment, au grand dam des parents, qui s'inquiètent sérieusement de ce long collage de leur fils, scandaleux aux yeux du monde et aux leurs. Colette se voit interdite de séjour à Castel Novel, où elle a pris l'habitude de passer plusieurs semaines au mois d'août et où sa fille continuera d'aller sans elle. Mme de Jouvenel mère prend le parti de son ex-belle-fille, Claire

Boas, et n'a pas de mots assez durs pour Colette, coupable de dévoyer son petit-fils.

Henry de Jouvenel de son côté n'a pas grand temps à accorder aux dérapages de son fils aîné. Absorbé par les affaires publiques, il l'est tout autant par les affaires sentimentales. Sa vie privée est aussi compliquée que la carte des Balkans. Alors que Germaine Patat, pitoyablement amaigrie et qu'on croit tuberculeuse, montre les signes les plus évidents d'un chagrin d'amour – selon Colette, en 1922, elle perd vingt-deux livres en dix-huit mois –, il s'affiche dans le monde avec une nouvelle maîtresse qui ne passe pas inaperçue. Pedigree aristocratique, grands yeux « couleur de nuit » selon Robert de Saint-Jean, beauté ascétique et spectaculaire, la princesse Marthe Bibesco est une séductrice redoutable. Du talent, du panache, des relations haut placées... Elle vient de surcroît de publier un premier roman, de sorte que Colette pourrait la considérer comme une double rivale – en amour, en littérature. Elle préfère la dédaigner et ne parle jamais d'elle que comme « la dame qui a des os de cheval et pond des livres en deux volumes » (ce qui est en effet le cas de ce premier roman de Marthe Bibesco, publié chez Plon, *Isvor, le pays des saules*, tout entier consacré à son pays natal, les autres livres sont encore à venir[10]). Comment Henry de Jouvenel trouverait-il une minute pour faire la morale à son fils, alors qu'il traverse l'Europe au bras de cette princesse roumaine, maigre c'est sûr, mais fascinante, et tout aussi mariée que lui-même, donnant l'exemple d'un double adultère ? Préoccupé de trouver une issue aux conflits internationaux et de poser les règles de l'Entente, il ne passe plus qu'en coup de vent à la maison – à Rozven ou boulevard Suchet –, « rajeuni, alerte, épatant et charmant », sous le regard de Colette qui n'est pas dupe de son nouveau bonheur.

Les relations des Jouvenel – Henry et Colette – se détériorent. Lui préfère fuir vers d'autres horizons. Il n'est là que de passage, déjà sur le départ quand Colette le retrouve. Elle travaille tout le temps : livres, articles, conférences. Et mène sa vie sans lui. Leurs occupations les séparent. Ils voyagent à contretemps. Leurs agendas ne s'accordent pas. Lui à Prague, à Bucarest, à Sofia ou à Genève, à la Société des Nations, elle à Rozven ou à Paris, avec « les » enfants. Leurs existences divergent aussi sûrement que s'ils essayaient de s'éviter l'un l'autre. L'été 1923, comme le public est friand des conférences de Colette, où elle se montre si vivante et chaleureuse, elle « pond » selon son expression trente pages sur un thème plutôt malvenu : « Le problème de la vie à deux », où elle aurait eu pourtant beaucoup à dire ! Ce problème de la vie à deux colle si bien au tissu de sa vie, qu'elle préfère y renoncer. Et s'en va à l'automne porter la bonne parole en tournée, à Aix, Avignon, Marseille,

Bordeaux, Saint-Sébastien et Bayonne, sur un sujet à moindre risque, « Le théâtre vu des deux côtés de la rampe ». Sujet qu'elle connaît bien aussi.

À son retour à Paris, elle découvre qu'Henry a quitté le domicile conjugal. Sans l'avertir, il a fait ses valises et il est parti du boulevard Suchet avec ses bagages, emportant de surcroît des meubles et des objets personnels. Elle ne s'y attendait pas. « Je suis seule depuis un mois. Il est parti sans un mot pendant que je faisais une tournée de conférences. Je divorce », écrit-elle, en janvier 1924, à Marguerite Moreno.

Elle cache à ses amies qu'elle souffre. « Mon ami, mon amant, mon compagnon des heures furieuses » : Henry de Jouvenel l'a bel et bien plaquée.

Presque au même moment, par une cruauté de la vie, le fils s'apprête à suivre la même route que son père. Bertrand s'éloigne, il lui échappe à son tour. C'est qu'il a attrapé le virus paternel et veut consacrer plus de temps désormais à la politique internationale. Une même ambition et un même idéal lient le père et le fils : cette complicité les rapproche, au moment même où ils auraient pu se déchirer. Henry de Jouvenel propose à son fils d'être pendant quelques mois une sorte de premier assistant au ministère, pour se former. Bertrand, élève doué, s'émancipe vite. Féru d'histoire, ayant lu à peu près tout ce qui a été écrit sur le droit des nations et les raisons d'État, il a à vingt ans un sens aigu d'observation et d'analyse, une vue claire et synthétique du monde qui, dans les organismes internationaux où se trame la future carte de l'Europe, vaut celle des conseillers les plus réputés. On le consulte, de toutes les capitales, pour avoir son avis. « Il marche de succès en succès, écrit Colette. À Genève, un journal va jusqu'à imprimer que son père a été bien veinard d'avoir les conseils de son fils !!! L'Amérique lui demande de faire une tournée de conférences à gros appointements, et ses articles aux *Dernières nouvelles de Strasbourg* sont commentés en haut lieu. Quels triomphes – et quelle frêle carcasse pour les porter[11]... » La politique étant une maîtresse des plus redoutables, Bertrand se retrouve en double concurrence avec son père, dans la vie publique comme dans la vie privée. Mais avec des centres d'intérêt qui le passionnent, il voit moins Colette, qui souffre d'être doublement délaissée.

En 1923, Claire Boas use de son autorité pour exiler son fils pendant trois mois à Prague, chez son ami Beñes. Il en revient obsédé par le sort de la future Tchécoslovaquie et la préparation d'accords diplomatiques. Claire Boas, décidée à sortir Bertrand des griffes de Colette, ne baisse pas la garde pour autant et lui trouve dès son retour une jeune fille à épouser. Cette fois, alors que ses précédentes tentatives ont toutes échoué, Bertrand tombe sous le charme et accepte de se marier. La jeune fille, Marcelle

Prat, fraîche et jolie, sept ans de plus que lui, « très intelligente et de très bonne compagnie » selon Bertrand lui-même, est presque la nièce de Maurice Maeterlinck (la nièce de sa compagne, Georgette Leblanc). Colette va devoir s'incliner. C'est une des scènes du *Blé en herbe* : la séductrice vieillie laisse la place à la jeune fiancée. Une dernière conversation à deux, un soir à Cannes, met un point final au roman de *Chéri* : sans qu'on sache qui des deux a persuadé l'autre, Colette et Bertrand décident de rompre. Il n'y aura pas de suite à leur histoire. Colette, revenue seule à son hôtel, à l'aube, aurait alors envoyé à Bertrand une dernière lettre, mais d'après ce qu'il en dira plus tard[12], sa fiancée l'intercepta et la détruisit. Devenue son épouse, Marcelle la lui réciterait un jour comme si elle la lisait... car bien des années après elle en connaissait chaque mot par cœur. Les jeunes filles peuvent elles aussi se montrer roublardes. « *Sic transit !* » conclut Bertrand, avec sagesse.

Prémonition ? Ce qui est écrit arrive-t-il toujours ? À la toute fin de l'année 1924, Colette connaît donc le même destin que Léa de Lonval, son héroïne dans *Chéri*, son double, surgie de sa plume quatre ans plus tôt.

Séparée de Bertrand, bientôt divorcée d'Henry (en 1925, l'année où Bertrand se marie)... la voilà seule, à cinquante-deux ans, pour affronter la vie. Elle essaie de faire bonne figure mais au matin, devant le miroir où son premier geste est de se farder les lèvres, elle remarque, plus souvent qu'elle ne voudrait, sous les prunelles, en haut des joues, les mêmes traces que l'héroïne du *Blé en herbe* découvre sur son visage, « la nacre, le sillon des larmes nocturnes et de l'insomnie, ce reflet satiné, couleur clair de lune, qu'on ne voit qu'aux paupières des femmes contraintes de souffrir en secret[13] ».

Sorcière de sa vie, elle a par deux fois préécrit ce qui allait lui arriver. Car la Dame Blanche du *Blé en herbe*, deuxième version de Léa, c'est elle encore, avec sa nature gourmande et rêveuse, son amour des fleurs et de la vie, mais aussi sa souffrance de femme délaissée. La Dame Blanche du roman, Camille Dalleray, disparaît dans un nuage de poussière, à un tournant de la route, tandis que le jeune couple de fiancés s'élance vers l'avenir. Colette, qui n'aime rien tant que « l'immobile caresse de deux bras refermés[14] », retrouve l'amère solitude : en une seule année, elle a été quittée deux fois.

25

Ces mêmes années d'immédiat après-guerre où Colette perd Henry de Jouvenel et trouve un nouvel amour, Marguerite Moreno s'apprête à vivre, en parallèle, la même expérience. Mais avant de prendre feu à son tour, elle traverse une période sombre, marquée par des deuils. Colette ne s'habitue pas à la voir enveloppée de voiles noirs, tel un immense oiseau de malheur. Confrontée à la mort de ses frères, Marguerite voit disparaître à quelques mois d'intervalle la tante Hélina et l'oncle Jean, de Sauveterre, qu'elle tient pour ses parents de substitution, puis sa mère qui décède à Paris en mars 1922. Sans plus aucun aîné dans sa parenté, elle a le sentiment d'être orpheline. « Je ne serai plus le petit de personne », dit-elle[1]. Le fidèle Darragon, malade depuis longtemps, s'éteint un an plus tard, le 7 avril 1923, à seulement cinquante-trois ans. Colette dans ses lettres essaie de consoler son amie, brisée par le chagrin. 10 avril : « Bonjour, ma chère créature. Comme tu es sage, comme tu as été douce… » En plein cœur de sa tempête amoureuse, elle n'a pas beaucoup de temps à lui consacrer. Mais ses pensées vont vers elle, pleines de l'amitié, du réconfort dont elle sait que Marguerite manque, dans la solitude où la mort de Darragon l'abandonne. Les morts sont-ils si morts, quand le moindre souvenir vous ramène à eux ? Colette raconte à Marguerite qu'elle a récemment retrouvé par hasard, dans l'un des tiroirs de son bureau, une lettre de sa mère, une des dernières, écrite au crayon et remplie déjà de son départ : « Que c'est curieux, on résiste victorieusement aux larmes, on se tient très bien aux minutes les plus dures. Et puis quelqu'un vous fait un petit signe amical derrière une vitre, on découvre, fleurie, une fleur encore fermée la veille, une lettre tombe d'un tiroir – et tout tombe. »

C'est un climat funèbre qui entoure Marguerite Moreno. Quelques jours avant Darragon, comme si les astres s'étaient liés pour assombrir le ciel printanier, Sarah Bernhardt s'est éteinte – le 26 mars, « la Voix d'Or », ainsi nommée par Victor Hugo, s'est tue. On ne l'entendra plus. Lorenzaccio et l'Aiglon, Phèdre et Marguerite Gautier ont perdu leur Divine. La France lui accorde des obsèques nationales, les premières depuis Victor Hugo[2], et c'est en grande pompe que la comédienne est accompagnée au Père-Lachaise, suivie de chars de fleurs « grands comme des maisons de rapport », écrit Lucie Delarue-Mardrus qui participe au cortège. Tout au long du parcours, selon le témoignage de la poétesse, « un silence immense, une immobilité totale, quel que fût le quartier, semblèrent figer les foules respectueuses, frappées comme par une sorte d'enchantement ».

Marguerite, enfermée chez elle depuis la mort de son époux, n'est pas parmi les marcheuses. Sarah Bernhardt... si proche et si majestueuse... En 1920, Marguerite lui a donné la réplique dans *Athalie*, heureuse et fière de jouer à ses côtés la modeste Josabeth et de dire à nouveau du Racine, comme autrefois. Sarah, à soixante-seize ans, amputée d'une jambe, y gardait selon Colette « toute sa souveraineté ». Marguerite se savait dominée par cette reine du théâtre et, sans du tout en prendre ombrage, en riait avec Colette, qui dans ses lettres lui réclame des « anecdotes athaliques » pour en rire, évidemment. Aucune comédienne n'a jamais pu de son vivant concurrencer la grande Sarah – sur scène, elle n'a eu que des dauphines et prenait grand soin de ne pas les laisser lui voler son diadème royal. Marguerite Moreno doit beaucoup à Sarah Bernhardt qui a été pour elle un modèle – sinon le modèle – à suivre, comme comédienne mais aussi comme femme : la générosité, la passion qu'elle a mises dans son jeu comme dans sa vie lui ont toujours paru exemplaires. Elle a d'ailleurs une dette à son égard, car Sarah l'a engagée dans son théâtre quand Marguerite, à trente ans, a claqué la porte de la Comédie-Française. Il est probable, étant donné son tempérament, qu'elle a aussi freiné son ascension, déposé quelques peaux de banane sur un chemin trop prometteur en ses débuts. Elle ne laissait aucune jeune comédienne la surpasser. Pour Moreno, la mort de Sarah Bernhardt ne marque pas seulement la fin d'un règne, c'est aussi toute une époque qui s'en va : une certaine manière d'être, de déclamer, de jouer sur scène. Sarah Bernhardt emporte avec elle toute une part de sa jeunesse. Mais aussi une conception exigeante et passionnée du théâtre, tel qu'elle l'aime aussi.

Rentrée à Paris après l'armistice, en décembre 1918, Marguerite est remontée sur les planches après une très longue absence. Mais, même dans *Athalie* où selon les critiques elle n'a pour ainsi dire pas existé, tant Sarah accrochait la lumière, elle n'a pas remporté les succès espérés. Depuis, elle végète dans des pièces médiocres et des rôles insignifiants, on peut même dire qu'elle accumule les ratages. *Les Nouveaux Riches* de Bernhardt et Oulmann, en 1920, où elle joue une femme du peuple enrichie (Mme Legendre) ; *La Dernière Nuit de Don Juan*, pièce et four posthumes d'Edmond Rostand, où en 1922 elle passe comme un fantôme ; *Le Phénix* de Maurice Rostand, qui n'en finit pas de mourir et de renaître, où elle tient un rôle également improbable : aucun de ces mélodrames ne met en valeur son talent. La critique a beau saluer à chaque fois son art de l'élocution et sa présence sur scène, elle ne sauve pas les pièces de leur franc insuccès. Il lui reste l'humour – elle en a beaucoup – pour en rire. Elle sait rire de tout. Mais il lui arrive de confier son désarroi : « La vie ne m'a jamais été clémente, dit-elle, il me semble que sa rigueur n'est pas près de désarmer. »

Au cinéma, elle n'a pas plus de chance. *Vingt ans après* d'Henri Diamant-Berger, en 1922, ne remporte pas le succès espéré. Le feuilleton précédent du réalisateur, *Les Trois Mousquetaires*, avait rempli les salles, un an avant, mais hélas sans Marguerite, et fait beaucoup parler avec ses décors de Mallet-Stevens et ses costumes de Paul Poiret. Doté d'un budget phénoménal, il reste dans les annales des films les plus chers. La suite, où elle joue, paraît terne en comparaison et ne conquiert pas le public. Moreno, couverte de faux bijoux, parée comme une châsse, y interprète avec panache la reine Anne d'Autriche, aux côtés d'excellents acteurs – Pierre de Guingand, qui jouera le Chéri de Colette, est Aramis, Jean Yonnel d'Artagnan. Édouard de Max, son ancien camarade du Conservatoire, et Jean Darragon, dont c'est la dernière apparition à l'écran, figurent dans la distribution.

Comprenant qu'il lui faut partir vers d'autres horizons, Marguerite commence par déménager. Peu de temps après la mort de son mari, elle quitte son appartement du XVIe arrondissement, hanté de trop de souvenirs, et s'installe provisoirement dans le XVIIe, au 116 avenue de Villiers. Loin de partager avec Colette le goût des intérieurs coquets et confortables, elle y dépose en hâte de maigres bagages, ses vieux manteaux, quelques robes de scène et le coffre espagnol hérité de sa mère qui la suit dans ses déménagements successifs. Puis, après avoir beaucoup pleuré, elle se débarrasse de ses voiles de deuil, reprend figure humaine et se déclare prête pour un nouveau départ. Colette, bien sûr, est là pour l'encourager. La vie n'est-elle pas toujours pleine d'imprévus ? Octobre 1923 : « Tu n'as plus besoin qu'on te console, tu as besoin qu'on t'aide dans ce que tu veux faire. Que vas-tu faire ? À quel "plus pressé" cours-tu ? Ton plus pressé sera le mien, dans la mesure où j'y pourrais quelque chose, tu le sais et je n'insiste pas. »

Esprit de revanche ? Défi des plus fous ? Marguerite Moreno, dont l'énergie est une des qualités maîtresses, se lance à la conquête du théâtre Sarah-Bernhardt[3] ! La direction en est enfin vacante – Sarah Bernhardt, jusqu'au jour de sa mort, n'a laissé à personne le soin de diriger la salle qui porte son nom. Après vingt ans d'un règne, c'est pour Marguerite un projet œdipien : elle veut succéder à la Reine Mère ! Forte de son expérience de plusieurs années à la tête d'un conservatoire à Buenos Aires, elle souhaite promouvoir en France un établissement qui serait à la fois une salle de spectacle et une école : Moreno porte en elle le rêve d'un théâtre total. Ce théâtre d'avenir accueillerait les grandes pièces du répertoire mais ferait la part belle aux créations contemporaines, et il engloberait tous les genres, du tragique au vaudeville, sans oublier la poésie, chère à son cœur. Selon son vœu, des soirées seront consacrées à de purs envols lyriques. « Aboli bibelot d'inanité sonore… » On y entendra les voix de Mallarmé, de Verlaine, de Baudelaire, de tous ceux qui comme son poète préféré aperçoivent au lieu des grands murs gris des villes « des galères d'or, belles comme des cygnes, sur des fleuves de pourpre et de parfums, dans le grand nonchaloir chargé de souvenirs… ».

Les enfants, sans distinction de classes sociales, y auront des places réservées et gratuites. Les artistes de la troupe iront enseigner leur art dans les écoles… Moreno, c'est Antonin Artaud avant la lettre : une comédienne passionnée qui croit aux vertus sociales de l'art. Elle souhaite ainsi élargir la vocation du théâtre Sarah-Bernhardt à l'enseignement, en créant un conservatoire de musique et de déclamation. Sa vision généreuse ne néglige aucun détail quand il a trait à la poésie, à l'enfance.

Pour la succession de la grande Sarah, on parle en ville de Gémier, le directeur du théâtre Antoine, et de Pierre Wolff, le président de la Fraternelle du Spectacle – « Notre loup national [*Wolf*…] ne rigole pas », dit Colette qui suit attentivement les étapes de la candidature de Marguerite. Elle s'est adjoint l'appui d'un associé, Edmond Roze – personnalité estimée et charismatique. À eux deux, ils ne seront pas de trop pour défendre leur projet. Edmond Roze a déjà dirigé plusieurs théâtres (Palais-Royal, Bouffes-Parisiens, Nouveautés) et mis en scène Feydeau, Labiche, Tristan Bernard, Guitry, Bernstein… En attendant d'être coopté, le duo fonctionne en surrégime. Marguerite se démène pour gagner la confiance de la Ville de Paris, à qui appartient la décision finale. Les lettres qu'elle adresse à Colette sont pleines d'espoir et de passion.

La Ville, à son grand dépit, ne donne pas suite et classe le malheureux projet parmi les innombrables dossiers dormant dans ses archives. C'est un nouvel échec, à inscrire sur la liste de ses nombreuses désillusions. Le théâtre Sarah-Bernhardt passera dans quelques mois entre les mains des frères Isola – Émile et Vincent Isola[4] –, des prestidigitateurs d'origine italienne, nés en Algérie, que leurs spectacles de magie ont enrichis et qui sont déjà propriétaires de l'Olympia, des Folies-Bergère, de la Gaîté-Lyrique, de l'Opéra-Comique et de Mogador. Moreno accuse le coup. Colette a beau lui promettre de venir la consoler avec ce qu'elle a de meilleur, « des cigarettes, des *alfajores*[5], un litron de porto, Bertrand et Pati-Pati – enfin mon cortège de provisions matérielles », elle a beau l'inviter à venir passer quelques jours à Rozven, en juillet, Marguerite, inconsolable, préfère s'en aller retrouver Sauveterre, la bien nommée. Loin de Paris, de ses théâtres, de ses cinémas, de ses affaires pressantes, il y a le calme, la rudesse, mais aussi la loyauté des gens de sa province. Elle sait d'expérience qu'elle laisse ses soucis derrière elle dès qu'elle pose le pied dans son pays d'adoption.

« J'attends ta première lettre de Sauveterre, où je pense que l'affection des gens ne t'épargnera pas, lui écrit Colette. On supporte tellement mieux des atteintes qui nous viennent des mains rudes. Tu ne trouves pas ? »

Marguerite a une vieille maison aux murs jaunes, dans un jardin en désordre, au lieu-dit Les Fargues, petit domaine enchanteur. Achetée avec Jean Darragon, en 1921, à l'orée du bourg, elle s'y sent vraiment chez elle et regarde comme si elle y était née le spectacle apaisant des collines, des prés, des champs environnants où coule en contrebas la Lémance. Ses cousins de Sauveterre l'invitent souvent à déjeuner et veillent tendrement sur elle. Une jeune fille a pris pension aux Fargues pour l'été et lui tient compagnie : une fille brune, aussi solaire que son prénom, Carmen. Ses parents sont des amis de Marguerite qui les a connus lors de sa tournée de conférences en Espagne. Ils lui ont confié Carmen, qui dévore les livres et voudrait devenir professeur de lettres. Pour Marguerite, c'est une présence inattendue, inespérée, qui répand la joie aux Fargues, et un public tout acquis quand elle récite des poésies.

Bientôt un jeune homme, nommé Pierre Bouyou, va faire son apparition. Amené là par le petit cousin de Sauveterre dont il est le meilleur ami, il contribue à élargir le cercle des jeunes gens qui trouvent agréable et joyeuse la compagnie de Marguerite Moreno. Elle les surnomme ses « petits », ses « enfants ». À cinquante-deux ans, cette grande femme à la laideur surprenante et à l'allure de cartomancienne conserve un charme juvénile. Guitry, avec lequel elle est toujours brouillée : « Moreno a l'air d'une femme qui vient pour vous dire la mauvaise aventure... » Ni les chagrins, ni les deuils accumulés, ni même les échecs professionnels n'ont pu dompter sa gaieté profonde, son incurable joie de vivre. Pas l'once d'une amertume ne ternit l'éclat de cette quinquagénaire, généreuse et spontanée, qui apporte ses chaudes couleurs au morne panorama quotidien. D'une énergie torrentielle, c'est plutôt elle qui, de tous ses « enfants », a l'air d'avoir vingt ans.

« Son entrée dans un salon transforme immédiatement celui-ci en salle de spectacle, raconte Sacha Guitry, qui a toujours trouvé l'humour de Moreno irrésistible. Elle s'assied… on rit !… Elle ouvre la bouche… on rit !… elle parle… on se tord… Elle fait des mots… tout le temps… à chaque mot elle fait un mot… Elle est très célèbre, Moreno, par son talent, par ses mains qui sont très longues et très belles et par ses mots qui sont charmants ! Quand elle vous dit : “moi qui suis laide…”, elle ajoute toujours quelque chose pour que vous ayez une raison de garder le silence ! Voyez donc qu'en plus, elle n'est pas bête ! »

Né en 1899, Pierre Bouyou a vingt-quatre ans en 1923. Revenu en héros – il a été décoré de la croix de guerre lors de la campagne de Syrie –, ce beau garçon, très brun, vient en voisin de Touzac, où se situe la propriété familiale des Bouyou. À une vingtaine de kilomètres de Sauveterre, au cœur de la vallée du Lot. Des champs, des bois, des vignes : il est né, lui, dans ce paysage devenu depuis si longtemps le vert refuge de Marguerite. Pourtant, licencié en droit, ancien élève de l'École coloniale de Paris, ce terrien a rêvé d'un autre destin et d'une autre carrière : la mort de son père en a décidé autrement. C'est sa mère qui l'a rappelé à Touzac pour l'aider à gérer le domaine agricole dont la famille tire ses revenus. Paysan, mais paysan propriétaire, il l'est depuis avec une fierté gasconne et se consacre tout entier à l'exploitation. C'est un garçon sérieux, a priori le plus éloigné qui soit du monde artistique de Colette, de Moreno.

Marguerite a l'âge d'être sa mère… Mais une mère beaucoup moins sévère, moins austère que la vraie selon la loi du sang, qui a élevé son fils avec des principes stricts. Marguerite se montre drôle, originale. Elle a le pouvoir de le faire rire – lui qui rit si peu en temps normal. C'est qu'elle ne pense jamais à son âge, sinon pour l'oublier au plus vite. Son cœur, ses sens n'ont pas vieilli. Colette, à laquelle elle s'est confiée, la rassure en connaissance de cause : « Ton pays qui avait tant fait pour toi depuis quelques semaines, avait encore un présent à t'offrir. Prends-le. Il n'est pas léger. Il mérite toute ta sollicitude et toute ta méfiance. » Les deux femmes se comprennent à demi-mot. Ces années-là, elles se risquent toutes les deux aux frontières d'un territoire interdit.

Colette, amoureuse d'un mineur, l'est de surcroît d'un beau-fils… Moreno ne commet aucun délit aux yeux de la loi : même si près de trente ans les séparent (vingt-huit pour être exacte), Pierre Bouyou, de six ans l'aîné de Bertrand de Jouvenel, est pleinement majeur. Mais un secret les lie, qui complique la question de l'âge et ajoute une couleur d'inceste à leur liaison. Pierre Bouyou passe en effet pour être le neveu de Marguerite Moreno. Un neveu biologique, dirait-on aujourd'hui. S'il porte pour l'état civil le nom du mari de sa mère, il serait le fils naturel d'un des frères de Marguerite, Pierre Monceau. Le plus beau, le plus charmeur de ses frères, auquel elle a été, comme aux trois autres, tendrement liée depuis l'enfance, passant ses vacances avec eux dans le Lot-et-Garonne, leur pays d'adoption. C'est Marguerite qui, selon son biographe[6], révèle à Pierre Bouyou ce secret de naissance, provoquant une dispute du fils avec la mère, à laquelle il reproche de lui avoir dissimulé la vérité.

La mère et la sœur de Pierre en voudront toujours à Marguerite de cette révélation, jugée indélicate. La vie en sera rendue difficile, dans un contexte familial tendu, où la jalousie d'une mère, sa rancune se nourrissent d'une obscure rivalité. Les deux femmes ont à peu près le même âge, Camille Bouyou est même un peu plus jeune – ou un peu moins vieille – que Marguerite Moreno.

Marguerite qui, comme Colette, a la passion des surnoms appelle Pierre Bouyou « Pierrou ». « Bise à Pierrou », écrit Colette à la fin de ses lettres.

Elle l'appelle aussi « l'abricot » ou bien « l'abricot perdreau », en référence à son teint bronzé de campagnard ou au parfum sucré de sa peau. « Mille choses gentilles au perdreau, couleur de sillon », écrit Colette qui n'hésite pas dans une autre lettre à lui faire « mille guili-guili » ou à l'embrasser sur la joue.

« Baise, sur sa joue piquetée, ton abricot favori de ma part. Ta Colette. »

Pierre Bouyou est encore surnommé « le petit serviteur » ou « le petit compagnon » (« Bonjour à ton petit serviteur », « Embrasse pour moi ton petit compagnon »).

« Patte à Pierre » ou « Je serre la main de ton petit compagnon » sont des formules également rituelles.

Colette, encore liée à Bertrand, l'associe parfois à ses marques d'affection. Le « nous » et le « on » surgissent dans les lettres pour désigner alors « Bertrand et moi ». « Nous t'embrassons tendrement et on fait mille guili-guili à Pierre. »

En formule finale, une expression revient sous la plume de Colette : « Bertrand te baise les mains. » Comme du temps, pas si lointain, où elle écrivait à Marguerite (mais aussi à Annie de Pène) « Henry te baise les mains ». S'abstenant toutefois d'y ajouter, comme naguère… « te baise les mains, et le reste ».

Étrange parallélisme des destins croisés. Alors que Colette, l'été 1923, sent déjà que Bertrand lui échappe, qu'il va bientôt s'envoler vers un avenir loin d'elle et d'autres bras que les siens, Marguerite s'émerveille de son nouveau bonheur. Elle s'épanouit aux côtés de Pierre Bouyou. Tandis que Colette approche du dénouement avec Chéri, elle s'installe avec Pierre Bouyou dans une vie quasi conjugale. Elle vend sa maison des Fargues et loue le Castélou, une vieille bâtisse, rustique et délabrée, qui la rapproche de la propriété de Pierre, à Touzac. Il n'aura qu'une route à traverser pour s'occuper de ses terres et elle pourra ainsi le voir tous les jours… Il habite maintenant chez elle, avec elle. Qu'importe l'opinion des gens, les rumeurs ironiques sur leur âge !

Marguerite raconte à Colette la foire aux oies, la cueillette des noix, les vendanges, la mise du vin en barriques : « quarante-sept barriques de vin exquis qui sent l'amande et le sainfoin ». Elle décrit l'escalier aux marches usées, la cheminée aux poutres noircies de suie, le cellier, la cave où s'entassent les tonneaux, mais aussi les boîtes de confit, les saucissons, les jambons, préparés avec les canards, les oies et les cochons du domaine. Elle décrit les moulins où jadis on moulait les graines pour la pâte à papier. Et la qualité des pots de grès ou des « rince-fûts » nécessaires dans leur campagne besogneuse. En passe de devenir une vraie paysanne, n'était sa maladresse incurable devant les gestes quotidiens les plus simples, on la croirait tout entière absorbée par son nouveau mode de vie. Elle est surtout attachée à regarder vivre son Pierrou, et s'exalte quand elle parle de lui à Colette : « Il cloue des tonneaux dans le chai, sa culotte tachée de vin, ses pieds encore mouillés dans des sandales. Ah ! Dionysos, quel est ton sexe ?… » Elle en vient à regretter que Colette ne soit pas là pour l'admirer, ce jeune dieu qui apporte du soleil à sa vie.

L'un de ses plus vifs plaisirs, à Touzac, est d'aller se promener jusqu'à la Source bleue qui donnera un jour son nom à la propriété – ses eaux, comme celles d'un fjord, sont vraiment bleues. « Rien n'est plus beau que la source. Elle grouille de poissons pareils à de petites flèches d'argent, son eau est celle de l'oubli. Que n'es-tu là ! Tout sent la verdure et la violette. »

Les journées sont longues à la campagne et Pierre travaille tout le jour. Aussi Marguerite, livrée à la solitude, trouve-t-elle une occupation : elle écrit, et pendant qu'elle écrit, deux chiens dorment à ses pieds. Colette la fournit en papier. Le calme du Castélou inclut des chants d'oiseaux, des bourdonnements d'abeilles ou de mouches, des voix lointaines et familières, dont elle ne sait plus si elles appartiennent à des gens de Touzac ou aux fantômes de son passé. Plongeant dans sa mémoire, elle décide de faire revivre le temps où, jeune comédienne au Conservatoire et à la Comédie-Française, elle fréquentait Proust et Mallarmé, Mme de Caillavet, Anatole France, Édouard de Max, Sarah Bernhardt et d'autres figures du théâtre, de la poésie, de la littérature. Elle ne livre aucun secret. Sa mère, ses frères sont absents du récit, qui se parcourt comme une galerie de portraits de personnalités en vue. Du célèbre acteur Paul Mounet, elle se souvient, pensant peut-être à son propre cas, qu'« il aimait la jeunesse, aussi la sienne dura toute sa vie ».

Écrire est pour elle un exercice difficile, harassant. Elle lutte avec les mots, avec les phrases, et plus d'une fois a la tentation de renoncer. Quand Pierre rentre, elle ferme vite le manuscrit, heureuse de quitter ses chers fantômes pour un héros bien vivant. Mais le lendemain, elle se remet à l'ouvrage – elle tient à s'acquitter d'un devoir de mémoire, alors même qu'elle vit les délices d'un amour présent. Elle a déjà trouvé le titre de son livre, *La Statue de sel et le bonhomme de neige*, qui sera publié chez Flammarion en 1926. Pour l'heure, Colette lui adresse des conseils d'écriture. Et se montre un professeur sévère : « Un dîner "charmant et délicat" [elle la cite], une conversation "qui vagabonde d'un sujet à un autre", qu'est-ce que tu me montres en écrivant ça ? *Pouic*. Colle-moi un décor, et des convives et même des plats, sans quoi ça ne marche pas !... » Souvent, elle la somme de revoir sa copie : « Tu ne tiens pas encore le fil, tu n'as pas le lâché apparent qui ferait "journal", tu as rédigé, c'est visible, la plupart de tes chapitres comme des sujets de devoirs – je te connais, bougresse, ils t'ont embêtée !... Mais toi, qui es la magie même quand tu racontes, tu perds la plupart de tes effets en écrivant, tu les négliges ou tu les décolores… Pas de narration, bon Dieu ! »

Elle lui suggère des corrections et suit de près, chapitre après chapitre, la rédaction du livre, exactement comme Willy le faisait avec elle du temps où elle écrivait ses *Claudine* – il ne trouvait jamais son style assez bon. Il exigeait qu'elle reprenne sa copie, pour la rendre encore plus simple, encore plus vraie. Et elle se remettait au travail, en s'efforçant de cacher combien c'était difficile, épuisant, presque sans fin. Aujourd'hui, elle n'a au fond pas d'autre leçon à donner à Marguerite que celle qu'elle a reçue de ce premier mari : « Et tâche, ô mon cœur, de nous cacher que ça t'emmerde d'écrire ! »

Décembre 1924. Après des mois d'absence, les deux femmes vont enfin se revoir. Ni à Paris, ni à Rozven, ni à Sauveterre ou à Touzac. Mais sur la scène du théâtre de Monte-Carlo. On y joue *Chéri* dans l'adaptation de Léopold Marchand – le petit Léo –, si fidèle au roman de Colette qu'on croit entendre, du début à la fin, la propre voix de la romancière. La pièce, après avoir fêté sa centième représentation au Théâtre Michel, avec Pierre de Guingand dans le rôle-titre et Jeanne Rolly dans celui de Léa de Lonval, part en tournée sur ce fond de succès. Colette demande à Marguerite de venir jouer à ses côtés. Car elle veut remonter sur les planches et s'apprête à créer Léa : son propre rôle dans la vie. Celui de la femme « d'âge mûr », aimée puis quittée par l'amant adolescent, en âge d'être son fils… Que Moreno soit près d'elle à cet instant renforce le sortilège : la fiction, la vérité, quelles en sont les frontières ? Puisque Colette interprète son propre personnage sur scène et que Moreno, à l'insu du public, interprète le sien en dehors du théâtre, avec un Chéri qui lui est encore tendrement attaché. C'est la vie elle-même qui va monter sur la scène. La vie, plus forte que le théâtre.

Colette n'a jamais manqué d'audace. Du temps de Willy, elle se produisait au cabaret avec Polaire, habillée comme elle, en jupette et socquettes blanches, et une drôle de coiffure qui leur faisait des têtes de poupée. Du temps de Missy, elle se couchait aux pieds de sa maîtresse habillée en homme et s'affichait seins nus, cuisses nues, sous les quolibets d'un public survolté. Maintenant, elle affronte son âge – c'est peut-être sa plus grande audace. Son coup le plus risqué. Elle n'hésite pas à endosser le rôle le plus ingrat pour une comédienne : celui d'une femme vieillie. Elle doit apparaître sur scène avec les stigmates de l'âge, ses rides, sa silhouette alourdie et, le plus horrible peut-être pour qui aime les colliers de perles, la peau du cou flétrie. Même si Léa est très émouvante, sublime dans la passion, c'est de la part de Colette un défi.

Moreno tient le rôle de la mère de Chéri, Charlotte Peloux. Une ancienne courtisane aussi, mais embourgeoisée et plus décatie que Léa, bien qu'elles soient de la même génération. Elle l'incarne avec bonne humeur, compensant la perte de sa beauté par un surcroît d'humour.

Pierre Fresnay est Chéri. Germaine de France, Edmée, la jeune fille qu'épouse Chéri. Léopold Marchand joue Patron, le professeur de boxe qui donne des leçons à Chéri. Et c'est Pierre Bouyou, pour ses premiers pas sur une scène, qui tient le rôle du maître d'hôtel – Hector ! Le théâtre est une famille. Sans doute parce qu'il débute, on ne lui a confié que ce rôle subalterne. La phrase la plus longue qu'il a à prononcer, une ligne et demie, concerne un plumeau « en plumes d'hibou ». S'il avait eu du métier, il aurait fait un Chéri plus vrai que le vrai : son sosie dans la vie de Moreno.

Il a en tout cas belle allure dans sa livrée, et peut s'enorgueillir d'une voix de ténor. C'est avec lui que la pièce commence : il a l'honneur d'être en scène dès le lever du rideau.

« "Cire… trente-deux francs quatre-vingts…" Mâtin!… Trente-deux francs de cire !… » dit Colette-Léa. Elle lit le livre de comptes que lui a remis son maître d'hôtel. Dans le roman, Chéri lui réclamait son collier de perles…

« C'est la cire pour mon encaustique. Elle a raugmenté, ces temps derniers… », répond Pierrou-Hector.

Marguerite a fait elle-même répéter son protégé et lui a donné des cours de diction. « N'aie pas peur, il jouera bien. J'en réponds ! » a-t-elle promis à « Macolette ». Elle-même déclenche les éclats de rire parmi le public, par son interprétation d'une Charlotte Peloux plus burlesque que celle du roman. Même Pierre Fresnay, pourtant si sérieux, ne résiste pas à son charme, quand ils se promènent le soir, après la représentation, dans l'air léger de la Riviera. « Elle le laissa tout moulu de rire, écrit Colette, tout ébloui de son regard, de sa fantaisie improvisatrice… »

Avec ou sans Chéri, il n'y a entre les deux femmes aucun désaccord. L'expérience de l'amour d'un jeune homme les rapproche, s'il en était besoin. Elles savent de quoi il retourne, lorsque Léa de Lonval, à la dernière scène du dernier acte de *Chéri*, se regardant dans une glace, au départ de l'amant enfantin, dit : « Mais qu'est-ce que c'est, qu'est-ce que c'est que cette vieille ! Mais qu'est-ce que c'est que cette vieille folle ?… »

Avec cette différence que le théâtre, avec ses fards et ses jeux de lumière, est peut-être moins cruel que la vie.

26

Musidora, la petite fille chérie des deux autres, vient de franchir le cap des trente ans, mais c'est loin de ses « vieilles mères » qu'elle s'émancipe, hors contrôle pour de longues années d'exil. Colette et Marguerite ont le sentiment de la perdre et de ne plus pouvoir la protéger comme avant.

Après l'Italie, où elle a tourné et même produit plusieurs films, qui ont fini de la ruiner, Musidora vit désormais en Espagne. Elle envoie des cartes postales de Madrid, de Séville, de Tolède, de Cordoue. C'est loin l'Espagne, à cette époque… Terre familière pour Marguerite Moreno, qui se veut fidèle aux racines maternelles, par le nom mais aussi par la langue qu'elle parle couramment, c'est pour Colette une terre étrangère, un soleil et des ombres qu'elle ne connaît pas. Fille de la campagne bourguignonne, Colette craint la violence du Sud et commence à se plaindre de la chaleur dès qu'elle approche de Valence : elle aura un jour une maison à Saint-Tropez, au milieu des vignes, où elle sera heureuse, mais elle n'apprivoisera jamais la sécheresse du paysage en été, ni le climat excessif, et y éprouvera plus d'une fois la nostalgie des étés de Rozven, sains, toniques, avec des pluies bienfaisantes et des eaux glacées où se plonger en plein midi... Si l'Italie a charmé Colette, sans la retenir, si elle en a aimé les lumières douces et subtiles, les routes bordées d'ifs, les villages hospitaliers, et ignoré la part la plus rude, la plus solaire (elle n'est guère descendue en deçà de Rome), l'Espagne, vue de Paris, lui paraît farouche et arrogante. Presque inquiétante, avec ses paysages monotones et desséchés, ses champs d'oliviers à perte de vue, ses maisons austères dont on ferme les volets sur la lumière. Elle peine à imaginer sa Musi chérie dans ce monde de contrastes et de passions où sa silhouette gracieuse, sa fantaisie légère et son insouciance lui semblent en grand danger. Que peut-on attendre d'un pays où la plus innocente des cigaretières a été assassinée, en plein jour, au sortir des arènes, par un amant furieux ?

Avec ses cheveux noirs, ses yeux de velours, sa bouche aux lèvres pulpeuses, Musidora n'aurait eu aucun mal à jouer dans l'opéra de *Carmen*. Elle a tout d'une fille de ce Sud radical : non seulement la beauté brune et sensuelle, qui la prédestine à des rôles de gitane, mais le sang chaud, le caractère indomptable, le goût effréné de sa liberté. Elle n'en a jusque-là jamais fait qu'à sa tête et entend bien continuer, malgré les mises en garde de sa mère Colette. L'Espagne n'est-elle pas aussi le pays où l'on ne dit pas « je t'aime », mais « *yo te quiero* » – je te veux ?!

Musidora ne craint aucun défi. Colette, non sans admiration, l'écrit dans une lettre : Musi n'a peur de rien.

Pas même des créanciers qui la poursuivent… En 1920, elle n'est riche que de dettes : les films qu'elle a produits à grands frais n'ayant pas obtenu le succès escompté, de moins courageux qu'elle auraient renoncé à la carrière cinématographique – son père d'ailleurs le lui conseillait. Non pas Musidora. C'est avec un enthousiasme intact qu'elle a franchi la frontière espagnole avec un nouveau projet, en lequel elle place tous ses espoirs : elle veut réaliser un film d'après *Pour don Carlos*, roman de Pierre Benoit sur un épisode de l'épopée carliste (la conquête du pouvoir par un prétendant à la couronne d'Espagne, Charles de Bourbon Molina). Elle en a déjà écrit elle-même l'adaptation. Le romancier n'a pas hésité longtemps à lui confier le rôle d'Allegria – l'une de ses belles héroïnes, dont les prénoms comme chacun sait commencent toujours par un A. Il n'a demandé qu'une faveur en contrepartie : que l'un de ses amis et protégés, Jaime de Lasuen, qui a pris le nom de Jacques Lasseyne pour venir faire la guerre en France, participe à la mise en scène. Lui-même accepte non seulement de rédiger les intertextes qui rythment les images, toujours muettes en 1920, donc d'apporter son crédit à l'œuvre, mais que Musidora en change le dénouement – Musi a imaginé pour Allegria une autre mort que celle du roman : lors d'une scène sans trucage, elle se fait enterrer vivante par un berger (un authentique berger de la région) et meurt étouffée sous les pelletées de terre (ce qui, dans sa volonté de pousser le réalisme aux extrêmes, aurait pu la tuer en même temps que son personnage)…

Un signe de l'amitié qui lie Musidora à ses amies de toujours : le nom de Jean Darragon figure au générique. Sans doute pour un petit rôle, les revues de cinéma n'ont pas gardé la trace du personnage qu'il a eu à interpréter. Son ultime rôle au cinéma. Et son ultime voyage en Espagne pour quelques jours en Guipuscoa. On ne sait si Marguerite, Espagnole de cœur, a pu l'accompagner.

Tourné presque entièrement à Fuenterrabía (Fontarrabie), sur les rives de la Bidassoa, dans l'une des provinces basques de l'Espagne qui ont gardé leur sauvagerie et leur mystère – tout ce qui plaît à Musidora –, la fille chérie de Colette aurait pu en rester à cette œuvre exigeante : six mois de tournage pour trois heures de projection. L'accueil, plutôt mitigé, tant en Espagne qu'en France, ne fut pas à la mesure de l'énergie que Musidora lui avait consacrée. Le film ne réussit pas à remplir les salles et la laisse complètement ruinée. « Reviens ! » lui recommande son père. Jacques Roques continue cependant, dans l'amour indulgent et inquiet qu'il a pour sa fille, d'écrire la musique de ses films.

Depuis *Pour don Carlos*, Musidora est si pauvre qu'elle a à peine de quoi se nourrir. Elle n'en tire aucune amertume, au contraire : elle se dit « satisfaite d'avoir semé l'argent à pleines mains pour le bien de l'Art[1] »... Car elle a été très riche du temps où la Gaumont lui offrait des rôles de vedette. Pour se renflouer, elle joue la pantomime au Teatro de la Comedia de Madrid, puis se produit en spectacle pendant plusieurs mois dans toutes les provinces d'Espagne. Elle loge dans des pensions sordides, qu'elle quitte souvent à la cloche de bois. Mais elle a bien l'intention de revenir au cinéma dès que ses finances le lui permettront. Ou dès qu'elle aura trouvé le mécène qui soutiendra son art... Ce qui advient en 1922, quand elle a l'idée d'adapter à l'écran un récit d'Ernesta Stern, *L'Espagnole*. L'histoire d'une femme, venue d'un pays où on a les cheveux blonds, et qui, lors d'un voyage en Espagne, tombe amoureuse d'un torero, le séduit et meurt poignardée par sa rivale – « l'Espagnole » –, reconnaissable à son teint mat et à ses cheveux noirs. Ce scénario l'a emballée. Elle a la chance que la romancière, bien oubliée aujourd'hui, veuille lui donner les moyens de son ambitieux projet.

Généreuse Ernesta Stern… Héritière d'une grande famille de Trieste[2], où elle est née trente-cinq ans avant Musidora, veuve du banquier Louis Stern, fils du fondateur de la banque qui porte son nom, cette richissime femme de lettres et du monde qui reçoit le Tout-Paris dans son somptueux hôtel particulier de la rue du faubourg Saint-Honoré, mais aussi dans son non moins somptueux palais de Venise ou dans sa villa de Rocquebrune-Cap-Martin[3], cette authentique aristocrate, esthète des plus raffinées et des plus cultivées, qui vit au milieu de ses Giotto et de ses Rubens, n'est pas le genre de fréquentation habituel à Musidora. Plus familière des cabarets et des music-halls que des palais et des salons littéraires, on imagine mal cette enfant de la balle, avec sa gouaille et ses jupons, au milieu des boiseries d'or fin d'Ernesta, amie intime de l'impératrice Eugénie. Et pourtant… Musidora, sans se démonter, réussit à la convaincre de participer à l'écriture du film et à sa production. Il est vrai qu'Ernesta, pourtant italienne de naissance et de goûts, connaît bien l'Espagne : elle y a fait un voyage en 1900, dont elle a tiré un très beau livre illustré de ses photographies (artiste complète, la baronne peint, chante, écrit et photographie…) – *Impressions d'Espagne.* Elle a été bouleversée par ses paysages, ses églises, sa musique, mais aussi par les hommes et les femmes qu'elle y a rencontrés, si différents des êtres qu'elle connaissait jusque-là. Elle a le cœur cosmopolite. Le chapitre où Ernesta Stern dialogue avec un mendiant dans la cathédrale de Séville garde toute sa saveur aujourd'hui. En 1912, encore envoûtée par les sortilèges espagnols, Ernesta a écrit un opéra – *Sangre y sol* –, mis en musique par Alexandre Georges, qui a été représenté au Casino de Nice. C'est dire son attachement profond à l'Espagne et la raison pour laquelle Musidora put si facilement la convertir à son projet. Il semble que le titre de l'opéra d'Ernesta, *Sangre y sol*, soit pour beaucoup dans celui que Musidora va donner à son film – au lieu de *L'Espagnole*, ce sera *Sol y sombra. Soleil et ombre* dans la version en français.

Hardie et aimant l'aventure tout comme Musi, Ernesta Stern, que Ferdinand Bac décrit comme « une brave fille » (l'abbé Mugnier, comme « une brave fille… du Bas-Empire »), lui offre 43 000 francs à titre personnel pour réaliser son film. Mais elle rallie au projet deux de ses riches amis, de sorte que ce sont 120 000 francs, selon les chiffres de la Cinémathèque, que Musidora va finalement se voir allouer. Loin d'atteindre le budget de *Pour don Carlos* ni celui de *La Flamme cachée*, qui pulvérisent des records, ce petit pactole lui rend au moins ses ailes. Voici Musi, grâce à la baronne Stern, libre à nouveau de créér, de jouer, de tourner – son idéal de vie.

À Fuenterrabía, Musidora a rencontré un jeune torero et décidé de le mettre en scène : au cinéma comme dans sa propre existence. Car elle aussi, comme ses mères adoptives, transporte les histoires de l'autre côté du miroir, là où disparaissent les frontières qui séparent du réel le rêve et la fiction.

Son amant, à la scène comme dans la vie, se nomme Antonio Cañero. Il a trente-six ans en 1921. Svelte, musclé, avec un profil de jeune premier, comment Musidora lui aurait-elle résisté ? Le bel Andalou semble envoyé par la Providence pour interpréter le rôle qu'elle lui réserve dans son film. Antonio Cañero n'aura pas besoin de jouer les acteurs, il lui suffira d'être lui-même devant la caméra : un magnifique *rejoneador*. Il torée à cheval.

À une époque où la corrida à pied impose son hégémonie, il est en passe de devenir une idole des arènes et de rendre ses lettres de noblesse à la corrida *de rejón*. Les aficionados l'ont déjà repéré : tout chez lui dénote le champion. Cavalier accompli, « né avec des éperons » comme il aime à le dire, formé par un père officier qui était lui-même maître d'équitation, il a été capitaine de cavalerie et n'a quitté l'armée que pour cette passion qui remonte à l'enfance : affronter les taureaux. Au cours de sa brève carrière militaire, il a accumulé les coupes et les médailles lors de nombreux concours hippiques en Espagne, mais aussi en France et au Portugal. Le cheval est son frère d'armes. Il ne lui garde pas rancune de la mort d'un de ses jeunes frères : tué à la ferme familiale d'un coup de pied en plein cœur. Dès 1913, Cañero combat dans l'arène à pied, se fait remarquer par son courage, est plusieurs fois blessé, si gravement qu'il reçoit l'extrême-onction. Sachant prendre tous les risques et toréer au plus près, il possède indubitablement selon les connaisseurs les qualités maîtresses du torero : l'adresse, l'élégance et la bravoure.

Né à Cordoue, élevé à la campagne au milieu des *peones*, qui soignent et gardent les troupeaux, ce cavalier d'exception est un homme simple, qui croit à des vertus simples, et qui a fière allure dans son costume *de campo*, si différent de l'habit de lumière que revêt le torero dans l'arène. Une chemise blanche boutonnée au col, sans cravate, une veste noire courte, sans broderies, des pantalons renforcés d'une sorte de tablier de cuir, des bottes du même tannage brut : c'est une tenue rustique, la plus éloignée qui soit de celle de ses camarades à pied. Seule coquetterie : le chapeau *de ala ancha*, à large bord, généralement noir du *rejoneador*, Cañero l'arbore de couleur blanche. Et quand il le soulève, sous les vivats du public, après une belle passe ou une série de courtes banderilles, c'est une explosion de joie dans les tribunes. Le cheval – un lusitanien ou un andalou – n'est jamais caparaçonné, contrairement à la monture des picadors : il a l'air de danser, répondant à la main habile du cavalier qui sait le mener, vif, rapide et sans blessures, jusqu'à l'épreuve de mort. Avant Cañero, le *rejoneador*, tel un centaure, ne se dissociait pas de son cheval, ni même pour la mise à mort, confiée à un *novillero*. C'est Antonio Cañero qui, le premier dans l'histoire de la corrida, met pied à terre pour affronter le taureau à la *muleta* et lui porter l'estocade. Tandis que son cheval, ovationné, quitte l'arène seul, d'un pas cadencé… Lorsque Musidora tombe dans ses bras, Cañero est déjà célèbre en Espagne et couvert de trophées, dont beaucoup sont des femmes.

Ensemble, pendant cinq ans, ils vont partager leur vie entre le cinéma et les arènes. Côté cinéma, après *Sol y sombra* qui inaugure leur histoire d'amour, Musidora offre un nouveau rôle à son amant dans *La Tierra de los toros* (1924) qu'elle écrit, produit et réalise et où elle joue seul à seule avec lui : on les voit vivre dans la finca de Cañero, à la Fuente la Viñuela, galoper à bride abattue, attraper les vaches au lasso, les ramener à la ferme pour les marquer au fer rouge. Le *ganadero* initie sa muse aux us et coutumes de la campagne andalouse. Au loin, de hautes collines ferment l'horizon, tandis qu'au premier plan sous un porche de pierre, vieux comme l'Espagne, Musidora apparaît toute vêtue de noir. Mais ce n'est plus le collant de soie noire, dessiné par Poiret, qui moule son corps souple de vampire :

elle porte les *zahones* et le chapeau plat, attaché par une jugulaire sous son menton. Ses yeux sont toujours aussi fardés, dans l'ombre du chapeau sa personnalité n'est que mystère. Dehors, le soleil brûle. Comme brûle son cœur, que Colette sait vulnérable et toujours prompt à s'enflammer.

Cinq ans, presque une éternité pour Musidora, puis un jour, Cañero s'en va au bras d'une princesse russe. Et elle se retrouve en exil, abandonnée sur une terre qui lui devient d'un coup étrangère. Tel était le scénario de *L'Espagnole*, dont elle jouait à la fois les deux rôles féminins : l'amante en titre, « l'Espagnole », et sa rivale blonde. Le torero, infidèle au cinéma, l'était aussi dans la vie. Il laisse à Musidora son image en noir et blanc, muette, sur pellicule – aucun autre héritage.

En 1926, comme son père le souhaitait et au grand soulagement de Colette et de Marguerite, Musidora rentre à Paris. Plus pauvre que jamais, et d'une tristesse à fendre l'âme.

En Espagne, elle a connu un peintre, ami de Cañero, et posé pour lui. Il ne lui a pas offert le tableau – on ne sait quelle querelle les a montés l'un contre l'autre. Jalousie ? Amour déçu ? L'Espagne s'est montrée cruelle à Musidora. Mais ce tableau, exposé aujourd'hui au musée des Beaux-Arts de Buenos Aires, sous le titre de *La Musidora*, c'est son apothéose. Jamais elle n'a été plus belle ni plus mystérieuse que sous le pinceau de ce peintre – un

Cordouan lui aussi –, qui a aujourd'hui un musée à son nom dans sa ville natale. Julio Romero de Torres ne s'est pas contenté de peindre le visage de Musi. C'est nue tout entière qu'il l'a représentée. En *maja desnuda* – à l'exception du voile d'un noir intense, qui lui cache le sexe et le haut des cuisses.

Une petite tête aux yeux fardés : on la reconnaît aussitôt. Elle a des mains petites, des pieds parfaits, tels que les aime Colette, des pieds faits pour danser. Mais c'est la poitrine nue vers laquelle convergent les lignes du tableau qui en est le point d'orgue : des seins généreux, sur un buste étroit de jeune fille.

Allongée sur un divan, tandis qu'une servante tient au-dessus d'elle une guitare, il ne manque que le chat pour que Musi se confonde avec *Olympia*. Une Olympia abandonnée, qui laisse derrière elle des trésors qu'elle ne retrouvera pas.

27

Renoncer à la jeunesse ? Ce serait renoncer à vivre. En 1925, Colette – cinquante-deux ans – et Musidora – trente-six ans – partagent une même solitude devant l'avenir. Leurs compagnons les ont quittées mais une même combativité les anime. Ni l'une ni l'autre ne sont femmes à prendre une retraite sentimentale anticipée. Une défaite amoureuse ne signifie pas pour elles la fin des amours.

Musidora doit affronter un adversaire tout aussi hostile que les taureaux d'Andalousie : son banquier. Devant le gouffre de ses dettes, une seule voie s'ouvre à elle, retrouver du travail au plus vite. Le cinéma nécessitant des capitaux qu'elle n'a pas et ses précédents mécènes découragés par l'insuccès de ses films, elle revient sans hésiter à son gagne-pain, le music-hall. Même pendant ces dernières années qu'elle a consacrées au septième art, elle a continué à se produire sur des scènes de cabaret, où son nom ne manque pas d'attirer un public enthousiaste tant à Paris qu'en province et en France qu'en Espagne. De 1921 à 1925, tout en filant le parfait amour avec Antonio Cañero, elle a dû compléter les maigres gains de ses films par des cachets de théâtre : sa silhouette bondissante et appétissante, ses entrechats, sa voix de titi parisien lui ont toujours assuré de pleins succès populaires. C'est un plaisir pour elle de danser, de chanter, de jouer la pantomime : elle a le théâtre dans la peau.

Ce n'est bien sûr pas la Comédie-Française ni le théâtre Sarah-Bernhardt, si fort convoité par Moreno, qui la réclament, bien qu'elle possède un réel talent de comédienne et une indéniable présence sur scène, mais le Moulin-Rouge, le Perchoir, la Cigale ou la Pie-qui-chante l'appellent à participer à leurs programmes. Elle en est la plupart du temps la vedette, dans des revues d'une qualité artistique certes contestable, comme *Hop !*, *Zig-Zag*, *Pie... Ouït*, ou dans des vaudevilles qu'un critique méchant qualifie de « poissards » et de « marmitards », tels *Vierge et cocotte* ou *Une belle de nuit*[1]... Sa verve à la Mimi Pinson lui vaut chaque fois des triomphes. En Espagne, Musidora a plutôt donné des spectacles de sa composition, qu'elle écrit et met en scène, sortes de patchworks théâtraux, faits d'extraits de ses films, mis bout à bout avec des lectures de poèmes, des mimes et des danses de flamenco qu'elle interprète librement, à la sauvage et en solo.

Les directeurs de salles parisiennes la connaissent et l'apprécient – elle va pouvoir renflouer ses caisses. Et, ce qui importe tout autant, se changer les idées après ce chagrin d'amour qui, de son propre aveu, l'a beaucoup fait souffrir. Son biographe, Patrick Casals, cite un extrait de son journal intime, aux jours de la rupture : « Je me réveille tous les matins en pleurant..., écrit-elle. J'aspire à la nuit, où je dors, où j'oublie... L'heure où je travaille est la seule possible, et encore !... » Elle ne peut s'empêcher de penser sans cesse à Antonio et à ce que fut la vie près de lui, en Andalousie...

« Il doit faire bon là-bas, près de lui, il doit faire si bon[2]... »

En 1925, elle perd deux hommes qui ont beaucoup compté dans sa vie, qui l'ont guidée et protégée. Deux mentors qu'elle a adorés. Leur mort accentue son sentiment de solitude. Nul, sinon son père vieillissant, ne veillera sur elle. Elle n'a plus que ses mères-amies sur qui se reposer.

Louis Feuillade disparaît le premier, en février 1925. L'ancien directeur artistique de la maison Gaumont, le réalisateur des *Vampires* et de *Judex*, meurt prématurément à Nice, à l'âge de cinquante-deux ans. Il avait découvert Musidora, l'avait formée et placée sur orbite : ses ailes de vampire lui ont permis de s'envoler ensuite vers un autre destin, sans lui. Mais qu'aurait-elle été, si ce pygmalion, venu la voir au Ba-Ta-Clan, ne lui avait trouvé un visage photogénique et un corps à damner tous les publics ? On ne sait si Feuillade a pu voir ses films, ni s'il les a aimés, mais c'est bien grâce à lui qu'elle a eu envie de poursuivre une carrière au cinéma – pour elle le plus fascinant des métiers. S'est-il intéressé à ses films espagnols ? C'est plus que probable. Feuillade a toujours eu la passion de la tauromachie, et il aimait passionnément l'Espagne, comme tous les aficionados. Il y a même tourné un film en 1914 – *Les Fiancés de Séville*. Quand Musi le fréquentait, au moment du tournage des *Vampires*, il lui parlait de cette passion, mais elle n'avait aucune raison alors de s'y intéresser… Dans sa jeunesse, à Lunel, Feuillade était *revistero* pour un hebdomadaire spécialisé, *Le Torero*, auquel il donnait des chroniques, et il avait même écrit un feuilleton intitulé *Mémoires d'un toréador français*[3]. Membre du Tori-Club parisien, qu'il avait fondé avant la guerre avec quelques amis, il défendait la corrida contre ses détracteurs. Une querelle l'avait opposé à l'écrivain académicien Jules Lemaître, partisan de son abolition. Feuillade était à même d'apprécier à sa juste valeur le talent de Cañero, sur une *plaza de toros*… A-t-il été ému de revoir sa protégée, avec ses yeux charbonneux ? Feuillade mort emporte avec lui leurs souvenirs de jeunesse, toute la frénésie des débuts de Musi.

Quelques mois plus tard, en juin 1925, son grand ami Pierre Louÿs disparaît à son tour : le poète, qu'elle n'a pas pu revoir, s'éteint dans sa maison du hameau de Boulainvilliers, l'antre sordide où il cachait sa misère. Devenu aveugle, il ne pouvait plus lire ni écrire. Les livres autour de lui, ces livres aimés, mille fois lus et relus, n'étaient plus ouverts, sinon par des mains étrangères, qui s'en prenaient à son reliquaire. Liée à Pierre Louÿs par une tendresse d'amante, mais aussi par une sorte de complicité poétique, elle s'accordait merveilleusement avec lui. Peut-être auraient-ils pu partager un moment de vie commune, s'ils n'avaient eu horreur l'un et l'autre des chaînes et de la monotonie… Avec Louÿs, une étoile protectrice disparaît du ciel de Musidora, qui n'entendra plus personne l'appeler « Sainte Musy ». « Sainte Musy qui êtes aux cieux, que votre nom soit sanctifié, que votre règne arrive… » Elle a encore la lettre-poème de Pierre Louÿs dans un tiroir. Avec ce bel *y* qu'il tient à partager.

Elle habite non loin de chez Colette, un petit pied-à-terre parisien au 3 rue du Général-Langlois, avant de déménager pour un loyer moins cher dans le XVIIe arrondissement, au 4 bis de la rue Gounod. Meurtrie et esseulée, elle éprouve très vite le besoin de fuir à nouveau. Comme Marguerite Moreno filant à Sauveterre quand son moral est au plus bas, elle veut retrouver la campagne, au moins pour quelques jours. Comme si la simple vue des champs, des arbres et le chant des oiseaux avaient le pouvoir de la consoler… C'est que Musi garde la nostalgie des vastes plaines andalouses, où elle galopait au milieu des troupeaux, et de la vie simple et rude dans la *finca* de Cañero. Elle y a été libre et aimée. Les chevaux arabes étaient petits au garrot mais nerveux et puissants, ils courent encore dans ses rêves. Souvenirs des paysages sans frontières, des ciels sans nuages, du souffle léger du vent dans la chaleur torride. Les images sont encore vivantes, brûlantes, comme le soleil de l'Andalousie.

La Haute-Marne ne ressemble évidemment pas à ce Sud spectaculaire. Mais c'est tout de même un bain de verdure, loin des miasmes de la capitale, pour se laver de ses nuits blanches… La Haute-Marne, berceau de sa famille maternelle, elle y venait, enfant, en vacances – Marie Roques est née au village de Troissy, proche d'Épernay. Rien n'a changé depuis. Sinon les gens : ils ont vieilli. Un jour, à Troissy, Musidora se retrouve nez à nez avec le fils du pharmacien. Ils jouaient ensemble quand ils avaient sept ou huit ans. Il est maintenant médecin à moins de dix kilomètres de là, à Châtillon-sur-Marne. Et il s'appelle toujours Clément Marot, du même nom que le poète de la Renaissance.

Le 20 avril 1927, à la surprise générale, Musidora devient Mme Clément Marot, à la mairie du XVIIe arrondissement. Puis elle part vivre à Châtillon-sur-Marne.

Colette, quoique habituée aux caprices de sa Musi chérie, ne peut pas cacher son étonnement : Musidora danseuse, chanteuse, poète ou peintre à ses heures, vedette et muse du septième art, amoureuse d'un torero, après l'avoir été d'artistes de la bohème, Musidora en collants noirs, en robe de gitane ou nue sous les pinceaux de ses amis, oui, tous ces rôles lui ressemblent et lui vont. Mais Musi bourgeoise ? Musi rangée ? Musi à la maison ? Musi épouse d'un médecin, d'un notable ? Musi enfermée à Châtillon ? Qui aurait pu le prévoir ?

Deux ans après son mariage, le 7 octobre 1929, elle met au monde un fils, baptisé Clément, du même prénom que son père, mais qu'elle appelle Zazou – ou Zaz –, voilà tout. Du coup, Colette, quand elle lui écrit, envoie ses amitiés « aux Zazous père et fils ».

« J'espère que ton fils est frisé, qu'il a tes beaux yeux et qu'il fera pleurer un grand nombre de femmes », lui écrit-elle, en guise de vœux, à sa naissance. Toutes les années où Zaz grandit, elle ne manquera jamais de demander des nouvelles du « beau petit ». Sans toutefois aller lui rendre visite dans son département.

À Châtillon, Musidora habite avec sa famille l'ancienne maison, fort cossue, du bailli, qui a cette particularité d'être voisine de celle où le poète Jean de Meung composa la fin du célèbre *Roman de la Rose* – l'un des plus beaux romans d'amour de tous les temps. La poésie s'attache à ses pas.

Musidora entame alors une carrière, pour elle inédite, de fée du logis : mariée, devenue mère, elle se consacre entièrement à son foyer. Elle range, cire, nettoie, cuisine, pouponne avec une application de comédienne jouant un nouveau rôle au théâtre. Quand il lui reste une minute, elle peint les murs ou retape la cheminée. Elle œuvre aussi au jardin, où les rosiers nécessitent ses soins, et devient calée en botanique. Entre les rangées de buis bien alignés, à la française, qui traduisent son besoin tout neuf d'ordre et de clarté, elle construit elle-même un bassin en briques. Quelle énergie ! Et quelle reconversion ! Elle n'a pas le temps de s'ennuyer. Colette, dans quelques années, se souviendra de la petite Musi de Châtillon, avec son panier, son plumeau, ses truelles : ni même la vie à Châtillon ne peut effacer son allure de romanichelle. Ayant renoncé à ses tribulations, devenue sédentaire, elle garde pour toujours son air d'habiter une roulotte.

Sa nouvelle vie la repose sans doute de trop d'errances et d'expériences. C'est une saison calme, où Musidora est en vacances, loin de l'agitation, du bruit, mais aussi des lumières de son ancienne existence. Elle s'adonne à la nouvelle sans rien regretter. Colette le lui a assez répété, il ne faut pas regarder en arrière. À bas la nostalgie ! Quand Cañero l'a quittée et qu'elle a retrouvé sa Musi en miettes, sa « mère » lui a parlé d'expérience et donné un seul conseil : « Tu as une pauvre petite mine, ma fille chérie. Laisse donc là tes peines de cœur… ! »

Avant de s'exiler – de s'enterrer ? – à Châtillon, Musidora a connu un dernier jour de gloire. En 1926, le 21 février, elle n'en oubliera jamais la date, elle a été sacrée « reine du cinéma ». Lors d'une cérémonie très populaire, qui a réuni les Parisiens en liesse, elle a défilé à cheval, de la place Daumesnil à la Concorde, avec les autres reines élues par le comité des fêtes : reines du théâtre, du music-hall, des parfums, des fleurs, de la couture et même, déjà, des dactylos… Elles ont été ovationnées. Son *rejoneador* aurait été fier de voir cette belle cavalière, toute de bleu vêtue et montant un cheval caparaçonné de bleu, conduire le cortège au son de la fanfare de la Garde républicaine.

28

Tout est affaire de paysage. Tout s'écrit dans les maisons. En 1914, le chalet de la rue Cortambert rassemble quatre amies esseulées, dans un foyer sans hommes. Enfoui dans la verdure, à la lisière du bois de Boulogne, il évoque ces maisons en pain d'épice des contes de fées, surgies de la forêt hostile pour abriter des enfants perdus, des jeunes filles traquées, de pauvres hères persécutés, Cendrillon, Peau d'Âne ou le Petit Poucet. Il a été leur refuge, la première année de la guerre. Ensuite, leur port d'attache, un lieu où elles ont aimé se retrouver dans sa chaude atmosphère. Elles ont chanté, dansé, festoyé souvent de peu sous ce toit qui allait un jour s'écrouler. Leur amitié était un rempart contre la peur et la solitude. Jamais elles ne se sont laissé abattre par les circonstances. D'être réunies dans cette villa si particulière leur a permis de rassembler leurs énergies. Et de résister aux forces hostiles, venues frapper à la porte.

Ces femmes libres, ou luttant pour l'être, qui n'hésitent pas à voyager et mènent leur existence avec fougue, ont chacune le désir de se rattacher à un paysage solide, à une maison fidèle, dont la porte reste ouverte sur le monde extérieur. Lorsque le petit chalet s'est écroulé à la fin des années de guerre, ce fut un chagrin pour toutes. Leur thébaïde disparue, elles n'ont plus eu de maison commune. Plus de foyer où se regrouper. Les hommes de retour, chacune s'en est allée chez soi – rue Jean-Bologne, rue Decamps, puis vers d'autres adresses plus éloignées pour Musidora et Moreno qui choisissent d'habiter hors de Paris, et pour Colette, boulevard Suchet, dans cet hôtel particulier qui appartint à la Lavallière et que l'abbé Mugnier, dédaigneux, trouve exigu et bas de plafond. Désunies géographiquement, elles ne sont plus ensemble que par le cœur. Mais un cœur qui bat des mêmes pulsions, et qui reste fidèle à l'affection qu'elles se portent.

Le XVIe arrondissement demeure pour quelque temps encore leur quartier et dessine leur carte du Tendre. Colette, Marguerite, Musidora aiment se savoir proches. Elles ne s'éloignent qu'à regret, poussées par la nécessité de gagner leur vie ou par leur goût, plus ou moins prononcé, de l'aventure. Ces trois nomades, qui ont bourlingué et changé si souvent de résidence, aspirent enfin à se poser, sinon à se reposer. Leur existence, qui compte tant de ruptures, de remises des compteurs à zéro, les conduit à ce rêve d'une maison douce, paisible et propice au bonheur.

Le bonheur, cette idée abstraite, elles ne sont pas sûres de pouvoir l'atteindre. Annie de Pène, dans l'un de ses romans, écrivait que les femmes ne sont pas faites pour être heureuses... Cette certitude, chacune la partage et la porte en elle. Pour Colette, « il n'y a pas que le bonheur dans la vie ». Elles n'en font pas une lutte perpétuelle, mais s'il existe, ce bonheur idéal et rêvé, et qui semble hors d'atteinte, il est pour elles toutes lié à des joies simples. À une caresse, à un regard, mais aussi à la couleur rose du jour, à la douceur du vent, au goût des fruits, au parfum de la pluie après l'orage et à celui du bois qui crépite dans la cheminée d'une demeure, bonne comme le bon pain.

Marguerite trouve en Corrèze un ciel conforme à ses vœux : le pays de son enfance, avec ses gens rudes et fidèles, l'accueille et la retient pour le restant de ses jours. Elle ne peut, hélas, vivre toute l'année à Touzac. Il lui faut travailler et travailler encore pour entretenir la vieille bâtisse, le moulin et les terres, ce grand et exigeant domaine dont elle devient peu à peu la reine en exil. Pierrou s'en occupe quotidiennement, tandis qu'à Paris où l'appellent directeurs de théâtre, producteurs et metteurs en scène, Marguerite enchaîne les rôles, remportant enfin le succès tant attendu pendant ses années de galère. Ce succès, elle le doit en partie à Colette qui lui a conseillé de renoncer aux mélodrames et à la tragédie, où on la confinait, et de se laisser aller à son penchant naturel pour le rire et la fantaisie. « Ce qu'on ne comprend pas, déclare Moreno au journaliste Pierre Barlatier, c'est que la vie n'est pas faite seulement des larmes ou seulement du rire. On s'entête sur une première apparence à classer les artistes dans une catégorie de laquelle on n'admet plus ensuite qu'ils se permettent d'échapper. Celui-ci fait rire, celle-là fait pleurer. Seulement, on ne nous donne autant dire jamais l'occasion de manifester la qualité de notre nature. »

Le public, du coup, découvre une nouvelle Moreno : ses amis la connaissaient déjà, il va à son tour se laisser subjuguer par son irrésistible drôlerie. À partir des années trente, lorsque le cinéma se met à parler, la comédienne peut enfin donner la mesure de son talent : limité jusque-là à son jeu corporel, à ses gestes et ses mimiques, elle va y faire valoir sa diction et la gamme inépuisable de ses mélodies. C'est peut-être le seul désaccord qu'elle aura avec Colette, durant leur longue amitié. Les deux amies en effet ne s'entendent pas sur le cinématographe. Colette : « Il me semble que le cinéma parlant, cent pour cent parlant, fait fausse route et, personnellement je préférerais qu'il ne proférât pas une parole[1] ! » Au lieu que Marguerite est convaincue de « l'avenir du cinéma parlant », qui se rapproche artistiquement du théâtre et permet au public d'entendre enfin les voix des acteurs – leur tessiture et leurs intonations. Dans l'entre-deux-guerres, Marguerite Moreno va jouer dans près de quatre-vingts films, la plupart comiques, et donner la réplique à des acteurs de premier plan comme Pierre Blanchar, Charles Boyer, Albert Préjean, Charles Dullin ou… Maurice Chevalier. Peu de chefs-d'œuvre, elle le reconnaît elle-même, parmi cette énorme production. Mais ses interprétations dans *Douce* de Claude Autant-Lara ou *Ces dames au chapeau vert*, d'après le roman de Germaine Acremant, marqueront sa génération.

Elle n'aimera pourtant jamais le cinéma, même doué de parole, qu'elle trouvera toujours inférieur au théâtre par la qualité du texte et des performances. « Je suis abrutie par le cinéma », écrit-elle à Colette, l'été 1928, pendant un tournage du *Capitaine Fracasse* d'Alberto Cavalcanti, avec Pierre Blanchar dans le rôle-titre. L'équipe a installé ses décors en Dordogne, entre Brive et Sarlat, non loin de chez elle, mais il faut sans cesse reprendre les scènes, on coupe, on recommence… Ce travail répétitif et monotone parvient à lui gâcher même le paysage. « Mon Dieu ! quel métier ! Et dire qu'il y a des gens qui aiment ça… On a tourné partout, aussi ai-je pris en horreur, oui, en horreur, les verts rivages de la Dordogne, la vallée creuse et ardue de la Vézère et tous les châteaux de la chrétienté !… Tu me trouveras tout à fait sans cerveau, sans désir, sans curiosité. Le cinéma stérilise[2]. »

Ce sont ses cachets, si péniblement gagnés, qui lui permettent de faire vivre le Castélou, d'investir dans les cultures ou d'acheter du matériel de pointe comme le tracteur dont Pierre Bouyou s'enorgueillit à juste titre – le premier tracteur à des kilomètres à la ronde, il fait l'attraction de toute la province. Elle aime aussi gâter son « petit serviteur » et le comble de cadeaux. Toqué d'aviation, il se voit bientôt offrir un petit avion de tourisme. Une photo immortalise le couple, lui aux commandes et elle, en passagère, coiffée d'un casque de cuir à oreillettes et portant en guise de sac à dos le parachute replié, utile en cas de chute en plein vol. Pierre et Marguerite feront souvent ensemble le trajet Paris-Touzac dans le biplace. Dans les années trente, un champ qui borde la propriété sert de piste de décollage et d'atterrissage.

Grâce au cinéma, le domaine familial s'agrandit et prospère. Dans les intervalles des tournages, rares moments de trêve ou de répit, Marguerite regagne Touzac, mais elle traîne une fatigue persistante et souffre de sciatique. Les rôles qu'elle enchaîne, innombrables, l'épuisent. Colette s'inquiète pour la santé de son amie, réputée jadis infatigable et qui refuse de ménager ses forces : « Il faut beaucoup de courage pour faire les itinéraires que tu couvres ; le succès ne suffit pas à tout. Une petite âme y perdrait courage, mais tu n'as rien d'une petite âme[3]. »

Les vieux murs du Castélou, la vieille cheminée avec son parfum de souches et de sarments, le chien qui lui fait fête et le spectacle des vignes alentour sont pour elle une source intarissable de joie. Rien n'est plus beau à ses yeux que ce pays, où elle se sent chez elle, enfin en paix. Elle s'émerveille à chaque saison du renouvellement de la nature. Les asters à l'automne succèdent aux chrysanthèmes, les plants de carottes sauvages aux étoiles de jasmin – elle l'écrit à Colette. Tandis que les hommes labourent, sulfatent ou vendangent, elle va chercher le pain de dix livres au village. Elle en revient les pieds brûlés, la chemise collée au corps, la chienne sur les talons. Puis elle attend le soir, dans une solitude peuplée du bourdonnement des abeilles et du chant des oiseaux.

Ce ne sont que de courts repos. Elle reprend au bout de quelques jours ses activités trépidantes de comédienne. *Un trou dans le mur*, *L'Emprise*, *Sola*, *Cognasse*, *Ma tante dictateur*… Colette trouve qu'elle se surmène, la supplie d'accepter moins de contrats et de ralentir ces investissements agricoles qui la ruinent. Mais rien ne peut détourner Marguerite de ses projets pharaoniques, pour lesquels elle se donne tant de mal. Choyer cette terre de Touzac, c'est rendre heureux ceux qui en vivent et, parmi eux, le premier de tous, le jeune maître du domaine enchanteur, Pierre Bouyou-Moreno. Il porte désormais son nom.

« Ce n'est pas un nom que tu portes, écrit Colette au jeune homme, c'est un sauf-conduit. Il suffisait que tu t'appelasses Moreno pour gagner mon affection, mon petit Pierre, mais depuis tu l'as bien mérité. » Il faut dire que Pierre Bouyou regarde Colette comme une seconde mère. Son affection toute filiale parachève le sentiment qui l'unit à Marguerite. On trouve à la fin de presque toutes les lettres de Moreno un salut affectueux, une tendre pensée du « perdreau », ou, de plus en plus fréquente alors que les années passent, l'expression du regret que Colette ne soit pas auprès d'eux, dans la maison de famille. Sans elle, les Moreno mère et fils (plutôt que tante et neveu) se sentent l'un et l'autre orphelins.

Marguerite souffre d'être trop souvent séparée de Pierre Bouyou à cause des exigences du métier. Avec son physique de jeune premier et sa voix de ténor, si juste quand il se met à chanter, elle n'a pas de mal à le convaincre de faire du cinéma, lui aussi. Elle le recommande aux producteurs, aux metteurs en scène et pose en condition de ses propres contrats l'inscription de Pierre au générique. Pierre Moreno, de son nom de scène, sera une vingtaine de fois à ses côtés dans des films de Diamant-Berger, d'Yvan Noé ou de Louis Mercanton, dans *La Reine de Biarritz* ou dans *Gigolette*, dans *Tout va très bien, madame la marquise* ou dans *Sola*. Il va donner la réplique à des actrices célèbres, comme Damia, ou débutantes comme Madeleine Renaud. Il va danser avec les Blue Bell Girls et, en 1931, chanter *Pas sur la bouche* – le tube qui est cette année-là sur toutes les lèvres et donne son titre au film de Nicolas Rimsky et Nicolas Evreïnoff[4]. « Un baiser, oui, mais… pas sur la bouche », dit la chanson.

Le cinéma finit par le lasser. Au grand regret de Marguerite, il n'y fait pas la carrière qu'elle espérait. Il préfère vivre à Touzac, de cette vie rustique et paisible qu'elle voudrait partager davantage. Mais c'est un luxe qu'elle ne peut pas s'offrir. D'autant que Pierre Bouyou-Moreno se fiance et, après quelques années de secret et de double vie, installe sa nouvelle compagne au Castélou. Pour Marguerite, c'est un coup très rude. Elle n'y était pas préparée. Son cœur n'a pas vieilli. Elle l'assure à son amie Colette : elle aime avec un cœur qui a toujours vingt ans… Il va lui falloir s'adapter, accepter et ouvrir les bras à la petite fiancée. Le Castélou, qui est sa maison, sera celle de Pierre et de sa famille désormais. Marguerite Moreno sera, tout naturellement, la marraine du premier enfant.

Passée du statut d'amante à celui de la bonne fée protectrice, elle n'a pas beaucoup de temps pour pleurer son changement dans la cellule familiale. Laissant derrière elle au Castélou un couple d'amoureux, elle passe de longs mois à Paris où elle joue pendant toute la saison théâtrale et parfois au-delà. Son nom désormais attire les foules. En décembre 1929, elle franchit le record des entrées dans *Le Sexe faible*. Cette pièce d'Édouard Bourdet, représentée au théâtre de la Michodière, sera jouée 951 fois ! Marguerite y interprète la comtesse Polacchi, sexagénaire friande de jeunes et beaux garçons, avec une vérité proche de la caricature. Les cheveux coupés court et plaqués comme un homme, la poitrine conquérante, moulée dans la dentelle du corsage, elle se pavane avec une escorte de gigolos au Ritz, où se situe l'action. Drôle et pitoyable à la fois, la comtesse fait rire, elle pousse le ridicule jusqu'à se croire encore séduisante, à son âge et avec son physique ! Marguerite aurait pu être ridicule, elle-même pitoyable dans le miroir sans pitié que lui tend Bourdet. Elle en ressort souveraine, à mille pieds au-dessus des persiflages. Cocteau à Édouard Bourdet : « Moreno. Son autorité, son volume, son poids sont énormes. Elle est pure. Son personnage sort d'une longue vie au lieu de sortir des coulisses[5]. »

Célèbre et populaire, elle va connaître la gloire, ce « deuil éclatant du bonheur[6] », dans *La Folle de Chaillot*, pièce posthume de Jean Giraudoux, son dernier rôle au théâtre en 1945. Elle y affirme son génie dans le rôle de la vieille clocharde, dénuée de tout, qui dialogue avec les étoiles. Si le théâtre l'absorbe tout entière, le cinéma finit de la dévorer : omniprésente, archi-plébiscitée, le public l'admire et l'adore. Mais son plus grand bonheur est de revenir quand elle peut à Touzac, de retrouver sa province, sa maison. Jusqu'à son dernier souffle, elle restera liée à la Corrèze par des liens aussi mystérieux que tout-puissants. Colette l'a bien compris, qui associe à ses marques de tendresse la campagne environnante : « Je t'aime, je t'embrasse, j'embrasse ton petit compagnon, ta chienne et ton pays. »

Ce pays, vu de Paris, il est vert, d'une couleur dominante qui englobe les vignes, les prés, les platanes et les peupliers à l'ombre bienfaisante, le lierre qui couvre la maison. Mais il lui apparaît bleu dans ses rêves, d'un bleu sombre et profond, car Marguerite à Touzac est propriétaire d'une source, dont l'eau est en effet de la couleur de la mer, au large. C'est à cette source qu'elle se réfère le plus souvent, quand elle demande à Colette de la rejoindre dans son domaine. La Source bleue l'attend. « Viens voir ma Source », écrit Marguerite. « Quand viens-tu voir ma Source ? Je ne peux pas me faire à l'idée que tu ne vois pas ce que je vois. » Ses eaux bleues l'apaisent et la consolent, quand elle a du chagrin. Or, du chagrin, Moreno en aura jusqu'au bout de la vie, à satiété, malgré la gloire.

D'or et de feu, en comparaison, le paysage de Musidora. En Espagne, où elle s'est rendue par hasard, suivant les chemins dessinés par la destinée, et plus prosaïquement, parce qu'on pouvait y tourner des films à moindres frais, elle a trouvé un climat et des couleurs qui sont les siennes. La Castille, l'Andalousie, le Pays basque : elle a tout aimé, épousant ses excès d'ombre et de lumière avec une spontanéité étonnante, pour qui n'a pas été préparé le moins du monde à cette civilisation. Le vampire gainé de noir a adoré le soleil ; la citadine, élevée dans les quartiers populaires de Paris, la steppe et les collines, la sauvagerie de la *sierra*, les troupeaux en liberté. Elle a immédiatement aimé, compris la corrida, comme une native de Bayonne ou de Córdoba (Cordoue). Et elle s'est glissée avec un naturel inouï dans le costume bariolé et chatoyant des gitanes : ce rôle-là, qu'elle a joué sur scène en s'essayant à des flamencos de sa composition, est une doublure parfaite. Elle n'a pas eu à l'apprendre. C'est qu'elle est née gitane, et se comporte ainsi depuis toujours. Une gitane, selon une définition de Colette, transporte sa roulotte partout où elle va.

Déçue dans sa passion pour le beau torero, elle a d'abord brouillé les pistes. Elle a tenté de se sédentariser en épousant le médecin de Châtillon-sur-Marne, devenant une mère au foyer dont la vie est faite de sacrifices et de dévouement. Elle a arrangé et embelli leur maison. Fière du travail accompli, elle raconte par le détail à Colette les améliorations apportées au décor intérieur et au jardin, les efforts qu'elle déploie à cuisiner, à coudre, à bricoler, à jardiner. Ces menues occupations l'accaparent entièrement, elle leur consacre des forces employées jadis à tourner des films en pagaille. Elle trouve le moyen de composer des poèmes tout en préparant des sauces ou en arrosant ses fleurs, et en berçant le petit être qu'elle aura finalement mis au monde – un fils, qui porte le nom de son père. Elle a cherché à s'embourgeoiser. Elle s'y est appliquée. On peut dire que, dans ce domaine, elle n'a pas ménagé sa peine.

Mais ce n'était pas sa vocation. Elle y contraint sa nature. Son goût de la liberté sera finalement plus fort que sa volonté de « se caser » (son expression). Plus fort que l'amour même. Elle va bientôt divorcer et reprendre la vie de bohème qu'elle n'aurait jamais dû quitter. La maison de Châtillon, qu'elle aura pourtant beaucoup aimée, ne lui manquera pas. Elle ira de logis en logis, à Paris, en banlieue, habitera même le pavillon de ses parents, doté d'un jardinet, à Bois-le-Roi, sa dernière adresse.

« C'est une romanichelle ! » s'exclame Pauline, la bonne de Colette, en la voyant débarquer des années plus tard dans le dernier appartement de la romancière, rue de Beaujolais. Colette ne lui donne pas tort, c'est bien Musidora, cette romanichelle. « La romanichelle authentique a tant de goût pour sa maison qu'elle l'emporte partout avec elle, dit-elle, sur deux ou quatre roues, avec ses enfants, sa casserole, son homme et son coffre où serrer le fruit de ses rapines… Ainsi fait Musidora… Il n'y a entre elle et une romanichelle mobile que peu de différence. L'oripeau bleu et rouge, la jupe qui pend d'un côté, l'élégant pied nu dans les sandales, le grand sac en cuir brut dans lequel Musidora promène pêle-mêle ses diamants de famille, une livre de tomates et un concombre, prennent la valeur de tant de sceaux originels[7]. »

Le cinéma muet avait fait sa gloire, sinon sa fortune. Elle ne passera pas le cap du parlant. De retour dans les salles de spectacle qu'elle affectionnait, elle dispersera son talent, n'écoutant ni les reproches ni les recommandations de Colette, qui se montre inquiète, et même préoccupée, par le destin « amer » de sa protégée.

Musi écrira des poèmes, des morceaux choisis pour la scène, jouera les doublures dans des spectacles de seconde zone, donnera des conférences, s'adonnera, selon l'inspiration, à la peinture, à la sculpture, à la gravure, sans qu'aucune ligne se dessine avec clarté, sans qu'aucune voie se dégage de ce perpétuel papillonnage. Henri Langlois lui permettra d'échapper à la misère en lui offrant, les dernières années, un poste de directrice de la documentation et des relations avec la presse, à la Cinémathèque. « Cher petit Musi… », « Mon courageux petit Musi… », écrit Colette, qui ne peut plus suivre son rythme et se désole de ne plus parvenir à l'aider. « Oh, mon petit Musi, je te voudrais plus heureuse ! »

Étranges disproportions des destins : Colette, encensée à la fin de sa vie, décorée, promue Grand Officier de la Légion d'honneur[8], siégeant au jury Goncourt, seule femme parmi neuf messieurs, et habitant au-dessus des jardins du Palais-Royal, où le monde vient vers elle. Arthritique, impotente, mais l'œil toujours aux aguets et la sensibilité à fleur de peau. Le succès, les honneurs, l'amour : rien ne lui manque, puisqu'un homme veille sur elle, amant, ami et compagnon des dernières heures. Maurice Goudeket lui offre la tendresse, le dévouement, l'adoration dont elle a toute sa vie rêvé d'être comblée. Elle accepte, sereine, son statut de vieille reine, assignée à résidence dans son Palais-Royal.

Moreno en Folle de Chaillot, applaudie à tout rompre à l'Athénée, bissée et rebissée par un public en transe, est devenue une vedette populaire. Quand elle sort du théâtre ou se promène sur les boulevards, les gens la reconnaissent, l'abordent pour lui serrer la main et la saluent non plus d'un « Bonjour, madame Moreno » mais d'un « Bonjour, madame Marguerite », ce dont elle se félicite : elle aime cette chaleur qui vient vers elle, les spectateurs l'ont adoptée et elle est maintenant « cœur à cœur avec le public populaire ». Épinglée de la Légion d'honneur elle aussi. Laide à en pleurer mais magnifique, grandiose, dès qu'elle apparaît sur scène, elle est cependant la plus heureuse, quand elle peut se réfugier dans sa campagne et déambuler pieds nus, de ses pieds ailés, sur les vieilles pierres du pays…

Musidora, au contraire, a du mal à survivre. Elle vieillit dans la dèche et l'oubli. Les surréalistes l'ont portée aux nues – Aragon, Breton l'ont adorée en vampire. Ils ont même écrit une pièce pour elle, dans leur jeunesse. Mais les années passant, Musidora n'est plus qu'une légende aux couleurs fanées – tout le monde la croit morte, avec l'ère des feuilletons des temps pionniers du cinéma. On se souvient qu'elle a été la première « vamp ». Mais on ne reconnaît plus sa silhouette érotique ni son visage de sombre madone quand elle marche dans la rue. Seules quelques féministes auront l'idée de reprendre son nom pour faire d'elle leur étendard, leur flambeau, dans les années soixante.

En blanc et noir sur les écrans. Couleur sépia, pour un ultime parcours dans les bureaux de la Cinémathèque, où elle organise les archives du muet. Musidora garde pourtant au fond du cœur, jusqu'à la fin, un paysage en rouge et or. Une espèce de climat hispanique, qu'elle doit tenir d'une vie d'avant la naissance, d'une existence antérieure connue d'elle seule. Quoi qu'elle fasse, quoi qu'elle devienne, c'est dans la patrie de Don Quichotte et de Sancho Pança qu'elle a le mieux aimé vivre et Colette le sait, qui la comprend si bien. Sans pouvoir la gouverner ni même la secourir, elle a reconnu en cette artiste des plus douées et méritantes une poésie, une fantaisie, une folie heureuse et gentille qui l'ont toujours émue. Née gitane, de la tribu de ces « enchanteurs » que Romain Gary saura si bien dépeindre, Musidora gardera à sa mère-amie, sa « mèramie », sa vieille mère Colette, une reconnaissance éternelle. La Dame du Palais-Royal, qui intimide même Simone de Beauvoir, ne se défera jamais de ce lien de tendresse et d'amitié qui l'attache à Musi. L'enfant chérie. L'enfant perdue.

Rozven... Maison perchée sur la dune et regardant la mer, à la couleur du sable et de l'eau. Maison blanche, couverte de vigne vierge, avec un toit d'ardoises bleues. Quand le soleil couchant jette ses derniers rayons avant de plonger dans la mer, il éclaire de rose la terrasse fleurie et les herbes en contrebas. Pour Colette, c'est « le plus beau paysage de la terre ». C'est aussi là qu'elle a approché au plus près le bonheur. Elle aime Rozven par tous les temps, sous la pluie, dans le froid, dans les tempêtes, ou l'été quand la côte, « brûlée jusqu'à l'os, est de la couleur d'un désert d'alfa sec[9] ». Elle y déploie une activité physique que son corps, malmené par le métier d'écrire, néglige partout ailleurs. À Rozven, Colette marche, nage, pêche, escalade les rochers et se frictionne au sable doré de la petite plage de la Toussais. Ses membres alourdis, ankylosés, se détendent, se délient. L'air marin la tonifie. Le soleil et le vent cuivrent sa peau. Elle embellit. Elle n'y passe que deux mois par an environ, de mi-juillet à mi-septembre, mais quand elle le peut, elle y prolonge ses séjours, étirant jusqu'au début du mois d'octobre le plaisir d'être au bord de la mer. Elle se baigne par tous les temps, même quand l'eau est glacée et qu'elle interdit la baignade à ses hôtes et à ses enfants – y compris à Bertrand. « Demain, marée de pêche, je vais aller m'exténuer dans les rochers. C'est bon pour mon corps et pour mon esprit[10]. » Elle partage avec Marguerite le don de savoir savourer les instants de trêve.

Rozven est la première maison qui lui appartienne en propre. La première qui soit vraiment la sienne. On se souvient que Missy la lui avait donnée, en cadeau de rupture. Colette en a fait une maison de famille, ouverte à tous les vents. À Saint-Sauveur, elle était chez sa mère. Aux Monts-Boucons, dans le Jura, chez Willy. Castel Novel, en Corrèze, appartient au clan Jouvenel. Même le petit chalet suisse, où elle a pris ses aises et où elle s'est sentie si fort chez elle, ne lui appartenait pas. Quand Henry de

Jouvenel revenait, il redevenait aussitôt le maître. Le maître de tout.

Elle aurait aimé rester plus longtemps à Castel Novel, l'été, profiter un peu plus de la campagne, du parc et du château entouré de douves. Elle a vanté à ses amies la qualité de son silence, l'odeur d'herbes et de forêts. Sa fille, qui y a grandi, s'y trouve dans son milieu naturel, de même que son père, sous la tutelle légère de Mamita. Colette n'y est qu'une belle-fille en visite. Elle n'y a jamais imprimé sa marque. Bien qu'on l'ait toujours accueillie chaleureusement, jusqu'à son divorce, elle sait qu'elle ne plaît pas autant qu'elle le voudrait à la baronne mère. Mamita n'est pas une de ses admiratrices, loin s'en faut. Ni la réputation de Colette, ni son allure, ni même sa littérature, n'ont fait d'elle une alliée, une amie. Maintenant, sa belle-mère lui en a fermé les portes. On n'a plus voulu d'elle à Castel Novel, depuis qu'elle s'intéresse d'un peu trop près à Bertrand. C'est devenu une forteresse imprenable : elle n'y est plus reçue. À la mort de Robert, mort soudaine, mort brutale, qui a réuni toute la tribu Jouvenel sur ses terres, en 1924, on n'a même pas daigné lire sa lettre de condoléances.

Le jour, à Rozven, elle va pieds nus, en robes courtes, et quand elle se baigne c'est dans des maillots indécents, à peu près informes, que Germaine Patat trouve sûrement hideux, avec des trous et des accrocs, mais qui n'entravent aucun de ses mouvements.

Rien ne la gaine à Rozven. Rien ne la gêne. Elle peut vivre et se laisser vivre, en liberté, dans cette enclave en marge du monde où elle échappe aux regards, aux médisances. Personne ne la voit : la maison est cachée au bout d'un chemin de terre qu'on emprunte depuis la route de Saint-Coulomb. Personne ne la dérange. Elle travaille en paix, pendant que la maisonnée dort ou s'adonne à des jeux sur la plage. La plupart de ses étés sont besogneux, elle ne s'accorde que rarement des vacances d'écriture. Encore celles-ci ne durent-elles que quelques jours. Le métier la requiert à tous les moments de sa vie. Assiégée par les directeurs de journaux qui lui réclament sa copie, par les éditeurs qui attendent ses manuscrits, il lui arrive d'être fatiguée, de se sentir dégoûtée même d'écrire. « J'ai une telle horreur du stylo, écrit-elle à Marguerite, que j'ai envoyé un télégramme : "Malade – article partira semaine prochaine", au *Figaro*[11]. » Elle sait se donner des heures de grâce.

Chéri et *Le Blé en herbe* sont nés de ces étés studieux de Rozven. Elle y a pu aussi, sans se contraindre ni se cacher, vivre son histoire d'amour, si semblable aux fictions qu'elle invente, dans le paysage le plus proche de son cœur. « Il n'y a qu'ici, écrit-elle à Marguerite, que le vent de mer vous apporte autant d'odeur de terre labourée, de chèvrefeuille et de troènes en fleurs. » Elle se laisse distraire par les mésanges qu'elle trouve « insolentes » et par un couple d'éperviers qui a élu domicile sur le toit. Son programme, tel qu'elle le décline à Marguerite, se répète d'un été à l'autre : « Le feu de bois et le soleil, le couchant rose et la lampe – tu vois[12]. » Jamais elle ne se lasse du paysage ni de l'organisation des jours. « Hier et aujourd'hui, écrit-elle le 30 septembre 1924 (alors qu'il fait encore apparemment très beau en Bretagne), j'ai cueilli les fruits. Une belle année de poires, et des pommes très belles en grand nombre. La tête et les épaules grillent, les jambes trempent dans la rosée, un pinson exigeant suit et les chiennes sont contentes. Moi aussi. »

Marguerite n'a pas un emploi du temps bien différent, à Touzac.

Les deux femmes s'appellent, depuis leurs domaines respectifs. Marguerite voudrait que Colette passe l'été à la Source bleue, et Colette que Marguerite remonte en auto jusqu'à Rozven…

Les « Viens ! », « Mais quand viens-tu ? », « Quand viendras-tu ! », rythment les lettres. Elles ne cessent pas de s'écrire mais trouvent l'une comme l'autre qu'elles ne se voient pas assez. Ce qu'elles voudraient, puisqu'elles ont toujours tout partagé, c'est se faire aimer l'une à l'autre leur terre d'élection. Accorder leurs racines, et se rapprocher géographiquement. Mais soit par manque de temps, de disponibilité, soit parce qu'elles appartiennent chacune à une maison, à un paysage, à un ciel différents qu'elles sont pressées de retrouver dès qu'elles quittent Paris, elles n'y parviennent pas. Marguerite ne viendra pas à Rozven. Et Colette ne rendra qu'une ou deux fois visite à Marguerite, en Corrèze.

Alors que Marguerite aurait voulu qu'elle s'installe, sans plus compter les jours : « Il faut que tu vives des mois avec nous ici, tu m'entends ? » Et elle ajoute, « le petit te baise les mains et t'en veut de ton absence, comme toujours[13] ».

Colette, à plusieurs reprises, promet de se rendre à Touzac. Mais elle reporte ses visites. De son côté, elle se plaint que Marguerite ne rapplique pas en Bretagne, avec sa valise, son manteau en laine écossaise et ses sandales lacées à la grecque, accompagnée bien sûr de son inséparable « petit serviteur ». « Dire que je ne t'ai jamais eue à la campagne ! C'est scandaleux[14] ! »

Colette appelle Rozven sa campagne, comme Marguerite, la Source bleue. Mais la sienne est une campagne salée, iodée, battue par le vent du large, et elle a fixé ses couleurs pour toujours.

Divorcée d'Henry de Jouvenel et séparée de Bertrand, en 1925, ayant définitivement rompu avec les Jouvenel père et fils, Colette achète dès l'année suivante une maison dans le Midi. Et, dans la foulée, elle vend Rozven, ce qui ne lui laissera comme à son habitude aucun regret de la vie passée. Ni aucune nostalgie, tant le présent est plein de promesses. Coutumière de ces arrêts sur image, nécessaires à chaque nouveau départ, elle va opter sans transition pour un paysage radicalement différent de la Bretagne et un climat à l'opposé de ses embruns salés. Tout près de Saint-Tropez, au milieu des vignes, la Treille Muscate, ainsi baptise-t-elle sa nouvelle maison, ne manque pas non plus de charme. Bien que, de sa position dans l'arrière-pays, on ne puisse apercevoir la mer, Colette s'attachera à son parfum de thym et de figues et au chant pour elle exotique des cigales, grisées de soleil. Elle y écrira d'autres livres et y connaîtra un autre bonheur. C'est qu'elle aura rencontré un autre homme à la peau très douce comme elle les aime, qui deviendra son troisième et dernier mari. La Treille Muscate, elle l'achète pour y abriter son amour naissant.

À chaque époque de la vie de Colette, correspond une maison, choisie et aimée. Liée à sa passion toute neuve et très charnelle pour Maurice Goudeket, la Treille Muscate remplace Rozven, trop liée pour elle au souvenir des deux Jouvenel et au souvenir douloureux des ruptures, mais elle ne lui sera pas attachée. La romancière restera toujours imprégnée de l'air salé de Rozven, de ses odeurs où se mêlent la mer, le sable et les champs, et de ce sentiment exaltant d'habiter un promontoire au bout du monde, face à l'océan. Elle se lassera plus vite du Midi que de la Bretagne, qui lui fit tant de bien, comme elle le dit, « au corps et à l'esprit ». Et quand le temps sera venu de ne plus bouger, qu'elle ne pourra plus quitter Paris et ses environs, et que la promenade au Bois se fera en voiture, vitres baissées pour capter le parfum des arbres, parce qu'elle sera devenue impotente, rongée par l'arthrite, elle revendra la Treille Muscate, comme elle avait vendu Rozven. En regardant vers l'avenir, si restreint désormais et réduit aux murs de sa chambre, mais qu'elle continue de préférer au temps passé.

Quand la mort emporte Marguerite Moreno, le 14 juillet 1948, Colette qui est chez des amis à Hyères est aussi stupéfaite que lorsque Annie de Pène a été fauchée par la grippe espagnole. Sa stupeur prévaut sur la tristesse. Sa grande amie a eu une congestion pulmonaire, à la suite d'une grippe, aussi brutale que celle qui a tué Annie. Elle refuse pourtant de se rendre à Touzac. Marguerite, elle veut la garder vivante dans son souvenir. Elle ne fera pas le voyage. Les enterrements, on le sait, la dépriment. « Je ne l'ai pas vue partir, je ne l'ai pas sentie partir, je ne la sens pas partie, écrit-elle à Pierre Bouyou. Comme c'est triste, comme elle était peu faite pour être morte ! »

Elle est au bord de formuler ce reproche qu'elle avait exprimé à l'annonce du décès d'Annie de

Pène : « Me faire ça à moi ! » Marguerite comme Annie lui laissent le sentiment qu'elles l'ont abandonnée, sinon trahie, en quittant ce monde. Pour Colette, leur mort est une forme de déscrtion. Personne en tout cas ne remplacera ces âmes sœurs, dont la disparition la laisse entre égarement et colère. De Marguerite, elle dira des mois plus tard qu'elle la cherche encore autour d'elle.

Moreno, enterrée à Touzac, dans le plus simple recueillement familial, a demandé que soient gravés sur sa tombe ces mots auxquels elle tient : « C'est l'oubli des vivants qui fait mourir les morts. »

Colette s'éteint le 3 août 1954, dans sa chambre avec vue sur le Palais-Royal. Considérée comme « le plus grand écrivain français naturel » selon un mot étrange de Montherlant, elle a droit à des obsèques nationales. Son cercueil, posé sur catafalque, est exposé dans son jardin, sous ses fenêtres, là d'où lui parvenaient vers la fin les chants des oiseaux et les cris des enfants, les derniers bruits du monde. Seule l'Église boude la cérémonie en refusant d'apporter la bénédiction à cette grande païenne, coupable d'avoir préféré les paradis terrestres aux promesses du ciel éternel. Enterrée au Père-Lachaise, sa tombe est toujours l'une des plus visitées de ce vaste cimetière.

Malgré sa conviction qu'« il ne faut pas laisser les morts attrister les vivants », elle ne cessera pas, le long de ses dures années de recluse, où elle sera pourtant choyée, respectée, admirée, de penser à « Malguelite », et à tout ce qu'elles ont partagé. « Je passe mon temps à me heurter à son absence et je me fais mal », écrit-elle à Pierre Bouyou. Il lui arrive de rêver d'elle, dans des situations qu'elle n'a pas pu vivre, comme d'un voyage commun en Italie…, et de trouver tout naturel en effet cette permanence de la mémoire jusque dans les épisodes imaginaires, surgis, qui sait ? d'une vie antérieure. En témoigne cette lettre du 8 mars 1951, envoyée à Touzac : « Chers Pierrou et consorts[15], je suis toujours attachée à vous tous. Tout ce qui vous touche me touche, ô ma famille Moreno. Avant-hier j'ai longuement parlé de Marguerite avec le prince Pierre de Monaco. Heureusement, la mémoire me reste de ce que j'aimais le mieux. »

Lorsque Annie est morte, elle a pu observer que « le vide que laisse en s'éloignant une amitié solide ne se comble pas avec le temps[16] ». Jusqu'à son dernier souffle, elle gardera de ses deux amies la présence vivante.

Quels contrastes, au moment du départ ! Ces quatre femmes, qui ont été si proches amies et se sont aimées comme des sœurs, ont des enterrements qui ne se ressemblent en rien.

Vieux cheval de labour, conduisant un corbillard de pauvre : c'est lui qui emporte Marguerite Moreno jusqu'à sa dernière demeure, sans fleurs ni couronnes, au petit cimetière de Touzac.

Garde républicaine, fanfare funèbre, cercueil ceint du drapeau tricolore : la France entière est déclarée en deuil pour celle qui a le moins aimé le deuil de tous les symboles ici-bas et qui aurait préféré voir les jeunes femmes formant escorte autour d'elle, en robes bleues ou roses – ses couleurs fétiches, celles que sa mère lui recommandait de porter, à l'exclusion des autres.

Annie de Pène, quand meurt Colette, est morte depuis trente-six ans. Solitude de la modeste tombe, envahie d'herbes folles, dans le grand jardin du cimetière ancien de Saint-Ouen. Les lettres de son nom s'effacent.

Dépouillement aussi de la tombe de Musidora au cimetière communal de Bois-le-Roi, où elle a rejoint ses parents, Jacques et Marie Roques. Dernière survivante du quatuor, le cœur de Musi s'est arrêté soudain, un 7 décembre, trois ans seulement après celui de sa « mère-amie »… La petite protégée de Colette, qui fut la muse de Pierre Louÿs et des surréalistes, la gitane au grand cœur, gît sous une dalle sobre et grise. La plus éloignée qui soit du paysage flamboyant de sa vie.

Colette n'aurait-elle pas préféré le feu à ce retour à la terre humide et grasse du Père-Lachaise, à cette obscurité définitive du caveau, elle qui aimait tant la naissance du jour ? Ses amies disparues, la dernière chatte est morte. « Je ne possède plus, en toute propriété, qu'une bête vivante, le feu. Il est mon hôte, il est mon œuvre… », écrit-elle aux dernières pages d'un ultime livre[17]. Il n'était alors ni dans la tradition ni dans l'usage d'être incinéré, dans sa famille on a toujours enterré les défunts. Dans sa vieillesse, alors que les années sont devenues lourdes à porter, que la fatigue et la douleur s'acharnent sur son corps pareil à un vieux bateau échoué, c'est encore la vie qui émerveille Colette, à quatre-vingts ans passés. La vie qu'elle a tant aimée et qu'elle aime encore.

« La mort ne m'intéresse pas, et surtout pas la mienne. »

NOTES

Chapitre 1

1. *L'Entrave*, dans *Œuvres*, Pléiade II.
2. *Les Heures longues*, *ibid.*

I. LA SOLITUDE SANS LES HOMMES

Chapitre 2

1. Manuscrit de *La Petite*, dans *Œuvres*, Pléiade II.

Chapitre 4

1. Marguerite Moreno, *Souvenirs de ma vie*, préface de Colette, éd. de Flore, 1949.
2. Patrick Casals, *Musidora, la dixième muse*, éd. Henri Veyrier, 1978.
3. « Colette, Willy et *La Fronde* », article d'Annie Dizier Metz, dans le n° 22 des *Cahiers Colette*, 2000.
4. Colette, *L'Étoile Vesper*, dans *Œuvres*, Pléiade IV.
5. Article d'Henri Barbusse dans *Les Hommes du jour*, directeur Henri Fabre, « Annales poltiques, sociales, littéraires et artistiques », n° 525, 29 juillet 1918.

6. Annie de Pène, *L'Évadée*, Albert Messein, 1911.
7. Colette, *L'Étoile Vesper*, *op. cit.*
8. Sur Annie de Pène, je dois beaucoup à Dominique Clayer-Bréchemier, auteur d'une thèse soutenue en 2002 à l'Université d'Orléans : *Annie de Pène, une femme de lettres à la Belle Époque.*
9. Annie de Pène, *L'Évadée*, *op. cit.*
10. Exemples tirés de *Colette journaliste*, de Gérard Bonal et Frédéric Maget, Seuil, 2010.
11. Colette, *Le Fanal bleu*, dans *Œuvres*, Pléiade IV.
12. Colette raconte l'épisode dans *Mes apprentissages* dans *Œuvres*, Pléiade III.

Chapitre 5

1. Paul Léautaud, *Journal littéraire*, 8 novembre 1912, Mercure de France, 1986.

Chapitre 6

1. Marguerite Moreno, *Souvenirs de ma vie*, Éditions de Flore, 1948.
2. *Ibid.*

Chapitre 7

1. Patrick Casals, *Musidora, la dixième muse*, *op. cit.* Je lui suis entièrement redevable de ces paragraphes sur Musi.
2. Dominique Clayer-Bréchemier, *op. cit.*
3. Annie de Pène, *L'Évadée*, *op. cit.*
4. Edmond et Jules de Goncourt, *Journal*, 21 novembre 1890, Robert Laffont, coll. « Bouquins », 1989.
5. Johanna Richardson, *Judith Gautier*, Seghers, 1989.
6. *Mes apprentissages*, *op. cit.*
7. Écrit en 1902. Publié, sous le seul nom de Willy, en 1903.

Chapitre 8

1. Colette, *Lettres à Annie de Pène et Germaine Beaumont*, présentées par Francine Dugast, Flammarion, 1995.

2. Colette, *Un bien grand amour. Lettres à Musidora (1908-1913)*, L'Herne, 2014.

3. Cité par Patrick Casals, *Musidora, la dixième muse, op. cit.*

4. *Ibid.*

5. Musidora est née en 1889, Germaine Beaumont en 1890.

6. Annie de Pène, *L'Évadée*, *op. cit.*

7. *Ibid.*

8. Colette, *Un bien grand amour*, *op. cit.*

9. Colette, *Œuvres*, Pléiade I.

10. *Ibid.*

Chapitre 9

1. Colette, *Le Fanal bleu*, *op. cit.*

2. Quand elle habitait 44 rue de Villejust, avant son mariage avec Jouvenel.

3. Colette, *Le Fanal bleu*, *op. cit.*

4. Germaine Beaumont, préface à *Colette par elle-même*, de Germaine Beaumont et André Parinaud, Seuil, coll. « Écrivains de toujours », 1951.

5. Germaine Beaumont, dans *Colette par elle-même*, *op. cit.*

6. Colette, *Le Fanal bleu*, *op. cit.*

7. Annie de Pène, *Confidences de femmes*, Albert Messein, 1913.

8. *Ibid.*

Chapitre 10

1. Selon la remarquable biographie de François Soustre, *Marguerite Moreno. Des feux de la rampe aux années de guerre*, Séguier, 2009, à laquelle je suis redevable.

2. *Annie de Pène, une femme de lettres à la Belle Époque*, *op. cit.*

3. Cité par Claude Pichois, dans sa préface aux *Œuvres*, Pléiade II.

4. *Fortunio* de Théophile Gautier.

II. INTERLUDE LESBIEN

Chapitre 11

1. Pierre Louÿs, préface aux *Chansons de Bilitis*, Mercure de France, 1898.

2. Liane de Pougy est née en 1869.

3. Liane de Pougy, *Idylle saphique*, Paris, 1901.

4. Colette, *La Vagabonde*, dans *Œuvres*, Pléiade I.

5. *Claudine en ménage*, *ibid.*

6. Roman publié chez Ollendorff, en 1898.

7. Catherine Pozzi.

8. Natalie Barney, *Souvenirs indiscrets*, Flammarion, 1960.

9. Natalie Barney est née en 1876.

10. *La Petite Sirène*, *Les Roses du calife*, *Les Mille et Une Nuits…*

11. Natalie Barney, *Souvenirs indiscrets*, *op. cit.*

12. Jean Chalon, *Chère Natalie Barney*, Flammarion, 1976.

13. Natalie Barney, *Souvenirs indiscrets*, *op. cit.*

14. Correspondance citée par Jean Chalon, dans *Chère Natalie Barney*, *op. cit.*

15. Pierre Louÿs, *Les Chansons de Bilitis*, *op. cit.*

Chapitre 12

1. *Méphistophéla*, Dentu, 1890.

2. Claude Francis et Fernande Gontier, *Mathilde de Morny, la scandaleuse marquise*, Perrin, 2000.

3. Colette, *La Vagabonde*, *op. cit.*

4. Colette, *Le Pur et l'Impur*, Pléiade III, p. 617.

5. Aujourd'hui rue Paul-Valéry, dans le XVIe arrondissement.

6. Lettre citée dans *Colette* de Claude Pichois et Alain Brunet, éd. de Fallois, 2004. En 1909, Sido, la mère de Colette, a soixante-quatorze ans. Elle meurt en 1912.

7. Colette, « Nuit blanche », dans *Les Vrilles de la vigne*, dans *Œuvres*, Pléiade I.

Chapitre 13

1. Colette, *La Vagabonde*, *op. cit.*

2. Lettre à Léon Hamel.

3. Auguste-Olympe Hériot, 1886-1951.

4. Colette, *Lettres à Missy*, présentées par Samia Bordji et Frédéric Maget, Flammarion, 2009.

5. *Ibid.*

6. *Ibid.*

7. Lettre à Léon Hamel.

8. *Ibid.*

9. *Ibid.*

10. Margot, à Renée Nérée (alias Colette).

11. Lettre à Léon Hamel.

12. Lettre d'Isabelle de Comminges, citée dans *Lettres à Missy*, *op. cit.*

13. Dernier mot d'un de ses plus beaux livres, *L'Entrave*, *op. cit.*

14. Alphonse Daudet, *L'Immortel*, Alphonse Lemerre, 1890.

15. « Vous m'écrivez : Je vous confie Colette » : lettre d'Henry de Jouvenel à Missy, dans *Lettres à Missy*, *op. cit.*

16. *La Vagabonde*, *op. cit.*

III. LA SOLITUDE AVEC LES HOMMES

Chapitre 14

1. Sacha a habité longtemps chez son père, Lucien Guitry, alors installé au 26 place Vendôme.
2. Marguerite Moreno, *Souvenirs de ma vie*, *op. cit.*
3. *Les Pieds nickelés*, comédie en un acte, jouée en mars 1895 au Théâtre de l'Œuvre.
4. Récit publié dans *L'Œuvre*, sous le titre « Vers la Reine ».
5. Colette, *Lettres à Annie de Pène et Germaine Beaumont*, Flammarion, 1995.
6. Annie de Pène, *Les plus jolies lettres d'amour*, Albert Messein, 1909.
7. *Les Heures longues*, dans *Œuvres*, Pléiade II.
8. *Ibid.*

Chapitre 15

1. Francesco Rapazzini, *Élisabeth de Gramont avant-gardiste*, Fayard, 2004.
2. *Les Heures longues*, « À Verdun ».
3. *Ibid.*
4. *Ibid.*
5. *Ibid.*
6. Lettre à Musidora citée dans *Un bien grand amour*, *op. cit.*
7. *Ibid.*
8. *Ibid.*

Chapitre 16

1. *Les Heures longues*, *op. cit.*
2. *Ibid.*
3. Lettre citée dans *Colette intime*, *op. cit.*

Chapitre 17

1. Futur écrivain sous le nom de Germaine Beaumont.
2. En 1897. Musée d'Orsay.
3. Lettre de Louis Feuillade à Musidora, citée par Patrick Casals, *Musidora, la dixième muse*, *op. cit.*
4. *Ibid.*
5. Robert Desnos, « Fantômas », « Les Vampires », « Les Mystères de New York », *Le Soir*, 26 février 1927.
6. Les plus courts, le premier et le quatrième, durent respectivement 32 et 33 minutes ; le plus long, le dernier, 60 minutes.
7. Robert Desnos, *op. cit.*
8. Musidora, *Souvenirs d'une vamp française*, Radio-Paris, 1944, cité par Patrick Casals, *Musidora, la dixième muse*, *op. cit.*
9. Musidora, *Souvenirs d'une vamp française*, *ibid.*

Chapitre 18

1. Conférence de Musidora sur Colette, « Le culte de l'amitié », citée par Patrick Casals.
2. 1894-1976.
3. Jusqu'à Blanchette Brunoy, dans le film de Serge de Poligny, *Claudine à l'école*, sorti en 1937.
4. Sorti en salle en mars 1920.

5. Lettre à Musidora, à propos de *Johannès, fils de Johannès*, juillet 1918.

6. *Ibid.*

Chapitre 19

1. Boulevard des Capucines. Aujourd'hui disparu, ce théâtre a été remplacé à la fin des années vingt par une salle de cinéma, le Gaumont-Opéra.

2. Paul Léautaud, *Journal littéraire*, 25 janvier 1916, *op. cit.*

3. Colette, *La Naissance du jour*, dans *Œuvres*, Pléiade III.

4. Georgie Raoul-Duval.

5. Natalie Barney, *Souvenirs indiscrets*, *op. cit.*

6. Colette, *Trois… Six… Neuf*, dans *Œuvres*, Pléiade IV.

Chapitre 20

1. Dans *Les Hommes du jour*, 20 juillet 1918.

2. Charpentier et Fasquelle, 1916.

3. Lucie Delarue-Mardrus, *Mes Mémoires*, Gallimard, 1938.

4. Colette, *Lettres à Annie de Pène et Germaine Beaumont*, *op. cit.*

Chapitre 21

1. Colette, *Lumières bleues*, dans *En pays connu.*

2. Jean Guénel, « La grippe espagnole en France (1918-1919) », dans *Histoire des sciences médicales*, t. XXXVIII, 2004.

3. Lettre à Léon Hamel, septembre 1912.

4. Cimetière ancien, Division 7, Section 2, Ligne 8 Ouest, Tombe 8 Sud.

5. Lettre à Germaine Patat, dans *Colette*, catalogue de l'exposition Colette à la Bibliothèque nationale.

6. Lettre à Georges Wague, dans Colette, *Lettres de la Vagabonde*, Flammarion, 1961.

7. Colette, *Mausolées*, dans *Œuvres*, Pléiade III.

IV. LE PRINTEMPS DES CORPS

Chapitre 22

1. Lucie Delarue-Mardrus, *Mes Mémoires*, *op. cit.*
2. Colette, *L'Entrave*, *op. cit.*
3. *Ibid.*
4. Natalie Barney, *Souvenirs indiscrets*, *op. cit.*
5. *Ibid.*
6. Divorce prononcé en décembre 1920.
7. Renaud de Jouvenel, « Mon enfance à l'ombre de Colette », *La Revue de Paris*, n° 12, 1966.
8. Natalie Barney, « Sur l'amour », dans *Souvenirs indiscrets*, *op. cit.*
9. Germaine Beaumont, « Témoignages », *Cahiers Colette*, n° 14, 1992.
10. « Mes premières armes dans la presse », *Histoire de notre temps*, hiver n° 4, Plon, 1968.
11. Hélène Picard, *Souvenirs d'enfance* : vol. 1. *Nous n'irons plus au bois*, Sansot, 1911 ; vol. 2. *Les lauriers sont coupés*, Sansot, 1913.
12. Judith Thurman, *Secrets de la chair. Une vie de Colette*, Calmann-Lévy, 1999.
13. *Ibid.*

Chapitre 23

1. *Journal de l'abbé Mugnier (1879-1939)*, Mercure de France, 1985.

2. Grand ami de Proust, Jacques Porel est le fils de la célèbre actrice Réjane.

3. *Journal de l'abbé Mugnier*, *op. cit.*, 23 mai 1924.

4. Willy, dans *Les Nouvelles littéraires*, 3 avril 1926.

5. Confidence de Willy à Pierre Varenne, rapportée plus de trente ans après dans *Le Canard enchaîné*, 1959 – cité par François Caradec dans *Willy, le père des « Claudine »*, Fayard, 2004.

6. Paul Léautaud, *Journal littéraire*, *op. cit.*, 12 décembre 1922.

7. *Journal de l'abbé Mugnier*, *op. cit.*, 31 mars 1927.

8. Paul Léautaud, *Journal littéraire*, *op. cit.*, 16 juin 1925.

9. *Journal de l'abbé Mugnier*, *op. cit.*, 23 mai 1924.

10. Au sens que le mot avait alors : journaliste.

11. Colette,*Trait pour trait*, dans *Œuvres*, Pléiade IV.

12. Colette, *L'Étoile Vesper*, *op. cit.*

13. Francis Carco, *Colette, « mon ami »*, éd. Rive Gauche, 1955.

14. *Ibid.*

Chapitre 24

1. Bertrand de Jouvenel, *La Vérité sur « Chéri »*, texte inédit, écrit en 1981, donné à Claude Pichois pour l'édition des *Œuvres*, Pléiade II.

2. Jean Chalon, *Chère Natalie Barney*, *op. cit.*

3. Bertrand de Jouvenel est né le 31 octobre 1903, à Paris.

4. Jean Chalon, *Colette, l'éternelle apprentie*, Flammarion, 1998.

5. Bertrand de Jouvenel, *La Vérité sur « Chéri »*, *op. cit.*

6. *Ibid.*

7. Colette, *Le Pur et l'Impur*, dans *Œuvres*, Pléiade III.

8. Micheline Herz. D'origine juive polonaise, divorcée d'Alfred Savoir, elle se suicidera en 1942.

9. *Le Pur et l'Impur*, *op. cit.*

10. *Catherine-Paris* (1924), *Le Perroquet vert* (1927), *Au bal avec Marcel Proust* (1928).

11. Colette, lettre à Hélène Picard, septembre 1924.

12. Bertrand de Jouvenel, *La Vérité sur « Chéri »*, *op. cit.*

13. Colette, *Le Blé en herbe*, dans *Œuvres*, Pléiade II.

14. *Le Voyage égoïste*, *ibid.*

Chapitre 25

1. Citée par François Soustre dans *Marguerite Moreno*, *op. cit.*

2. En 1885. Cette même année 1923, deux écrivains auront droit aux obsèques nationales : Pierre Loti, en juin, et Maurice Barrès, en décembre.

3. Actuel Théâtre de la Ville, place du Châtelet.

4. Pierre Andrieu, *Souvenirs des frères Isola. Cinquante ans de vie parisienne*, Flammarion, 1943.

5. Sortes de macarons.

6. François Soustre, *Marguerite Moreno*, *op. cit.*

Chapitre 26

1. Lettre à Pierre Benoit, citée par Patrick Casals, *Musidora, la dixième muse*, *op. cit.*

2. Les Hierschel de Minerbi.

3. Villa Torre Clementina. À Paris, la baronne habite un hôtel particulier situé au 68 rue du Faubourg-Saint-Honoré et, à Venise, le Palazetto Stern.

Chapitre 27

1. *Anthologie du cinéma*, L'avant-scène, 1972.
2. Extrait de *Paroxysmes*, roman autobiographique, paru en 1934 aux éditions Figuière, dans Patrick Casals, *Musidora, la dixième muse*, *op. cit.*
3. Les chroniques et le feuilleton de Feuillade ont été publiés dans les années 1990 par l'Union des bibliophiles taurins de France (UBTF).

Chapitre 28

1. Interview de Robert de Thomasson, citée par François Soustre, *Marguerite Moreno*, *op. cit.*
2. Lettre du 24 août 1928.
3. Lettre du 8 septembre 1941.
4. Adaptation d'une opérette créée en 1925 par André Barde et Maurice Yvain. Alain Resnais la portera à son tour à l'écran en 2013, avec comme interprètes : Sabine Azéma, Audrey Tautou, Pierre Arditi, Lambert Wilson, Darry Cowl.
5. Lettre de Cocteau, 17 janvier 1930.
6. Mme de Staël.
7. Colette, *Journal intermittent*, dans *Œuvres*, Pléiade II.
8. Colette deviendra en 1953 la première femme Grand Officier de la Légion d'honneur.
9. Lettre à Marguerite Moreno du 31 juillet 1923.
10. Lettre à Marguerite Moreno du 12 août 1924.
11. Lettre à Marguerite Moreno du 26 juillet 1924.

12. Lettre à Marguerite Moreno du 30 septembre 1924.

13. Lettre de Marguerite Moreno à Colette, datée d'octobre 1924.

14. Lettre à Marguerite Moreno du 16 juillet 1922.

15. Pierre Bouyou-Moreno s'est marié et a eu deux enfants : une fille dont Marguerite est la marraine et un fils, qu'elle n'aura pas connu.

16. Colette, *Lettres de La Vagabonde*, *op. cit.*

17. Colette, *Le Fanal bleu*, *op. cit.*

REMERCIEMENTS ET BIBLIOGRAPHIE

Pour écrire ce livre, j'ai eu recours à la correspondance de Colette avec ses trois amies :

- *Lettres à Annie de Pène et Germaine Beaumont*, présentées par Francine Dugast, Flammarion, 1995.

- *Lettres à Marguerite Moreno*, texte établi et annoté par Claude Pichois, Flammarion, 1959.

- *Un bien grand amour. Lettres à Musidora*, texte établi, présenté et annoté par Gérard Bonal, L'Herne, 2014.

ainsi que, dans une moindre mesure, aux *Lettres à Hélène Picard*, aux *Lettres au Petit corsaire*, aux *Lettres de la Vagabonde* et aux *Lettres à ses pairs*, ouvrages tous publiés par Flammarion. Enfin, aux *Lettres à Missy*, texte établi et présenté par Samia Bordji et Frédéric Maget, Flammarion, 2009.

J'adresse toute ma gratitude aux écrivains et aux historiens, dont les ouvrages ont guidé mon travail :

Pour Annie de Pène

Germaine Beaumont, *Des maisons, des mystères*, préface d'Hélène Fau, Omnibus, 2006. Et aussi sa préface à *Colette par elle-même* (voir plus loin).

Dominique Clayer-Bréchemier, *Annie de Pène, une femme de lettres à la Belle Époque*, thèse soutenue en 2002 et publiée à l'université d'Orléans. Je remercie l'université d'Orléans d'avoir bien voulu me la communiquer.

Pour Marguerite Moreno

Marguerite Moreno, *Souvenirs de ma vie*, préface de Colette, éd. de Flore, 1948.

Raymond Chirat, *La Vie de Marguerite Moreno*, éd. du Rocher, 2003.

François Soustre, *Mademoiselle Moreno*, préface d'Anne de Jouvenel, Les Points sur les i, 2006 ; republié sous le titre *Marguerite Moreno. Des feux de la rampe à l'ombre des années de guerre*, Séguier, 2009.

Pour Musidora

Patrick Casals, *Musidora, la dixième muse*, Henri Veyrier, 1978.

Pour Colette

En dehors de la correspondance et des romans, qui sont le cœur battant de ce livre, et dont j'indique les références en notes :

Cahiers Colette : particulièrement les n°s 20, 24 et 30 (1998, 2002 et 2008).

Germaine Beaumont et André Parinaud, *Colette par elle-même*, coll. « Écrivains de toujours », Seuil, 1964.

Gérard Bonal et Michel Rémy-Bieth, *Colette intime*, préface de Michel del Castillo, Phébus, 2004.

Gérard Bonal et Frédéric Maget, *Colette journaliste*, Seuil, 2010.

Jean Chalon, *Colette, l'éternelle apprentie*, Flammarion, 1998.

Claude Chauvière, *Colette*, Firmin-Didot, 1931.

Geneviève Dormann, *Amoureuse Colette*, Albin Michel, 1984.

Claude Francis et Fernande Gontier, *Colette*, Perrin, 1997.

Julia Kristeva, *Le Génie féminin*, tome 3 : *Colette, ou la Chair du monde*, Fayard, 2002.

Claude Pichois, édition des *Œuvres* de Colette dans la Pléiade, t. I à IV.

Michèle Sarde, *Colette libre et entravée*, Stock, 1978.

Judith Thurman, *Secrets de la chair. Une vie de Colette*, Calmann-Lévy, 1999.

Alain et Odette Virmaux, *Colette au cinéma*, Flammarion, 1975.

Je suis également redevable aux auteurs suivants :

Jean-Jacques Bedu, *Francis Carco au cœur de la bohème*, préface de Pierre Bergé, éd. du Rocher, 2001.

François Caradec, *Willy, le père des « Claudine »*, Fayard, 2004.

Francis Carco, *Colette « mon ami »*, lithographies de Ch.-M. Échard, éd. Rive Gauche, 1955.

Jean Chalon, *Chère Natalie Barney*, préface de Marguerite Yourcenar, Flammarion, 1992 ; et *Liane de Pougy, courtisane, princesse et sainte*, Flammarion, 1994.

Natalie Clifford Barney, *Souvenirs indiscrets*, Flammarion, 1960 ; et *Traits et portraits*, Mercure de France, 2002.

Claude Francis et Fernande Gontier, *Mathilde de Morny, la scandaleuse marquise*, Perrin, 2000.

Olivier Dard, *Bertrand de Jouvenel*, Perrin, 2008.

Lucie Delarue-Mardrus, *Un roman civil en 1914*, Fasquelle, 1916 ; et *Mes Mémoires*, Gallimard, 1938.

Ghislain de Diesbach, *Marthe, princesse Bibesco*, Perrin, 1986.

Michèle Friang, *Augusta Holmès ou la gloire interdite*, Autrement, 2003.

Edmond et Jules de Goncourt, *Journal*, Robert Laffont, coll. « Bouquins », 1989.

Élisabeth de Gramont, *Au temps des équipages*, Grasset, 1928 ; *Les Marronniers en fleurs*, Grasset, 1929 ; ainsi que *Souvenirs du monde (1890 à 1940)*, Grasset, 1966.

Paul Léautaud, *Journal littéraire*, Mercure de France, 1986.

Christine Manigand, *Henry de Jouvenel*, Presses universitaires de Limoges, 2000.

Abbé Mugnier, *Journal (1879-1939)*, préface de Ghislain de Diesbach, Mercure de France, 1985.

Brigitte Olivier, *Les Mélodies d'Augusta Holmès*, Actes Sud, 2003.

Liane de Pougy, *Idylle saphique*, préface de Jean Chalon, Lattès 1979, éd. Des Femmes, 1987 ; et *Mes cahiers bleus*, Plon, 1977.

Catherine Pozzi, *Journal (1913-1934)*, préface de Lawrence Joseph, Ramsay, 1987.

Francesco Rapazzini, *Élisabeth de Gramont avant-gardiste*, Fayard, 2004.

Une mention spéciale pour Isabelle Régnier, dont l'excellent article paru dans *Le Monde* du 19 août 2015, « Le gynécée de Passy, autour de Colette », m'a encouragée dans l'idée d'écrire ce livre.

Table

Du même auteur :

LES HEURES VOLÉES, *roman*, Mercure de France, 1981.
ARGENTINA, *roman*, Mercure de France, 1984.
ROMAIN GARY, *biographie*, Mercure de France, 1987. (Grand Prix de la biographie de l'Académie française.)
LES YEUX NOIRS OU LES VIES EXTRAORDINAIRES DES SŒURS HEREDIA, *biographie*, J.-C. Lattès, 1990.
MALIKA, *roman*, Mercure de France, 1992. (Prix Interallié.)
GALA, *biographie*, Flammarion, 1995.
STEFAN ZWEIG, L'AMI BLESSÉ, *biographie*, Plon, 1996 ; nouvelle éd., Grasset, 2010.
LE MANUSCRIT DE PORT-ÉBÈNE, *roman*, Grasset, 1998. (Prix Renaudot.)
BERTHE MORISOT. LE SECRET DE LA FEMME EN NOIR, *biographie*, Grasset, 2000. (Goncourt de la biographie.)
IL N'Y A QU'UN AMOUR, *biographie*, Grasset, 2003.
LA VILLE D'HIVER, *roman*, Grasset, 2005.
CAMILLE ET PAUL. LA PASSION CLAUDEL, *biographie*, Grasset, 2005.

CAMILLE CLAUDEL, LA FEMME BLESSÉE, *biographie*, Les éditions du Huitième Jour, 2010.

CLARA MALRAUX, « NOUS AVONS ÉTÉ DEUX », *biographie*, Grasset, 2009. (Prix Prince Pierre de Monaco.)

DEUX SŒURS, YVONNE ET CHRISTINE ROUART, LES MUSES DE L'IMPRESSIONNISME, *biographie*, Grasset, 2012.

JE SUIS FOU DE TOI. LE GRAND AMOUR DE PAUL VALÉRY, Grasset, 2014.

UNE VIE DE GALA, Flammarion, 2017.

PAPIER À BASE DE FIBRES CERTIFIÉES

Le Livre de Poche s'engage pour l'environnement en réduisant l'empreinte carbone de ses livres. Celle de cet exemplaire est de :
450 g éq. CO_2
Rendez-vous sur
www.livredepoche-durable.fr

Composition réalisée par PCA

Achevé d'imprimer en juin 2018, en France sur Presse Offset par
Maury Imprimeur – 45330 Malesherbes
N° d'imprimeur : 227126
Dépôt légal 1re publication : mars 2018
Édition 02 – juin 2018
LIBRAIRIE GÉNÉRALE FRANÇAISE – 21, rue du Montparnasse – 75298 Paris Cedex 06

16/4821/2